Catherine Shainberg

Traumleben und Lebenstraum

Catherine Shainberg

Traumleben und Lebenstraum

Erwache zu einem visionären Leben

Aus dem Englischen von Nayoma de Haën

Titel der amerikanischen Originalausgabe
»Kabbalah and the Power of Dreaming«

Published by Arrangement with Inner Traditions Ltd, Rochester, Vermont
Dieses Werk wurde vermittelt durch die Literarische Agentur
Thomas Schlück GmbH, 30827 Garbsen

Lektorat: Maryam Beck
Coverdesign: Peri Champine
Cover Illustration from a Haggadah from Spain
held at the British Library
Gesamtherstellung: Karin Schnellbach
Druck: Bercker, Kevelaer
ISBN 978-3-86728-032-7

In Memoriam

Die Autorin mit Colette, in deren Garten in Jerusalem 1979

Ich widme dieses Buch meiner Lehrerin Colette Simhah Aboulker-Muscat. Sie konnte es nicht mehr lesen. Am Nachmittag des 25. November 2003 verstarb sie in ihrem Haus in Jerusalem. Sie war 94 Jahre alt. Am Abend vor ihrem Tod empfing sie noch Besucher und verteilte Ratschläge und Übungen. Ich war gerade aus den Staaten angekommen. Wir verbrachten den Morgen gemeinsam. Dann schickte sie mich fort und starb.

»Die Tzaddikim (Weisen), die verstorben sind, sind in dieser Welt stärker präsent als zu ihren Lebzeiten.«

Zohar III, 70b.

Colettes Lehren leben in dem weiter, was du hier lesen kannst.

Über die »Schule der Bilder«

Die kabbalistische »School of Images« (SOI) wurde 1982 von Catherine Shainberg gegründet, um das Bewusstsein von der Imagination als der besten Sprache für unmittelbare Erkenntnis und Transformation zu fördern. Die »School of Images« vermittelt die Techniken des Träumens, der Visualisierung und der Offenbarung, um die Menschen in Kontakt mit der vergessenen Quelle der inneren Imagination zu bringen und dem Einzelnen die Möglichkeit zu geben, sich zu reinigen, neu zu beleben und zu motivieren.

Die Methoden der »School of Images« stammen aus frühen jüdischen, sephardischen und nahöstlichen Quellen. Ihre Lehrtradition geht zurück auf die beiden Kabbalisten Isaak der Blinde aus der Provence und Rabbi Jakob ben Sheshet aus Gerona in Spanien, die beide im dreizehnten Jahrhundert die Kabbala lehrten und praktizierten. Die letzte Hüterin dieser Lehrtradition, Madame Colette Aboulker-Muscat, hat diese Methoden den Bedürfnissen unserer modernen Gesellschaft angepasst.

Ganz im Sinne ihrer Lehrerin ist die Arbeit von Catherine Shainberg sehr erfahrungsbezogen. Manche der Übungen beruhen auf Texten, doch im Gegensatz zu anderen kabbalistischen Lehren gibt es bei dieser Methode kein Textstudium und keine Gematria (die Interpretation von Buchstaben). Diese Arbeit ist reine Kabbala (Kabbala bedeutet »Empfangen«), weil der Übende seine Erkenntnisse aus seiner inneren Schau bezieht. Daher ist die kabbalistische Lehre der SOI leicht zugänglich. Sie ist eine Anleitung zur Erkundung des imaginativen Feldes, dessen Sprache Menschen aller Überzeugungen gemeinsam ist. Jede Imagination ist ein unvergleichliches Werkzeug zur unmittelbaren Schau, Transformation und Heilung.

Die Schule betrachtet es als ihre Aufgabe, Imagination für schöpferische, transformierende und heilende Prozesse zu lehren. Sie möchte die Imagination Menschen aller Sprachen, Kulturen und Glaubensrichtungen näherbringen. Sie ist davon überzeugt, dass diese globale Sprache die Macht hat, alle Völker zu vereinen und gleichzeitig jedem zu ermöglichen, seinen eigenen individuellen Weg zu verfolgen.

Weitere Informationen unter: www.schoolofimages.com

Inhalt

	Prolog	9
	Einleitung: Wach auf und träume	19
EINS	Muster und Wahrnehmung	37
ZWEI	Das STOP!-Spiel und der Lebensplan	63
DREI	Träume beachten	82
VIER	Mit dem Traum spielen	98
FÜNF	Umkehren	113
SECHS	Rückkehr zu den Sinnen	127
SIEBEN	Lebens-Beschleunigungs-Übungen	138
ACHT	Absicht und Träumen	164
NEUN	Der Wachtraum	176
ZEHN	Die Vergangenheit verändern	189
ELF	Das Meisterspiel: Den Lebensplan vervollkommnen	207
ZWÖLF	Rückkehr zum Einssein	228
	Anhang 1 Beispiel für eine Übungsreihe	257
	Anhang 2 Worte zum Chanten (Shemot)	260

Liste der Übungen

1. Kapitel	35
2. Kapitel	53
3. Kapitel	67
4. Kapitel	80
5. Kapitel	92
6. Kapitel	101
7. Kapitel	122
8. Kapitel	134
9. Kapitel	145
10. Kapitel	158
11. Kapitel	177
12. Kapitel	200

Hinweis: Dieses Buch kann in keiner Weise als Ersatz für die Beratung oder Behandlung durch einen professionellen Psychotherapeuten dienen.

Prolog

»Ich schlief, doch mein Herz war wach.«

HOHELIED 5,2

Ich war mein Leben lang eine Träumerin. Wenn ich als Kind Musik hörte, sah ich bunte Farben. Ich lebte mit Feen und Engeln. Ich begab mich in die Träume anderer Leute. Ich »sah« diese Menschen und half ihnen träumen. Meine Mutter meinte, ich würde mein Leben verträumen und ich solle mich stärker den praktischen Dingen zuwenden. Ich hingegen dachte, ich würde mich *durchaus* den praktischen Dingen zuwenden.

Zum Beispiel wusste ich genau, dass Träumen kein Ersatz ist für regelmäßige Schularbeiten. Ich entwickelte also ein System, bei dem ich mit einem Ohr der Lehrerin zuhörte und mir vorstellte, wie ich ihre Worte in einer Tasche meines Verstands verstaute wie im zweiten Magen eines Kamels. Ich machte die Erfahrung, dass ich mir später, beim Beantworten von Fragen, nur diese Tasche vorzustellen brauchte, und alle Informationen standen mir zur Verfügung.

Währenddessen spielte sich mein *wahres* Leben in einer anderen Welt ab. Ich saß im Klassenzimmer, ließ meinen Blick in irgendeinen Winkel wandern und träumte mich durch den ganzen Tag, ohne dass es jemand merkte. Wenn ich darüber nachdachte, aufs College zu gehen, konnte ich mir kein Studienfach vorstellen, das genauso interessant sein könnte wie die wundervollen Bilder und Klänge in meinen Träumen. Doch dann wurde ich älter und lernte die inneren Welten, die schönen Bilder und die Musik der Künstler, kennen. Ich beschloss, Kunst zu studieren.

Paris ist voll mit Kirchen, Schlössern, Gärten, Statuen und Springbrunnen. An jeder Straßenecke gibt es etwas, woran sich das Auge erfreuen kann. Als Kunststudentin wanderte ich durch den Louvre und sah mir die Bilder an. Wenn ich mir ein Bild genau betrachtet hatte, musste ich oft nach Hause gehen, um mich zu beruhigen. Es fühlte sich alles so intensiv an.

Ich wunderte mich darüber, dass mich manche Farben und Formen sehr stark berührten, während andere keine Wirkung auf mich hatten. Umgeben von einer Fülle an visuellen Genüssen und Eindrücken, begann ich, mit Formen und Farben zu spielen.

Ich blendete zum Beispiel auf einem Gemälde von Matisse die Zitrone aus und das Bild wirkte tot. Ich sah eine seitenverkehrt gedruckte Fotografie von Bruegels Bild *Die Parabel von den Blinden*. Anstatt unaufhaltsam zur rechten Seite des Bildes zu stolpern, wandten sich die Blinden jetzt nach links und schauten auf merkwürdige Weise auf ein Loch im Boden: Alles wirkte ganz anders.

Ich wollte wissen, ob es Regeln gab, nach denen Formen, Farben und Raum auf unsere Gefühle wirken. Ich wusste, dass mich in meinen Träumen bestimmte Farben ängstigten, während mich andere glücklich machten.

Ich wusste, dass ich mich jedes Mal körperlich leichter, größer und heiter fühlte, wenn ich die hoch über der Seine schwebende gotische Kathedrale von Notre Dame de Paris betrat. Wenn ich mit dem Rücken zu einem Gemälde von Cezanne stand, spürte ich ein Kribbeln im Rücken, selbst wenn ich nicht wusste, dass das Bild da war. Ich konnte den Maler benennen, ohne mich umdrehen zu müssen.

Waren andere Menschen auch so empfindsam? Waren sie vielleicht ähnlich sensibel, wussten es aber nicht? Ich erfuhr von anderen, dass sie oft den einen Ort als angenehm und den anderen als unangenehm empfanden. Wo konnte ich mehr über solche Erfahrungen herausfinden? Und was würde ich mit dem Wissen anfangen, wenn ich es gewinnen sollte?

Ich wollte meine Doktorarbeit über dieses Thema schreiben, aber meine Professoren waren nicht interessiert und versuchten, mich zu greifbareren Fragestellungen zu überreden. Ich brach die Promotion ab.

Da war ich also, eine Träumerin in Paris, ohne Job, ohne Aufgabe. Was sollte ich tun? Träumen natürlich! Ich träumte, und die Träume zeigten mir, was zu tun sei. Ich erhielt diese Führung allerdings nicht, ohne mit gewissen psychischen Leiden dafür zu bezahlen, denn ich hatte noch nicht gelernt, meinen Träumen völlig zu vertrauen. Das führte dazu, dass ich dem, was mir vermittelt wurde, nur beklommen und voller Zukunftsängste folgen konnte.

Jedem Tag ins Auge zu schauen, wenn alle grundlegenden Lebensentscheidungen offen sind, ist selbst für einen *voll entwickelten* Träumer nicht einfach. Ich nahm einen Job in einem Verlagshaus an und lernte einen jungen Mann kennen, einen Juden aus Nordafrika.

Ich lauschte seinen Ideen, traf seine Freunde, allesamt Juden aus dem Mittelmeerraum, und führte lange Gespräche mit ihnen. Ihr bewegliches Denken, ihre starke Vorstellungskraft und ihre Freundlichkeit beeindruckten mich zutiefst und ich wollte ganz in ihre Welt eintauchen. Ich fuhr nach Ägypten, fünf Mal, und besuchte dann den Libanon, Syrien und Jordanien. Von diesen Ländern konnte ich gar nicht genug kriegen, denn ich fühlte mich dort einfach zuhause.

Ich entstamme einer alten aristokratischen französischen Familie, die in der Dordogne ansässig war. Daher erklärte ich mir damals meine neu entdeckte Leidenschaft für diese Länder damit, dass in mir wohl das Gen eines alten Kreuzfahrer-Vorfahren geweckt worden war.

Äußere Umstände und weitere Träume führten mich dann nach Israel. Ich ging in einen Kibbuz in der Wüste. Jetzt hatte ich wirklich keine Ahnung mehr, was mich antrieb! Statt ein Stipendium an einem renommierten College in den Staaten anzunehmen, pflückte ich im Negev Obst.

Ich hatte keine Ausbildung, kein Geld, keine Aussichten und sprach kein Hebräisch. Ich blieb zwei Jahre lang. Es waren die schlimmsten Jahre meines Lebens. Die Träume blieben aus. Alles war dunkel, verzweifelt und einsam. Nach Hause zurückzukehren kam nicht in Frage. Ich zog mich in mich selbst zurück.

In dem Kibbuz lebte eine Gruppe junger französischer Juden. Zu einem Sabbat erhielten sie Besuch von Freunden aus Jerusalem. Ich war an jenem Tag zwar in meiner gewöhnlichen miesen Stimmung, aber als ich hörte, wie sie französisch sprachen, fühlte ich mich magnetisch angezogen und setzte mich zu ihnen auf den Rasen.

Ich fragte einen Mann namens Eli nach der französischen Gemeinde in Jerusalem und er erzählte mir, sie versammle sich um eine Frau namens Colette herum. Als ich den Namen COLETTE hörte, explodierte in meinem Gehirn ein weißes Licht. Ich sah einen riesigen, leuchtenden Stern und mir war schlagartig und ohne jeden Zweifel klar, dass ich diese Frau kennen lernen musste.

Ich wusste nichts über sie, und Eli konnte mir nur erzählen, dass er ihr einmal begegnet sei. Doch nachdem ich ihren Namen gehört hatte, setzten meine Träume wieder ein! Ich ließ mir Elis Telefonnummer geben und fuhr sobald es ging nach Jerusalem.

Nun, man bekommt im Leben nichts geschenkt und wir alle werden im Laufe unserer Reise geprüft. Eli kam nicht zu unserer Verabredung. Ich fuhr sechs Mal nach Jerusalem, der Yom-Kippur-Krieg kam und ging, und Eli nahm mich immer noch nicht zu ihr mit. Ich brauchte lange, bis mir klar wurde, dass er fürchtete, wenn er mich zu Colette mitnähme, würde sie uns beide nicht beachten.

In der Zwischenzeit wuchs mein Verlangen, sie kennen zu lernen. Ich hatte fast kein Geld, aber ich verließ den Kibbuz und zog nach Jerusalem. Jetzt hatte Eli keine Ausrede mehr. Er musste sich damit abfinden, dass dieses verrückte Mädchen darauf bestand, dieser charismatischen Frau vorgestellt zu werden, ganz gleich, wie er das fand. So nahm er mich schließlich mit zu Colette.

Die Straße war sehr still. Überall blühten Glyzinien und Bougainvilleen. Der Eingang zu ihrem Haus war ganz von wilden Rosen und Jasmin überwuchert. Das Tor war blau. Steinstufen führten nach unten in ihren Garten. Die Tür war angelehnt.

Wir traten in das Halbdunkel, wo uns ein großer Spiegel mit unserem eigenen Abbild grüßte. Wir gingen in ein kleines Wohnzimmer voller Kissen und orientalischer Teppiche, über denen ein wunderschöner arabischer Kupferleuchter von der Decke hing.

Eine Stimme rief uns in das Zimmer, das Colette als Schlafzimmer diente, aber es wirkte eher wie der Empfangssalon einer Königin. Colette lag auf Kissen gestützt auf ihrem Bett. Die Wände waren mit einer kunstvoll verzierten algerischen Täfelung aus dem sechzehnten Jahrhundert verkleidet, die eines Museums würdig gewesen wäre. Sie winkte uns heran, sich auf Stühle neben ihrem Bett zu setzen. »Was willst du hier?«, fragte sie mich.

Ganz spontan meldete sich meine Traum-Stimme zu Wort. »Lehre mich, wie Bilder Menschen bewegen!«

Colette lachte. »Ich habe lange auf dich gewartet!«

Wer war Colette? Ich fragte sie nichts – sie erschien mir so unglaublich vertraut. Bei unserer ersten Begegnung schien sie ebenfalls wenig an meiner Geschichte interessiert zu sein, sondern fragte mich nach den Bildern, die ich innerlich vor mir sah: »Schließ die Augen, atme drei Mal langsam aus, widme dich ganz deiner Vorstellungskraft … und dann erzähl mir, was du siehst.«

Später begriff ich, dass meine Bilder ihr alles sagten, was sie über mich wissen wollte und was vor mir lag. Meine Bilder dienten ihr als Landkarte, als Anleitung, aus der sie ablas, wie sie mich führen konnte. Durch ihre Bestätigung fühlte ich mich sicher, mich von dem, was ich »sah«, leiten zu lassen. Ein großartiges Abenteuer hatte begonnen! Diese Erkundungen meiner selbst würden mich weiterbringen, als ich je für möglich gehalten hatte, bis hin zur Erkundung universeller Strukturen und Konzepte.

Colette untersagte mir, Fragen zu stellen oder irgendetwas zu lesen, was mit Vorstellungen, Träumen oder Mythen zu tun hatte. Die durch die Lektüre hervorgerufenen Bilder würden sich sonst mit meinen inneren Bildern mischen, erklärte sie mir, und ich würde mein wahres Selbst nicht erkennen. *Ich war das Buch und alles stand in mir geschrieben.*

Wer war Colette? Meine Augen sagten mir, dass sie eine große alte Dame war. Ich erkannte das an ihrer königlichen Haltung, ihren hoheitsvollen Gebärden und auch an ihrer Aufmerksamkeit und Anteilnahme, die mich an meine Großonkel und Großtanten erinnerten. Nach dem Sechstage-Krieg 1967 verließ Colette ihr Haus oder ihre Straße nicht mehr, um ständig für all jene erreichbar zu sein, die ihre Hilfe brauchen könnten.

Für mich war sie wie ein machtvoller Magnet, ich empfand sie sowohl als mütterlich als auch als furchterregend. In ihrer Gegenwart fühlte ich mich völlig nackt und entblößt. Ich war fasziniert und richtiggehend verliebt. Colette gab mir die Kleidung ihrer verstorbenen Tochter und nahm mich in ihr Herz und ihr Leben auf. Ich erfuhr bald, dass sie aus einer alten und angesehenen Ärztefamilie aus Algier stammte. Ihr Vater war ein in ganz Nordafrika bekannter Nervenchirurg gewesen, der bei den Arabern den Spitznamen »le Grand Marabou« (der große, heilige Mann) hatte. Colette war vierzehn Jahre lang die persönliche Assistentin ihres Vaters gewesen. In dieser Zeit hatte er sie gelehrt, die Patienten zu beobachten und dann zu diagnostizieren. In all den Jahren, die ich mit Colette verbrachte, lag sie mit ihren Diagnosen nicht ein einziges Mal daneben.

Bevor sie sich entschied, ihr Leben damit zu verbringen, anderen Menschen zu helfen, war sie eine angesehene Tänzerin, Musikerin und Bildhauerin gewesen. Später lernte sie in Paris bei Dr. Desoille, der die Methode Reve éveillé dirigé *(»Geleitete Wachtraum-Therapie«)* entwickelt hatte. Sie erwarb einen Abschluss in Psychologie und arbeitete dann in der psychiatrischen Abteilung des Krankenhauses von Algier.

Weil Colette die Techniken von Dr. Desoille als eingeschränkt empfand, entwickelte sie ihre eigenen Methoden, die sowohl auf den imaginativen Praktiken beruhten, die zum Erbe ihrer Vorfahren gehörten, als auch auf ihrem eigenen schöpferischen Genius. So entstand das stimmige und übergreifende System, das ich in diesem Buch vorstellen möchte.

Colette stammt sowohl von ihrer mütterlichen als auch von ihrer väterlichen Seite aus alten Familien sephardischer Kabbalisten. Rabbi Isaak der Blinde aus der Provence, der erste historisch verbürgte mittelalterliche Kabbalist, und Jakob ben Sheshet, eine der führenden Geistesgrößen der Kabbalisten aus Gerona und Anhänger von Isaak dem Blinden, sind ihre direkten Vorfahren. Diese beiden sind vor allem dafür bekannt, dass sie furchtlos die Mysterien erforschten, zu denen sie durch mystische Erfahrungen vorgedrungen waren und deren Ursprünge wahrscheinlich auf die Merkawah-Kabbala zurückgehen.

Diese älteste Form der Kabbala, deren Spuren sich bereits in Midrasch- und Talmud-Texten, in der Heikhalot- und Merkawah-Literatur und in verschiedenen apokryphen Texten wie dem hebräischen Buch Enoch finden lassen, wurde während des 1. und 2. Jahrhunderts sowohl von Laien als auch von talmudischen Weisen praktiziert, darunter von Rabbi Akiba, dem herausragendsten Gelehrten jener Zeit. Die Aufgabe des Übenden bestand darin, den Aufstieg durch die himmlischen Sphären zu visualisieren, die häufig als verschiedene Paläste (Heikhalot) gesehen wurden, bis zu dem

Wagen oder Thron (Merkawah), auf dem der Übende, wenn er diese Stufe erreichte, das Bild des HERRN »sah« (oft Kavod genannt), welches »das Aussehen eines Menschen hatte« (Hezekiel 1,26).

In ihrer Literatur beschreiben die Kabbalisten seit talmudischen und biblischen Zeiten eine ungebrochene Kette von Offenbarungen (zum Beispiel geht der Zohar, der einflussreichste aller kabbalistischen Texte, laut seinem Autor Moses von León auf den Weisen Simeon Bar Yochai aus dem 2. Jahrhundert zurück). Auch die hebräische Bibel ist voller Offenbarungen, von den Visionen der Propheten wie Hezekiel, Elija und Enoch bis zu den Träumen der Patriarchen Abraham, Jakob und Joseph sowie den visionären Erfahrungen von Moses, Samuel oder Jonas. Studiert man die biblischen Texte, wird deutlich, dass in biblischen Zeiten die Kommunikation mit dem Göttlichen in der Regel durch Visionen erfolgte.

In Übereinstimmung mit den Praktiken ihrer Ahnen war Colettes Arbeit daher erfahrungsbezogen. Manche ihrer Übungen beruhen auf Texten, aber im Unterschied zu anderen kabbalistischen Methoden gibt es auf ihrem Weg keine direkten Studien oder Analysen von Schriften, keine Umwandlungen von Buchstaben (die so genannte Gematria-Technik) und keine Beschäftigung mit dem »Baum des Lebens« und seinen zehn energetischen Sphären.

Colettes Arbeit ist reine Kabbala (Kabbala bedeutet »Empfangen«): Sie besteht in dem Empfangen durch die innere Schau. Ihre Kabbala-Lehre ist kein geheimnisvolles, schwer zugängliches System, sondern eine Erkundung des imaginativen Feldes, dessen Sprache Menschen aller Herkunft gemeinsam ist.

Als ich Colette begegnete, war ich keine Jüdin, und sie redete mit mir nie über Judaismus. Erst als mich meine inneren Bilder anwiesen, mich damit zu befassen, öffnete sie ein paar Bücher und zeigte mir kabbalistische Texte. Was ich dort las, bestätigte mir all das, was ich in mir selbst durch meine Imaginationen entdeckt hatte. Ich konvertierte dann zum Judentum, weil ich offensichtlich Jüdin war. Andere ihrer Schüler und Schülerinnen fanden heraus, dass sie Buddhisten, Sufis oder Christen waren. Unsere Seelen sprachen durch unsere Bilder und führten uns so zu unserer wahren Bestimmung.

Die jüdische Kabbala wird traditionell nur an Männer weitergegeben. Doch wie in manchen sephardischen Familien üblich, wurden in Colettes Familie auch die Frauen ermutigt, die Lehren zu studieren und aktive Rollen zu übernehmen. Zu Colettes illustrer Familie gehörte unter anderem Dona Gracia Mendoza, die größte jüdische Frauengestalt der Renaissance. In jüngerer Zeit war Colettes Großmutter eine hoch verehrte Lehrerin, die in ihren Gärten Hof hielt und die Rabbiner und bedeutenden Männer Algiers empfing.

Bereits in jungen Jahren empfing Colette durch Handauflegen den Familiensegen, die Lehren ihrer Linie weiterzuführen. Sie hatte drei deutliche Schönheitsmale (eines auf ihrem Dritten Auge, eines auf ihrem linken Handteller und eines auf ihrem Herzen), nach der Familientradition physische Anzeichen dafür, dass sie dazu geboren war, die Juden und die Welt zu retten.

Und tatsächlich hatte sie zusammen mit ihrem halbwüchsigen Bruder Jose Aboulker die Widerstandsbewegung Nordafrikas organisiert, die zur Landung der amerikanischen Truppen nahe Algier führte, was zum Ende des Zweiten Weltkriegs beitrug. Colette war während des Krieges im algerischen Radio die »Stimme der Freiheit« gewesen. Sie wurde als Kriegsheldin ausgezeichnet und ihr Name steht in den Geschichtsbüchern über jene Zeit.

Colette wurde später Präsidentin der Internationalen Zionistischen Frauen-Organisation WIZO in Nordafrika. Sie war bei Juden, Moslems und Christen gleichermaßen beliebt und galt sogar als offizielle Exorzistin der katholischen Kirche. Selbst die Rosenkreuzer verliehen Colette ihre Ehrenmedaille, die vor ihr nur vier Frauen erhalten hatten, darunter Eleanor Roosevelt.

Mit ihrem Ehemann Arie Muscat, einem *Shaliach* (reisenden Botschafter des Staates Israel) und späterem *State Controller* von Jerusalem wirkte Colette beständig zum Wohle Israels. Jeden Samstagabend stand ihr Haus in Jerusalem jedem offen, der mit ihnen das Ende des Sabbat feiern wollte.

Die Menschen kamen aus aller Welt, um in Colettes Nähe zu sein und ihre Lehren zu empfangen. Gegen Ende ihres Lebens widmete sie sich vor allem sterbenskranken Menschen. Viele von ihnen sind durch die Übungen, die sie ihnen gab, heute noch am Leben. Zum dreitausendjährigen Jubiläum des Königreichs Davids ehrte die Stadt Jerusalem sie mit der angesehenen »Medal of the Beloved«.

Dies ist nur ein grober Überblick über Colettes Leben. Alles aufzuzählen, was sie in ihrem Leben erfahren und erreicht hat, wäre ein Buch für sich. Sie hat mein Leben verändert, genauso wie das von zahllosen anderen Menschen.

Es dauerte nicht lange und Colette schickte mich als ihre Botschafterin in die Krankenhäuser der Stadt, um ihre Übungen und tröstenden Worte kranken Menschen, verwundeten Soldaten und geistig Verwirrten zu überbringen. Sie schrieb ihre Ideen oder Anleitungen für meine Arbeit mit den hilfebedürftigen Menschen auf kleine Zettelchen. Mit ihrem Segen begann ich schon bald, eine Art Körperarbeit zu lehren, die auf Bewegungen beruhte, die aus biblischen Geschichten abgeleitet waren. Um auf die Bedürfnisse der Patienten besser eingehen zu können, entwickelte ich Imaginationen für alle möglichen psychischen Probleme und Beschwerden.

Und ganz gleich, ob ich nun mit Colette in ihrem Garten saß oder durch die Stadt flitzte, um den Menschen zu helfen, ich blühte auf. Ich hatte sowohl in mir als auch um mich herum meinen Garten Eden gefunden.

Einmal sagte Colette zu mir: »Wachse über mich hinaus, du sollst noch besser werden als ich!«

Wo findet man sonst solche Großherzigkeit?

Ich widme dieses Buch meiner geliebten Colette. Sie ist meine Mutter und ich bin ihre Tochter. Wir sind auf ewig geistig verbunden. Sie lehrte mich, dem zu vertrauen, was ich bereits wusste, und sie lehrte mich noch viel mehr. Manches davon findet sich in diesem Buch wieder.

Colette erzählte gerne Geschichten von ihren Ahnen. Sie dienten ihren Schülerinnen und Schülern aus aller Welt, die »zahlreich wie Sandkörner oder wie die Sterne des Himmels« waren, als Parabeln und Inspirationsquellen. Und ich glaube, dass bei großen Lehrern und Lehrerinnen auf jeden Schüler, den sie persönlich unterweisen, tausend weitere kommen, denen sie in ihren Träumen weiterhelfen.

Für mich war das Erstaunlichste an der Geschichte, dass in Colette mein eigener Traum wahr geworden war!

Später entdeckten wir Einzelheiten, die unsere Verbindung noch stärkten. Das Haus in Oran in Algerien, in dem Colette einen Teil ihrer Kindheit verbrachte, stand genau gegenüber von dem Haus, in dem meine Mutter aufgewachsen war! Colette war mit meiner Mutter und meinen Tanten in die gleiche Schule gegangen, sie kannte sie alle.

Und wie lässt sich erklären, dass ich so aussehe, als stammte ich aus Colettes Familie? Im Traum muss wohl ein Gen aus Colettes Haus in den Körper meiner Mutter gehüpft sein! Lebensreisen bewegen sich spiralförmig zurück zu ihrem Ursprung und nehmen mit jeder Wendung etwas auf. Das Träumen ist oftmals geheimnisvoller, als wir es uns je erträumen könnten!

EINLEITUNG

Wach auf und träume

»Willst du, dass Elija für dich sichtbar werde, so konzentriere dich auf ihn. ... Es gibt drei Arten, ihn zu sehen: im Traum, im Wachen ihn grüßend und im Wachen ihn grüßend und von ihm gegrüßt werdend.«

JOSEPH CARO

Es gibt viele Bücher über Träume. Wozu jetzt noch eins? Weil es in diesem Buch nicht um Träume geht, sondern um das Träumen. Wir sind uns dessen vielleicht nicht bewusst, aber wir träumen in jedem Augenblick. Auch Sie träumen, während Sie diese Zeilen lesen, während Sie auf den Bus warten oder sich mit einer Freundin im Café unterhalten, während Sie arbeiten, kochen, reden oder gar nichts tun.

Träumen findet in unserer rechten Gehirnhälfte statt, die, genauso wie unser übriges Gehirn, nie aufhört, Nervenimpulse auszusenden. Das gehört natürlicherweise zum Leben; es geht Tag und Nacht vor sich, genauso wie das Atmen.

Unsere nächtlichen Träume stellen nur eine Art des Träumens dar, die wir jedoch problemlos als solches erkennen, zumal die während des Schlafes auftauchenden Träume als allgemein anerkannter Ausdruck unseres Unterbewusstseins gelten. Wenn wir auf unsere Träume achten, wird uns jedoch leichter bewusst, dass wir zu jedem Zeitpunkt und in jeder Lebenslage träumen.

Eines Tages kam ein Mann zu mir, der gerade ein Buch über Quantenphysik und Träume schrieb. Er wollte mich etwas fragen, denn er hatte kurz davor einen Druiden interviewt, einen modernen, keltischen Priester, der ihn zutiefst beeindruckt hatte. Der Druide hatte nachdrücklich erklärt, es gäbe zwischen unseren nächtlichen Träumen und unserem Alltagsbewusstsein keinen Unterschied. Wir würden *die ganze Zeit* träumen. Nun wollte er wissen, wie ich als Traum-Expertin und Psychologin darüber dachte.

Damals wunderte ich mich darüber, dass der Druide der Einzige war, der diesem Mann gesagt hatte, dass das Träumen eine ständig vor sich gehende Aktivität des Gehirns ist. Ich fragte mich nicht zum ersten Mal, ob vielleicht der Akt des Träumens ein von den Wissenschaften gehütetes Geheimnis ist, von dessen Existenz nur Teilaspekte öffentlich gemacht wurden, aber niemals das ganze Wissen.

Zwei verschiedene Sprachen

Ich erzähle meinen Schülern immer, dass es beim Lernen zwei Hauptwege gibt: den Weg der Befreiung durch den *verbalen* Geist und den Weg der Befreiung durch den *imaginativen* Geist. Im Buddhismus entspricht dies dem Unterschied zwischen Zen-Buddhismus und tibetischem Buddhismus.

Im Zen lernt der Übende, ruhig zu sitzen und den Bewegungen des Geistes ohne Anhaftung zuzuschauen. Ab und zu stellt der Lehrer dem Meditierenden kurze, paradoxe Rätsel, so genannte Koans, um so den Fortschritt des Übenden zu prüfen. Die Lehre erfolgt also auf sprachlicher Ebene durch den verbalen Geist und durch das einprägsame Paradoxon des Koans, das die gewohnten Denkmuster auflöst.

Im Gegensatz dazu nutzt man im tibetischen Buddhismus die Vorstellungskraft, den imaginativen Geist der Übenden. Man akzeptiert den Dschungel an Bildern, in dem wir leben, und lehrt die Übenden, sich hineinzustürzen, hindurchzuarbeiten und am anderen Ende aus dem Dschungel wieder aufzutauchen. Beide Wege führen durch die verbale oder imaginative Loslösung von allen Formen zur Erleuchtung.

Wie Sie sich vielleicht bereits gedacht haben, geht es bei unserem Weg um den imaginativen Geist. Furchtlosigkeit und Losgelöstheit werden in beiden Ansätzen erreicht und im wirklichen Leben muss sich jeder Mensch mit beiden Ansätzen auseinandersetzen. Auf der

Ebene der einfachen physiologischen Funktionen hat jedoch fast jeder eine Neigung zum einen oder anderen Weg. Wir werden entweder stärker von der linken (verbalen) Gehirnhälfte oder von der rechten (imaginativen) bestimmt.

Jede Gehirnhälfte hängt mit bestimmten Verhaltenstendenzen zusammen. Die linke Gehirnhälfte ist auf das abstrakte Denken und auf den Verstand bezogen, während die rechte räumlich denkt und körperorientiert ist. Es ist also wichtig, dass wir eine Sprache verwenden, die zu der Art des Denkens passt, die wir ansprechen wollen.

In Bezug auf dieses Thema herrscht große Verwirrung. Über das Körper-Geist-Problem wurde viel verbaler Müll produziert und wenig Klarheit geschaffen. Zu dem Zwiespalt trägt bei, dass es hierbei um zwei Welten geht, die zwar miteinander zu tun haben, aber unterschiedliche Sprachen sprechen. Es ist sonnenklar, was mit Sprache gemeint ist, wenn wir uns auf die linke Gehirnhälfte beziehen. Aber was meinen wir mit der »Sprache« der rechten Gehirnhälfte?

Die Sprache der rechten Gehirnhälfte

Die rechte Gehirnhälfte *denkt* nicht, sie erfährt. Ihr Reich ist der Körper, ihre Sprache besteht aus Bildern. Mit Bildern meine ich den Prozess, mit dem die rechte Gehirnhälfte unsere Sinneserfahrungen in Wahrnehmung umsetzt.

Wenn Sie zum Beispiel von jemanden angegriffen werden, sehen Sie vielleicht rot. Das ist keine Metapher, Sie *sehen* wirklich rot. Häufig ist dieses *Sehen* sogar noch komplexer: Vielleicht sehen Sie den anderen als feuriges Monster. Diese Bilder sind jedoch so flüchtig, dass sie unserer Aufmerksamkeit oft entgehen, wie ein nächtlicher Traum sich verflüchtigt, bevor wir ihn uns richtig bewusst machen konnten.

Können wir über Bilder *sprechen*? Können wir eine in sich vollständige Erfahrung in eine Reihe einzelner Teile aufgliedern, wie es die Sprache erfordert, ohne ihre Essenz zu verlieren? Vor dieser Herausforderung stehen alle Träumer, die versuchen, ihre Welt zu vermitteln. Mit dem Schreiben dieses Buches stehe ich vor genau dieser Herausforderung. Wie können meine Worte auch nur ansatzweise die ganzheitliche Erfahrung des Träumens erfolgreich vermitteln?

Viele Mystiker, die in der Welt der Imaginationen leben, berichten davon, dass es einfach nicht in ihrer Macht steht, das zu beschreiben, was in den ekstatischen Augenblicken der Vereinigung mit dem Göttlichen geschieht. Vielleicht ist die Sprache der Dichter dafür geeigneter. Shakespeare hat Theseus, der einzigen vernünftigen, rational denkenden Figur in seinem *Mittsommernachtstraum* eine fast technisch detaillierte Beschreibung der Welt der Imagination in den Mund gelegt:

> Des Dichters Aug, in schönem Wahnsinn rollend,
> Blitzt auf zum Himmel blitzt zur Erd hinab,
> Und wie die schwangre Phantasie Gebilde
> Von unbekannten Dingen ausgebiert,
> Gestaltet sie des Dichters Kiel, benennt
> Das luftge Nichts und gibt ihm festen Wohnsitz.
>
> (5. Aufzug, 1. Szene, Übers. Schlegel)

Dichter sind genau an dieser Schnittstelle zwischen dem Imaginativen und dem Verbalen angesiedelt. Für sie ist die Traumwelt das Ursprüngliche und der verbale Ausdruck hat dem Traum zu dienen. Die lebendigen Augenblicke des imaginativen Körpers bringen in einem Dichter Worte hervor, so wie die Erde die Fülle des Lebens hervorbringt. Die Worte des imaginativen Körpers folgen einander nicht unbedingt in einer vernünftigen Reihenfolge, wie in einer intellektuellen Auseinandersetzung. In der Dichtkunst gibt es daher inhaltliche Sprünge, erstaunliche Verbindungen, erschreckende Assoziationen.

Alte Sprachen wie Hebräisch oder Sanskrit stehen der imaginativen Welt ebenfalls näher. Im Gegensatz zu den modernen Sprachen, die sich von der direkten Erfahrung einen Schritt zurückgezogen haben, sind Hebräisch und Sanskrit den ursprünglichen Klängen und Bewegungen näher, die sie zu vermitteln suchen. Ihre Worte und Zeichen (z.B. auch die ägyptischen Hieroglyphen) sind Übertragungen wiederkehrender, und daher erkennbarer körperlicher Erfahrungen.

Es gibt kein Unbewusstes

Das Träumen ist ein sich selbst verstärkender Prozess. Wer diesen Prozess in Gang bringen möchte, muss das Biest beim Schwanz packen, den »Leviathan« der hebräischen Legenden, der sich auf dem Grunde des Meeres verborgen hält (das Meer ist in diesem Fall unser Unterbewusstsein), und »... es hinterlässt eine leuchtende Spur« (Job 41,24). Das Biest ist das ungeheure Wissen, das jenseits unserer bewussten Gedanken in uns ruht. *Können wir lernen, zu diesem Wissen Zugang zu finden?*

Der Begriff »unbewusst« treibt schon viel zu lange sein Unwesen. Sollen wir akzeptieren, dass zwei Drittel unseres Selbst auf ewig in den kalten Wassern des niemals Erfahrbaren versunken sind? Oder können wir wie der große Leviathan auftauchen und uns umdrehen, so dass unsere verborgenen Anteile sichtbar werden?

Wenn wir das Unterbewusstsein sorgfältig erkunden, werden wir sehen, dass es seine Geheimnisse offenbart. Wenn wir es wagen, unserem Unterbewusstsein eine Frage zu stellen, wird es antworten. Um der Wahrheit willen wollen wir uns daher darauf einigen, das Wort »unbewusst« aus diesem Buch und unserem Wortschatz zu verbannen und stattdessen das Wort »unterbewusst« verwenden.

Der erste Schritt unserer Erfahrungsreise bestand darin, uns dem Unterbewussten zuzuwenden. Doch was verbirgt sich dahinter? Wie bekommen wir den Schwanz des Biestes zu fassen? Wo sollen wir anfangen?

Zwei verschiedene Wirklichkeiten

Zuerst wollen wir den Weg frei machen, indem wir ein Problem klären, das unser bewusster Geist für uns geschaffen hat: den Mythos, dass die Wirklichkeit der messbaren, beweisbaren und wiederholbaren Phänomene die einzige Wirklichkeit ist, die es gibt. Der in seinem mächtigen Trieb gefangene bewusste Geist, das Wesen der Dinge unwiderlegbar zu beweisen, hat das Kind mit dem Bade ausgeschüttet.

Unter Missachtung seines Zwillings, des imaginativen Geistes, hat der bewusste Geist durch seine Fähigkeit, die Wirklichkeit zu

»erkennen«, die Oberhand gewonnen. Über vier Jahrhunderte lang hat er sich darin gesonnt, das ihm Bekannte zu messen, zu beweisen und zu bestätigen. Und um diese Fähigkeit herum, Wissen zu fixieren, hat sich ein übermächtiges kulturelles Ego herausgebildet.

Dieses theoretisierende Ego behauptet: Was sich nicht beweisen lässt, ist auch nicht wahr, existiert nicht. Die mathematische, kausale, abgesteckte Welt ist die einzige Gewissheit und echte Wahrheit. Alle anderen Phänomene sind Hirngespinste, solange nichts Anderweitiges bewiesen wurde.

Diese Art des Denkens ist sehr verführerisch, da es die Ungewissheiten, mit denen wir konfrontiert sind, weitgehend reduziert und uns glauben lässt, wir hätten unsere Umwelt unter Kontrolle. Diese Geisteshaltung bot die Grundlage für herausragende technische Errungenschaften und wissenschaftliche Erkenntnisse über die physische Welt und wir wollen ihre Berechtigung in keiner Weise in Frage stellen. Doch ein Schmetterling stirbt, wenn er zur genaueren Betrachtung aufgespießt wird. Wir möchten daher an den gesunden Menschenverstand appellieren und um das Recht bitten, bei der Untersuchung und Erkundung der imaginativen Welt auch deren Kategorien und Prioritäten anwenden zu dürfen.

Erfahrungen der anderen Welten

Was sollen wir von den unzähligen übersinnlichen und außergewöhnlichen Erfahrungen halten, von denen immer wieder berichtet wird und die sich nicht in unsere beweisbare Welt einordnen lassen? Keiner von uns scheint gegen solche Ereignisse völlig immun zu sein, doch nur wenige geben zu, solche Erfahrungen gemacht zu haben. Wenn man sie allerdings direkt darauf anspricht, berichten erstaunlich viele Menschen, dass sie Geister gesehen haben, dass verstorbene Verwandte zu Besuch kamen oder dass sie mit Engeln oder anderen Wesen der geistigen Welten Kontakt hatten.

Man hört von ohne ersichtlichen Grund zerbrochenen Spiegeln, von verschwundenen Gegenständen, die nach ein paar Tagen wie durch ein Wunder wieder auftauchten, von Wahrnehmungen zugleich in dieser Welt und in einer anderen Wirklichkeit oder vom unmittelbaren Erkennen bestimmter Wahrheiten mit lebensverändernden Konsequenzen.

Ich aß vor kurzem mit einer Nachbarin zu Abend, die mir berichtete, dass mehrmals eine rembrandtähnliche Gestalt am Fußende ihres Bettes aufgetaucht sei. »Er war ganz echt, ich habe ihn genauso gesehen, wie ich dich jetzt sehe! Er stand da und sah mich eindringlich an. Ich hatte das Gefühl, er wollte mir etwas sagen. Ich war zu Tode erschrocken!« Haben all diese Menschen Wahnvorstellungen? Projizieren sie ihre Fantasien nach außen in die reale Welt? Oder sind das tatsächliche Phänomene, die sie wahrnehmen?

Merkwürdige Erscheinungen, Fantasien, Halluzinationen, unheimliche Geräusche, Gerüche oder Geschmäcke, Déjà-vu-Erlebnisse, Hellsehen, Telepathie, Vorahnungen und Ereignisse, die keine erkennbare Ursache haben – die Liste ist unglaublich vielfältig, doch scheinen mindestens achtzig Prozent der Menschen irgendwann in ihrem Leben derartige Erfahrungen gemacht zu haben. Man kann auch davon ausgehen, dass sich die meisten von uns genau wie die Frau mit dem rembrandtähnlichen Besucher zu Tode fürchten, weil sie diese Phänomene nicht verstehen.

Unglauben, Unsicherheit und Angst sind gewöhnlich die Gründe, aus denen heraus wir unserem Verstand nicht erlauben, sich wirklich mit diesen Erfahrungen auseinanderzusetzen. Wir wollen deshalb hier eine Arbeitshypothese aufstellen, die uns helfen kann, die Zweifel und Verlegenheiten unserer linken Gehirnhälfte zu beschwichtigen: *Nicht Beweisbares ist nicht unbedingt unwahr.*

So können wir akzeptieren, was wir »sehen«, auch wenn wir keine logischen Erklärungen dafür haben. Und was unsere Angst anbelangt: Ist sie nicht dazu da, uns Mut zu lehren? Die Auseinandersetzung mit Geheimnissen kann zu faszinierenden Abenteuern führen, die wir verpassen würden, wenn wir uns von unserer Furcht zurückhalten ließen.

Zwei »wirkliche« Welten

Können wir also erst einmal davon ausgehen, dass die Botschaften sowohl der objektiven linken Gehirnhälfte als auch der subjektiven rechten Gehirnhälfte auf unterschiedliche Weise »wirklich« sind? Als ich einmal auf einem kleinen Feldweg in Massachusetts um die Kurve fuhr, stand direkt vor mir ein Eisbär. Er war echt! Ich sah ihn! Er stand mitten auf dem Weg und starrte mich an, doch in der objektiven Wirklichkeit gab es ihn nicht, er existierte nur als Vision. Meine linke Gehirnhälfte wusste ganz sicher, dass es in Massachusetts keine Eisbären gibt. Hatte meine Vision eines Bären irgendeine Bedeutung?

Für meine rechte Gehirnhälfte hatte sie eine Bedeutung. Der riesige, lautlose Bär machte einen erschreckenden und machtvollen Eindruck auf mich. Er veranlasste mich, meine damalige Art zu leben zu verändern. Phänomene aus den anderen Welten haben oft diese Wirkung. Sie rütteln uns auf, so wie es uns wachrüttelt, wenn wir fast von einem Lastwagen überfahren werden.

Auch nächtliche Träume haben diese Macht. Angenommen, Sie träumen, dass jemand in Ihr Haus einbricht. Dann setzen Sie sich auf, wecken Ihren Partner oder Ihre Partnerin und gehen durch das ganze Haus, um sich zu vergewissern, dass niemand tatsächlich eingebrochen ist. Ist der Traum wirklich? Auf jeden Fall verspürten Sie echte Angst bei der Vorstellung, dass jemand bei Ihnen eingebrochen war. Aber ist es Wirklichkeit? Nein, denn Sie haben alle Fenster und Türen überprüft und sind in allen Zimmern gewesen. Wenn also niemand eingebrochen ist, welche Bedeutung hat dann der Traum?

Bedeutet er vielleicht, dass jemand einbrechen *wird*? Ist der Traum eine Warnung? Oder ist er eine Metapher und Sie sollten sich in Ihrem Leben umsehen, wer oder was in Ihren Raum eindringt?

Traumbilder können vieles sein. Genau deswegen nennen viele moderne Wissenschaftler alle Traumbilder »geistigen Müll«. Aber das ist so, als würde man Ihnen raten, Ihre gesamte Post wegzuwerfen, nur weil *manches* darunter nutzlos ist. Wenn Sie dieses Buch weiterlesen, werden Sie erkennen, dass es in der Regel nicht besonders weise ist, Traumbilder auf den Müll zu werfen.

Angenommen ich lege meine Hand auf mein Herz und sage zu Ihnen: »Da tut's weh.« Dann können Sie noch nicht wissen, ob mein Schmerz emotionaler Art ist oder ob ich Sodbrennen habe. Das wird nur durch den Kontext deutlich. Oder Sie müssten mich direkt fragen.

Mit Traumbildern ist es das Gleiche. Wenn ich träume, dass ich meine Hand auf mein Herz lege und am nächsten Morgen mit Sodbrennen aufwache, weiß ich, dass es sich um einen körperlichen Schmerz handelt und ich kann mein Traumbild deuten.

Auf dieser Ebene hängt die Bedeutung eines Traums davon ab, wie eng die Traumbilder an die reale Welt angelehnt sind. Solange ich leicht Verbindungen zwischen meiner Wirklichkeit und meinen Traumbildern herstellen kann, fühlt sich mein waches, verbales Selbst angenehm in Kontrolle über die Situation und daher von der Welt der Träumer getrennt.

Doch was ist, wenn wir, wie die unglücklichen Leute in den psychiatrischen Kliniken, nicht mehr unterscheiden können, was Wirklichkeit ist und was Traum?

Nächtliche Träume sind akzeptabler

Als der Wissenschaftler den Druiden interviewte, tauchte die Frage auf: Was ist der Unterschied zwischen den Träumen, die während des Schlafs zu uns kommen und *bewusstem* Träumen? Eine Antwort lautet, dass nächtliche Träume akzeptabler sind. Niemand hält es für verrückt, während des Schlafs zu träumen. Manche Menschen träumen sehr überschwänglich und niemand beschuldigt sie, nicht normal zu sein.

Doch der Zeitpunkt, zu dem das Träumen stattfindet – sei es am Tag oder in der Nacht – hat nichts damit zu tun, was Träumen ist; es ist lediglich bequemer für uns, so zu tun als ob. Durch die Behauptung, dass Träumen nur nachts während des Schlafens stattfindet, haben wir zwischen der äußeren Welt und der Traumwelt eine klare Trennung gezogen. Wir fühlen uns sicherer, wenn unsere nächtliche Welt nicht in unsere Tageswelt hineinleckt. Wir können uns dann an dem orientieren, was wir für tragfähig halten: die äußere Welt. Wir glauben fest an unsere Fähigkeit, unterscheiden zu können, denn wir meinen, unsere Sicherheit hänge davon ab, dass wir die Wirklichkeit so erkennen, wie sie ist.

Natürlich entstehen unsere zahlreichen Probleme dadurch, dass nur wenige von uns, wenn überhaupt jemand, die »Wirklichkeit so sieht, wie sie ist«, einfach weil die Grenzen zwischen den Welten viel weniger klar sind, als wir es gerne hätten.

Die Trennung, die wir erzeugt haben, ist künstlich, aber sehr wirkungsvoll. »Dies ist Fantasie, und dies ist Wirklichkeit«, sagen wir und schützen uns damit vor der großen Leere. Derart abgeschirmt können wir über die unendlich weite jenseitige Welt und die unendlich weite innere Welt nachsinnen, und dabei einen Anschein von Sicherheit wahren.

Was steht zwischen den beiden Welten?

Die wahre Verbindungsstelle zwischen den zwei Welten ist der Körper.

Da fangen wir an. *Vertrauen Sie Ihrem Körper.* Im Mutterleib, nach innen gekehrt, träumt Ihr Körper. Bei der Geburt wird der Körper nach außen gestoßen: Augen sehen Licht, Haut berührt Dinge, Ohren hören die Geräusche des Lebens ohne den sanften Filter des Fruchtwassers.

nders gesagt, Ihre Empfindungen führen in *beide* Richtungen, in die gegenständliche Welt *und* in die Traumwelt. Die Sinne wirken wie Schwingtüren, die sich nach innen oder nach außen öffnen können.

Ich aß einmal mit einem neuen Bekannten zu Abend, der ein anerkannter Wissenschaftler war. Als ich ihm davon erzählte, dass unsere Sinne wie Schwingtüren funktionieren, stand er plötzlich mit den Worten auf, er wolle mit jemandem, der solchen Unsinn glaube, nichts zu tun haben. Doch da auch er einen Körper hat, ist auch das, was er für Unsinn hält, *in ihm*.

Wenn Sie irgendwo einen Schmerz empfinden und ihren Blick auf den Schmerz richten, werden Sie ihn beschreiben können. Er kann heiß sein, feucht, kalt, entzündet, rot, dumpf und so weiter. Wenn Sie weiter hinschauen, können Sie vielleicht sogar Bilder »sehen« oder Geräusche »hören«. All das teilt Ihnen etwas über Ihren Schmerz mit. *Erfahrungen kommunizieren immer über die Sprache der Sinne mit uns.*

Die innere Welt der rechten Gehirnhälfte ist dreidimensional.

Genauso wie in der äußeren Welt nutzen wir dort alle unsere Sinne: Wir sehen, hören, riechen, schmecken und spüren sogar. Haben Sie je von einer leidenschaftlichen sexuellen Begegnung geträumt und beim Aufwachen festgestellt, dass ihr Körper tatsächlich entsprechend reagiert hat? Das Lustgefühl war so lebendig, dass ihr Körper physisch auf die im Traum erlebte Stimulation reagierte.

Geträumte körperliche Betätigungen, zum Beispiel ein Marathonlauf, hat nicht die gleiche Wirkung wie tatsächlich einen Marathon zu laufen. In der äußeren Welt sind wir an die Spielregeln der äußeren Welt gebunden und müssen ihre Beschränkungen hinnehmen: Erschöpfung, Durst, Hitze und Schmerzen – während wir im Traum mühelos dahinlaufen können.

Doch am nächsten Morgen können sich die Beinmuskeln anfühlen, als habe man ordentlich Sport betrieben. Die Traumbilder verursachen winzige Muskelbewegungen. Dies ist übrigens die Grundlage für Visualisierungen im Leistungssport. Die Traumbilder interagieren mit dem Körper und erzeugen eine Muskelreaktion.

Träume wirken auf die physische Welt ein. Die Bilder mögen reine Fantasie sein, doch die Wirkungen sind real. Imaginationen wirken auf die Physis und umgekehrt. Und die Verbindung der beiden Welten findet im Körper statt. So wie ein dickes Nervenband, das Corpus callossum, die rechte und die linke Hemisphäre miteinander verbindet, so verbindet der Körper Ihre innere Welt mit der äußeren, physischen Welt.

Ihr Körper ist die Grenze und die Verknüpfung. Gut im eigenen Körper verankert zu sein, und die starke Gewohnheit, auf die Botschaften der Sinne zu achten, gewährt Zugang zu beiden Welten und stellt gleichzeitig sicher, dass wir uns in keiner von beiden verlieren.

Auf Empfindungen achten

Wenn Sie auf Ihre Empfindungen achten, erwischen Sie den Schwanz des Biestes. Der erste Schritt in Ihrer Ausbildung zum Träumer ist, ganz in der Gegenwart verankert zu sein und aufmerksam auf das zu achten, was Ihnen die Sinne Ihres Körpers mitteilen.

Angenommen, Sie begegnen jemandem und nehmen gleichzeitig

wahr, dass sich der Raum verdunkelt hat. Dann besteht der nächste Schritt darin, sofort auf Ihre Körperempfindungen zu achten. Hat sich Ihr Solarplexus angespannt? Wie atmen Sie? Flacher? Die Verdunkelung des Raumes ist Ausdruck eines subjektiven Eindrucks. Sie können es auch Intuition nennen.

In diesem Beispiel ist Ihre »Intuition« ein Signal dafür, dass Ihr Wachtraum-Selbst in dieser Situation Einfluss nehmen möchte. Sie wissen, dass sich der Raum nur in Ihrer Wahrnehmung verdunkelt hat, doch diese Wahrnehmung sagt Ihnen etwas über die Welt da draußen. Sie sagt Ihnen etwas über Ihre Reaktion auf die Person, der Sie gerade begegnet sind. Jetzt müssen Sie den Grund dafür herausfinden.

Beginnen Sie damit, zu überprüfen, ob Ihr Körper zu dem Zeitpunkt des Ereignisses völlig unbeeinflusst war. Funktionierte Ihr Körper wie ein unpersönliches Radar oder haben Sie ein Gefühl aus Ihrer Erinnerung auf diese Person projiziert?

Vielleicht sah die Person jemanden ähnlich, den Sie nicht mögen, dann könnte die Verdunkelung des Raumes auf diese unangenehme Erinnerung zurückgehen. Angesichts dieser Möglichkeit müssen Sie sich fragen: War meine Reaktion eine Täuschung? Mache ich mir über diese Person etwas vor, was nicht der Wahrheit entspricht?

An dieser Stelle springen viele Menschen ab, weil sie meinen, nicht zwischen ihren Projektionen und ihren Träumen unterscheiden zu können. Es ist einfacher für sie, die Welt der Bilder als Fantasien und Täuschungen abzutun. So können sie ihrem kausalen Geist weiterhin die Kontrolle überlassen, doch sie verpassen wertvolle Möglichkeiten, die ihnen zur Verfügung stünden, wenn sie auf ihren träumenden Geist hören würden.

So wie Parzival (der Held der Gralssage), der angesichts der Vision des Heiligen Grals im Schloss des geheimnisvollen Fischerkönigs versäumt, nach der Bedeutung der Vision zu fragen und dadurch den Glauben an das Numinose und an Gott verliert, versäumen Menschen, die hier abspringen und angesichts eines Traumerlebens keine Fragen stellen, einen unschätzbaren Reichtum an Erfahrungen.

Wahres Träumen versus Projektionen

Gibt es einen anderen verlässlichen Weg, Klarheit über die Bedeutung unserer Traumerfahrungen zu gewinnen? Was kann einem Träumer helfen, seine falschen Projektionen auszusortieren, so dass er zu einem *echten* Träumer werden kann? Das ist das Ziel der Lehren dieses Buches: ein echter Träumer zu werden. Sie bieten einen Weg zu einer völlig neuen Art, Ihre Träume zu leben.

Ich habe die Lehren in zwölf aufeinander aufbauende Aufgaben eingeteilt. Wenn Sie zur letzten Aufgabe kommen, sollten Sie in der Lage sein, leicht zwischen echten inneren Visionen und reinen Projektionen oder Fantasien unterscheiden zu können.

Um Träumer, Seherin, Visionärin oder Prophet zu werden, müs-sen Sie sich auf eine Reise zum Mittelpunkt Ihres imaginativen Geistes begeben, genauso wie es die Weisen in alten Zeiten getan haben.

Diese Reise beginnt im 1. Kapitel (»Muster und Wahrnehmungen«), in dem Sie lernen, Ihre Neigung zu bestimmten Mustern und Ihre Vermeidung anderer Muster zu beobachten. So schränken Sie »Ihre Wirklichkeit« ein. Sie mögen »Ihre Wirklichkeit« für die einzige halten, doch tatsächlich *erträumen* Sie sich Ihre persönliche Version davon. Bleiben Sie in der gleichen alten Denkschublade stecken oder können Sie Ihren Standpunkt verändern und Ihre Perspektive so erweitern, dass sie mehr von der Wirklichkeit umfasst, die Ihnen potenziell zur Verfügung steht?

Im 2. Kapitel (»Das STOP!-Spiel – Stell deinen Lebensplan auf«) werden Sie sehen, wie Ihre innere Sicht dessen, was Ihnen möglich ist und zur Verfügung steht, durch verzerrte Instinkte, Sehnsüchte, Erwartungen, Ansprüche und dergleichen vernebelt wird, was Ihre Sicht der Wirklichkeit weiter einschränkt.

Wie hängt das alles zusammen? Wir funktionieren hauptsächlich auf der Ebene der Instinkte und Emotionen. Emotionen sind *Reaktionsmuster* auf verzerrte Instinkte. Um zum Bereich der *Erwiderung* vorzudringen, die Ihnen erlaubt, der Welt offen gegenüberzutreten, statt nur auf sie zu reagieren, müssen Sie lernen, Ihre Instinkte von Ihren Reaktionen zu unterscheiden. Das wird Ihnen ermöglichen, Ihren so genannten »Lebensplan« aufzustellen, eine Art Landkarte dessen, wie Sie sich gegenwärtig verhalten, versus dessen, wie Sie sich in Zukunft lieber verhalten würden.

Dieser Prozess beginnt mit dem STOP!-Spiel. Es lehrt Sie, Ihr Leben nachzuahmen, indem Sie sich bewusst entscheiden, ein unpassendes Verlangen zu stoppen, sobald es anfängt, sich zu manifestieren. Das ist nicht als Strafe gedacht, sondern bewirkt, dass Ihre Energie stärker in solche Kanäle gelenkt wird, die Ihrem Wachstum und Ihrer inneren Zufriedenheit dienlicher sind.

Im 3. Kapitel (»Achte auf deine Träume«) werden Sie erkennen, wie sich Ihre Emotionen und verzerrten Sehnsüchte in Ihren Träumen äußern. Die meisten von uns haben bequemerweise aufgehört, sich an ihre Träume zu erinnern, weil es nicht angenehm ist, über deren verschleierte und getrübte Botschaften nachzudenken. Sie ertränken ihre Albträume, wiederkehrenden Traumthemen und geschäftige Träume unter einer Flut alltäglicher Beschäftigungen.

Um den Spiegel der getrübten Emotionen zu klären, die das wahre Träumen zum Vorschein treten lassen, müssen Sie sich erst wieder beibringen, sich an Ihre Träume zu erinnern, selbst wenn sie Ihnen widerwärtig sind. Das Überwinden Ihrer inneren Widerstände, das Sich-Erinnern lernen und was Sie mit Ihren Träumen anfangen können, wenn Sie sich daran erinnern, darum geht es in der dritten Aufgabe.

Im 4. Kapitel (»Mit dem Traum spielen«) lernen Sie, sich den Herausforderungen Ihrer Traumbilder zu stellen, statt sie zu ignorieren. Das erfordert eine andere innere Einstellung. Der erste Schritt zum ernsthaften Träumerdasein besteht darin, Ihre Träume ernst zu nehmen. Als ernsthafter Träumer werden Sie in der Lage sein, Ihre Imagination auf kraftvolle Weise zur Verwirklichung Ihres Lebensplanes einzusetzen. Als Kind haben Sie gespielt und Dinge erfunden und auf diese Weise geübt, sich den Herausforderungen dieser Welt zu stellen. Bei diesem Schritt gelten die gleichen Regeln der Kreativität. Hier lernen Sie, spielerisch mit Ihren Träumen umzugehen.

Bis jetzt haben wir uns mit dem Träumen im Wachzustand beschäftigt. Im 5. Kapitel (»Umkehren«) lernen Sie, sich der Traumwelt anzunähern, die das Spiegelbild – oder eben die Umkehrung – der alltäglichen Welt ist. Wenn Sie beim Einschlafen bewusst die Umkehrung oder den träumenden Standpunkt einnehmen, können

Sie Dinge über sich selbst entdecken, die Ihnen nur die Traumwelt zeigen kann.

Der Akt der Umkehrung ist ein Traum-Manöver, welches Sie aus Ihrer gewohnheitsmäßigen Ausrichtung nach vorne in eine neue Perspektive bringt, aus der Sie sehen können, wie die Traumwelt auf die Ereignisse Ihres Alltags antwortet. Sie lernen, dass Ihre Traumbilder nicht nur aus gefühlsduseligem Kram bestehen, sondern kraftvolle, manchmal erschreckende Wahrheiten enthalten, die uns aus unserer Selbstzufriedenheit reißen und in eine bessere Haltung bringen können.

Im 6. Kapitel (»Rückkehr zu den Sinnen«) werden Sie erkennen, wie schwierig es ist, Ihre instinktiven Muster zu überwinden und die Beschränkungen Ihrer Körperlichkeit zu überlisten. Wie können Sie beispielsweise im Schlaf aufwachen und bewusst sein? Erstaunlicherweise können die meisten nur durch Schmerz, also durch ihre Sinne beziehungsweise durch den *bewussten* Einsatz ihrer Körperlichkeit in ihrer *unterbewussten* Traumwelt wach sein und Dinge wahrnehmen.

Doch warum sich nur auf die nächtlichen Träume beschränken, wenn wir direkt und unmittelbar in die *Quelle* unseres Träumens eintauchen können, um dort den Standpunkt unseres träumenden Geistes zu erfahren? Wir träumen in jedem Augenblick, denn wir erfahren das Leben in jedem Augenblick. Um ständig Zugang zum Träumen zu haben, müssen Sie üben, immer wieder in die *Quelle* Ihres Träumens einzutauchen.

Im 7. Kapitel (»Lebens-Beschleunigungs-Übungen«) beginnen Sie mit kurzen Induktionsübungen, die nach bestimmten Regeln der Imagination entwickelt wurden. Diese Übungen lösen im Träumenden jene Erregung, jenen Nervenkitzel aus, der notwendig ist, um sich auf die Unmittelbarkeit und Frische der Quelle einzulassen.

Wenn das Ziel der geführten Übungen und der Erinnerung an die Träume nur darin bestünde, eine gewisse Neugierde zu befriedigen, würde unser Eifer bald nachlassen. Im 8. Kapitel (»Absicht und Träumen«) lernen Sie, dass Ihr Träumen pro-aktiv Ihren Willen antreiben muss, um das Geträumte zu manifestieren. *Kavanah* (Ihr Wille bzw. Ihre Absicht) ist der Zwilling Ihres Traums. Ohne Kavanah bliebe Ihr Träumen flau und bedeutungslos.

Träumen muss in die Wirklichkeit umgesetzt werden und Kavanah verleiht dazu die nötige Schubkraft. Ihre Bewegung wird nicht von der reinen Willenskraft angetrieben, auch nicht von Albträumen, wiederkehrenden Träumen oder geschäftigen Träumen, nicht einmal von Klarträumen, sondern von dem, was wir den »großen Traum« nennen (wenn er nächtlich auftritt) oder die »prophetische Vision« (wenn sie sich tagsüber ereignet). Beide entstehen aus der Quelle des Fühlens.

Selbst wenn Sie von einem großen Traum oder einer prophetischen Vision angetrieben werden und derart auf die Erfüllung Ihres Lebensplans zusteuern, gibt es Zeiten der Flaute, in denen kein Wind die Segel bläht. Dann fühlen Sie sich ratlos, niedergeschlagen, ängstlich und versinken in einem Morast der Unentschlossenheit. Um diesen gordischen Knoten zu durchschlagen, lernen Sie im 9. Kapitel (»Der Wachtraum«), wie Sie unter Ihre Verwirrung in die Traumwelt eintauchen, in der Sie sich frei bewegen können. Von dort aus wird Ihre Kavanah, wenn nicht sogar die Antwort selbst, sich in Bildern frei entfalten. Diesen Prozess nennen wir den »Wachtraum«.

Wir alle werden immer mal wieder von überkommenen Mustern behindert, von früheren Gefühlen umgetrieben oder verfangen uns in alten Geschichten. Solange Sie Ihre negative emotionale Kette nicht durchbrechen können, Glied um Glied, werden die Bilder Ihrer Vergangenheit Sie immer weiter beherrschen.

Es mag jedoch Stationen geben, an denen selbst Ihre größten Träume, prophetischen Visionen und Wachtraum-Erfahrungen Ihnen nicht helfen, sich von der Vergangenheit frei zu machen. Im 10. Kapitel (»Die Vergangenheit verändern«) lernen Sie Übungen, mit deren Hilfe Sie ganz gezielt Ihre emotionalen Bindungen an die Vergangenheit verändern können. Diese Traum-Techniken nennen wir »Umkehrung der Vergangenheit«.

Im 11. Kapitel (»Das Meisterspiel: Die Vervollkommnung des Lebensplans«) sind Sie dann bereit, das Meisterspiel zu spielen und Ihren Lebensplan zu verwirklichen. Um Ihre Albträume und chaotischen Traumbilder in großartige Träume zu verwandeln, müssen Sie sich in Ihren Gefühlen verankern, nicht in Emotionen. An dieser Arbeit muss man beständig weiter dranbleiben, um nicht wieder in alte Gewohnheiten zurückzufallen, genauso wie wir ständig der Schwerkraft widerstehen müssen, um nicht zusammenzusacken.

Der Übergang vom Reaktiven zum Fühlen geschieht allmählich, da der Körper ein Gewohnheitstier ist. In diesem Kapitel lernen Sie, durch *Chanten,* das Tönen bestimmter Worte, auf drei Tönen eine »Traum-Kavanah« zu entwickeln. Diese alte Praxis nennt sich »Wörter«.

Im 12. Kapitel (»Rückkehr zum Einssein«) erfahren Sie, wie Sie die Übungen dieses Buches in Ihr tägliches Leben integrieren können. Sie lernen auch, Ihre Unausgeglichenheit zu nutzen, um sich tiefer in den Bereich des Fühlens zu versetzen. Gleichgewicht ist eine Sache des Augenblicks, aber jedes Mal, wenn Sie es erreicht haben, wissen Sie, dass Sie über sich selbst hinausgewachsen sind – hinausgewachsen zu dem, was die Franzosen »Surnature« nennen. Wenn Sie dies oft genug tun, werden Sie sich im Herzland verankern.

Wenn dies geschieht, wird Ihr Träumen klarer, leichter und strahlender. Schließlich wird Ihr Träumen ganz zu Licht. Das Licht ist der Lohn dieser Praxis, hinzu kommt ein Gefühl des Friedens, der Harmonie, der Liebe und der Freude. Dann wird alles, was Sie tun, mühelos, denn Ihr bewusster Geist und Ihr Traum-Geist tanzen miteinander und weben ein Leben, das reicher und erfüllter ist, als Sie sich je hätten träumen lassen.

Echtes Träumen erfordert ein diszipliniertes Training. Es verlangt Entschlossenheit und Hingabe. Zuerst werden Ihre Träume voller falscher Projektionen sein, weil Ihre Bedürfnisse, Erwartungen, Ansprüche, Hoffnungen und Ängste das Feld behaupten werden. Das Ziel unserer gemeinsamen Reise besteht darin, mit Hilfe dieser Lehren Ihre Träume klarer werden zu lassen und Ihre Imaginationskraft so zu verfeinern, dass »wahre Imagination« durchscheint.

Viele Ritter und Damen verließen ihre sichere Heimat und tauchten in das magische Reich ihrer Illusionen, Fantasien und falschen Projektionen ein. Wie die Männer des Odysseus, die auf ihrer Heimreise durch die Zauberin Circe verführt und in Schweine verwandelt wurden, müssen die heutigen Sucher die Gefahren meistern, die sich ihnen entgegenstellen, indem sie erkennen, welche der Visionen lediglich Aspekte ihrer selbst sind (und die sich auf vielfältige Weise manifestieren können, z.B. als verführerische Jungfrauen, Windmühlenflügel, gefährliche Drachen oder verwunschene Wälder).

Wir haben über unsere Illusionen und Projektionen gesiegt, wenn wir durch unsere Körperempfindungen zwischen oberflächlichen Reaktionen und echten, intuitiven Gefühlen unterscheiden können. Wenn wir auf diese Weise sicherstellen können, dass sich unser körperliches Agieren von unserer Imagination leiten lässt, wird unser innerer Bildschirm klar und kann die Weisheit spiegeln, die nur darauf wartet, in Erscheinung zu treten. Dann steht uns die großartige Kraft des Träumens wirklich zur Verfügung.

EINS

Muster und Wahrnehmung

»Wer maß mit seiner hohlen Hand das Wasser des Meeres,
und wer bestimmte den Himmel mit der Spanne,
erfasste in ein Drittelmaß die Erde
und wog mit der Waage die Berge
und auf den Schalen die Hügel?«

JESAJA 40,12

Wir leben in einer Welt, die durch Muster und Formen erkennbar ist. Würden sie verschwinden, so ginge uns diese Welt verloren. Muster und Formen bedeuten für uns Freude und Leid. Wir empfinden ihnen gegenüber eine Art Hassliebe. Ebenso sehr wie wir uns ohne Grenzen (linke Hemisphäre) völlig nackt und verletzlich fühlen würden, sehnen wir uns danach, diesem Gefängnis zu entkommen (rechte Hemisphäre).

Haben wir nicht alle schon darum gerungen, aus den Formen auszubrechen? Auch nur einen Augenblick lang frei von ihnen zu sein, um, in unserer Vorstellung, zu dem Nichts zurückzukehren, das vor dem Anfang da war? Es ist eine schier unmögliche Aufgabe, denn unsere linke Gehirnhälfte hat uns fest im Griff.

Jeden Tag unseres Lebens erfahren wir solch einen Augenblick, wenn die schwindende Sonne die Gestalten wieder in die Dunkelheit zurücksinken lässt, aus der sie einst hervorgegangen sind. Die Abenddämmerung ist die uns geschenkte heilige Zeit, um das Verschwinden der Formen zu bezeugen, gefolgt von der Morgendämmerung, in der alles auf wundersame Weise wieder auftaucht.

Die Art und Weise, wie wir diese privilegierten Augenblicke erleben, wirkt auf unseren Körper und unsere Emotionen. Sie weist uns auch auf das Geheimnis hin, wie wir lernen können, willentlich zwischen den beiden Gehirnhälften hin und her zu schalten, zwischen Stabilität (linke Hemisphäre) und Freiheit (rechte Hemisphäre), diesen beiden wichtigsten Elementen für das Wachstum unseres Geistes und unserer Persönlichkeit.

Abgesehen vom Schlaf kommen wir einer bewussten Erfahrung von *keinem* Muster, *keiner* Form am nächsten, wenn wir das Chaos betrachten: eine wilde, ungeordnete Fülle oder eine endlose Monotonie, in der alles einzeln Bestimmbare verschwindet. So sieht der Dschungel des Amazonas aus dem Flugzeug aus oder eine Menschenmenge, die so weit scheint wie das Meer, oder eine in der Gluthitze dahin dorrende Sandwüste oder eine Gefängniszelle, deren kahle Wände keinen Hinweis auf das Verstreichen der Zeit bieten.

Falls Sie je durch überwältigende Fülle aus der Fassung geraten sind oder Ihre Fähigkeit verloren haben, etwas an sich Bekanntes wiederzuerkennen, wissen Sie, wie der Körper die Kontrolle verlieren kann, wie diese Angst, die Ehrfurcht vor dem Nichts, unsere Grenzen auflöst. Wir brauchen Gestalten, um uns selbst zu gestalten. Doch wir brauchen auch einmal eine Pause davon, um uns, bei unserer Rückkehr in diese an Mustern reiche Welt eine größere Bandbreite an Entscheidungsmöglichkeiten zu eröffnen.

Ich beobachtete einmal, wie mein Sohn, kreischend vor Freude, einen Schwarm Seemöwen aufscheuchte: keine Form mehr, kein Licht, kein Ich! Es war eine totale Erfahrung. Als ich wieder sehen konnte, stand mein Sohn da auf der Mole und die Möwen kreisten über ihm. Ich fühlte mich vollständig.

Jahrelang hatte ich versucht, die Welt auszublenden, daher war es eine unendliche Erleichterung, die Muster zumindest diesen einen Augenblick lang los zu sein. Das Ereignis bestätigte mich darin, dass das Leben durch unsere Suche nach Mustern aufrechterhalten wird. Das Gegengewicht dazu und das einfache Geheimnis, sich von Mustern und Formen frei zu machen, besteht darin, dem leeren Raum im Leben einen Platz zu geben. So sehr wir Formen brauchen, so sehr brauchen wir auch ab und zu eine Pause von ihnen, die uns nur die Selbstvergessenheit des Schlafs oder die luftige Leere der rechten Gehirnhälfte geben können.

Seltsame Attraktoren

Wir sind so damit beschäftigt, in dieser Welt einen Sinn zu finden, dass wir, wenn wir mit der chaotischen Fülle der Natur konfrontiert werden, instinktiv nach Farbflecken, nach einem Muster im Blätterdach, nach einer Regelmäßigkeit in den Wirbeln eines Baches oder im Wolkenzug suchen. Wir meinen, in einem fremden Passanten die Züge eines Freundes zu erkennen und spüren in dem diffusen Licht der untergehenden Sonne, das durchs Fenster fällt, Anklänge an die Vergangenheit.

Zufällige Ereignisse mögen uns unkontrollierbar in Richtungen treiben, die wir uns nicht ausgesucht haben, und doch suchen *und finden* wir in den Veränderungen eine subtile Ordnung, und wenn wir sie zugeordnet haben, ist unser Gefühl für Sinn wiederhergestellt. *Wir können ein gewisses Chaos aushalten, aber dennoch verankert sich unser Leben in Mustern.* Ohne Muster erkennen wir im Leben keinen Sinn – wir werden krank, verrückt, sterben vielleicht sogar.

Wie lässt sich diese Vorliebe erklären? Auch ohne bewusste Entscheidungen scheint unsere Suche nach individuellen Mustern einem gewissen größeren Muster zu folgen. Ohne uns zu fragen, scheint unser Gehirn zu manchen Mustern stärker hingezogen, während es andere ignoriert.

In der Chaos-Theorie lautet der Begriff für Objekte, die solche Vorlieben zeigen, »seltsame Attraktoren«. Was steht hinter diesen seltsamen Attraktoren, die die unglaubliche Vielfalt an Geschmäckern und Lebensmustern erzeugen? Ich selbst fühle mich zu glänzenden Farben in Gold und Grün hingezogen, zu mystischen Texten und Männern mit brillantem Verstand. Meine Freundin liebt die Börse, trägt nur Schwarz und mag muskulöse Männer.

Doch abgesehen von diesen geschmacklichen Unterschieden sind wir Freundinnen. Jede von uns sieht etwas in der anderen, was sie anzieht. Diese Resonanz in Form von Zuneigung ist vielleicht der stärkste und wichtigste seltsame Attraktor von allen. Manchmal tritt er leicht und kaum merklich auf und manchmal groß und überwältigend, doch es ist dieses Muster, das unser aller Leben bestimmt. Beruht Zuneigung auf Selbst-Ähnlichkeit, die in der Voreingenommenheit gegenüber anderen ihre Bestätigung findet?

Geist und Schöpfung

Wir könnten sagen, dass sich unser Geist nach außen verlagert. Er erkennt sich selbst im Außen, in den Mustern der erschaffenen Welt, und reflektiert jene Muster wieder nach innen auf sich selbst, die sein Sein am besten widerspiegeln. Diese Suche nach Selbst-Ähnlichkeit entwickelt sich laufend weiter und erfasst dabei immer neue Windungen eines sich ständig spiralförmig erweiternden Netzes der Erkenntnis.

Der neugierige Geist beobachtet die Welt und sich selbst. Er forscht immer weiter auf der Suche nach dem, was er ist, indem er sich ansieht, wie die Welt ist. In seiner Suche nach sinnvollen Mustern ist er unersättlich. Die Kabbala nennt diese sinnvollen Muster *Partzufim*, »Gesichter Gottes«. Doch paradoxerweise erkennt der Mensch, wenn er über die erschaffene Welt hinaus sein ultimatives Gegenüber erreicht hat und dem Unerkennbaren, dem Mysterium, Gott, ins Angesicht schaut, dass sie einander gleich sind, dass aus den Zweien Eins wird. Die Muster – und damit die Dualität – verschwinden. Deshalb lesen wir in der Schöpfungsgeschichte der Bibel, dass am siebten Tag, nachdem Gott (aus »Zuneigung«, d.h. in der Suche nach Sich Selbst) den Menschen »nach Seinem Bilde« erschaffen hatte, eine Ruhepause eintrat (alle Formen lösten sich auf in die Einheit), bevor das Nächste beginnen konnte.

Nur im leeren Raum einer Pause kann eine neue Schöpfung entstehen und damit der notwendige Sprung erfolgen, der neue seltsame Attraktoren offenbart.

Wir träumen unsere Wirklichkeit

Wenn Sie begriffen haben, dass Sie Ihre Welt *erschaffen*, indem Sie sie *wahrnehmen*, können Sie auch verstehen, wie das, was Sie anzieht, Ihr Bild von der Welt und von Ihnen selbst bestimmt. *Sie selbst sorgen dafür, dass die Welt zu Ihren seltsamen Attraktoren passt.* Da Sie sich nur zu bestimmten Konfigurationen hingezogen fühlen und andere unbeachtet lassen, ist Ihr Bild von der Welt eingeschränkt, genauso wie Ihre Vorstellungen davon, was Ihnen möglich ist.

Muster haben definitionsgemäß Grenzen und Formen. Man könnte sagen, dass wir unsere Wirklichkeit träumen. Doch unser Traum ist durch das begrenzt, worauf wir uns fokussieren. Nur wenn wir über den Traum hinaussehen, in dem wir gefangen sind, können wir uns eine neue Wirklichkeit vorstellen.

Irgendwann kann sich Ihr Traum so erweitern, dass er die ganze Welt umfasst und darüber hinaus das Nichts berührt. Doch darin könnten Sie sich verlieren! Das ist das Paradox, mit dem sich jeder, der ein echter Träumer sein will, auseinandersetzen muss: Sowohl die Leichtigkeit und die Freiheit jenseits der Muster zu erfahren als auch in seinem irdischen Körper verankert zu bleiben! Doch keine Sorge, Sie haben noch einen weiten Weg vor sich, bevor Sie vor diesem Dilemma stehen. Das wird Ihre letzte Aufgabe in diesem Buch sein.

Ihre erste Aufgabe besteht darin, zu lernen, Ihre seltsamen Attraktoren zu erkennen, und das ist schwierig genug. Fangen wir damit an, zu fragen: Wozu fühlen Sie sich natürlicherweise hingezogen? Oder noch einfacher: Was sind Ihre Interessen? Damit können Sie anfangen.

Die Identifikation Ihrer seltsamen Attraktoren

Nehmen Sie ein Blatt Papier und stellen Sie eine Liste mit all Ihren Interessen zusammen. Nehmen Sie sich dafür mindestens drei Tage Zeit. Dann betrachten Sie die Liste. Setzen Sie sich bequem hin, so dass Arme und Beine nicht überkreuzt sind. Schließen Sie die Augen, atmen Sie langsam drei Mal aus und zählen Sie rückwärts von drei bis eins. Stellen Sie sich dabei die Zahlen bildhaft vor. Dann fragen Sie sich selbst: Was fehlt hier offensichtlich auf meiner Liste? Wovon lasse ich mich nicht anziehen? Denken Sie nicht darüber nach, sondern lassen Sie Muster und Bilder aufsteigen. Geben Sie den Bildern Namen. Dann atmen Sie aus und öffnen Sie die Augen. Notieren Sie die Namen dieser Bilder in einer gesonderten Spalte.

Denken Sie daran, dass nur das, wozu Sie eine Neigung empfinden, Wirklichkeit für Sie wird. Der Rest ist für Sie verloren. Bedeutet das, dass die seltsamen Attraktoren in Ihrem Gehirn Ihr Leben vorbestimmen, dass Ihre genetische Zusammensetzung für Ihre Entscheidungen verantwortlich ist? Können wir unsere seltsamen Attraktoren verändern und somit Einfluss nehmen auf unsere Definition der Wirklichkeit? Die Antwort auf all diese Fragen lautet: Ja.

Schon indem Sie sich Ihrer seltsamen Attraktoren bewusst werden, beginnen Sie, Ihren Traum zu erweitern und damit auch Ihre Möglichkeiten. Indem Sie sich fragen, welchen Dingen Sie keine Beachtung schenken, öffnen Sie sich für die Aussicht auf neue Wirklichkeiten.

Laut dem biblischen Schöpfungsmythos sind wir die manifestierte Wirklichkeit Gottes. Als Traum Gottes *sind* wir Gott und daher Mit-Schöpfer der weltlichen Schöpfung. Doch wir halten uns auf mit dem Auspacken dieses Traums und verstricken uns in Wirklichkeiten, die uns den Blick auf die großartigere Wirklichkeit verstellen.

Wir haben die Freiheit, unsere Wirklichkeiten so zu verändern, dass sie immer mehr die allumfassende Wirklichkeit spiegeln, die Gott *ist*. (Ich verwende den Begriff »Gott«, um in der Sprache des biblischen Mythos zu bleiben, doch bitte ersetzen Sie ihn durch das Wort, das Ihren Überzeugungen und Ihrer Lebensphilosophie am besten entspricht.)

Um unsere Sichtweise zu erweitern, ist unsere aktive Mitarbeit zwingend notwendig. Doch wo anfangen? Zum Beispiel damit, dass wir uns den Mechanismus genauer betrachten, der uns in fixierten, stagnierenden Zusammenhängen gefangen hält.

Informiert durch Form

Unsere Sprache vermittelt uns, wie die Dinge sind. Sie sagt uns, dass wir »informiert« sind. Unsere Empfindungen in-formieren uns. Unsere Geschmacksknospen, Trommelfelle, Riechzellen, Stäbchen und Zäpfchen (in der Netzhaut), subkutane Rezeptoren und sensorischen Härchen (durch die unsere Haut Empfindungen wahrnimmt) geraten in Schwingung und senden ihre Botschaften durch die Nervenzellen zum Gehirn. Eine solche örtlich begrenzte Information entsteht durch molekulare Formen, die zum Beispiel auf unsere Riechzellen treffen, oder durch Wellenmuster in der Atmosphäre, die unsere Trommelfelle in Schwingung versetzen, oder durch Lichtschwingungen, die einen Reiz auf unsere Netzhaut ausüben.

Wir werden immer durch Formen informiert, ob sie nun greifbar sind oder nicht. Der Wind informiert uns von seiner Gegenwart durch die Richtung und Stärke seiner Stimme, durch die Bewegung, die er in den Blättern, auf unsere Hüte oder Fahnen hervorruft oder durch seine Berührung unserer Körper – sei sie sanft oder heftig, nass oder trocken, kalt oder warm. Der Wind selbst bleibt dabei unsichtbar. Wir sind dafür gebaut, Muster wahrzunehmen und zu erkennen.

Manche Muster vermitteln uns Farben, andere Gerüche, Klänge, Temperaturen, Strukturen oder Formen. Jedes Sinnesorgan ist für eine bestimmte Art der Stimulation gebaut und allen anderen Stimulationen gegenüber verschlossen.

Wir können sagen, dass Empfindungen sich voneinander unterscheiden. Zum Beispiel gibt es in der Haut unterschiedliche Rezeptoren für Druck, Wärme, Kälte und Schmerz. All dies fassen wir unter dem Oberbegriff »Berührung« zusammen.

Auch nehmen wir Geschmack nicht nur über die Geschmacksknospen unserer Zunge wahr. Wenn wir nicht mehr riechen können, verlieren wir auch die Fähigkeit zu schmecken. Was wir »Geschmack« nennen, ist also keine simple sensorische Erfahrung, sondern ein Zusammenspiel all der Sinnesreize, die an diesem Erfahrungsprozess beteiligt sind. Diese organisierte Sinneserfahrung nennen wir *Wahrnehmung.*

Angenommen, die *Empfindungen* sind die Punkte auf Ihrem Fernsehbildschirm, dann ist *Wahrnehmung* das gesamte, erkennbare Bild, das Sie auf Ihrem Fernseher sehen. Durch den Prozess der Wahrnehmung sind wir also ständig damit beschäftigt, Muster zu dekonstruieren und zu rekonstruieren.

Wahrnehmungstäuschungen

Für den Augenblick wollen wir Wahrnehmung als die Art definieren, wie das Gehirn das Außen rekonstruiert. Ist Wahrnehmung zutreffend? Haben Sie je den Film *Rashomon* von dem großartigen japanischen Regisseur Akira Kurosawa gesehen? Er erzählt die Geschichte einer Vergewaltigung und eines Mordes aus dem Blickwinkel von vier Zeugen.

Wie Sie sich schon denken können, erzählt jeder eine andere Geschichte. Wo ist die Wahrheit? Aus der Sicht des Beobachtenden ist das, was er »sieht«, die Wahrheit. Aber überlegen Sie einmal: Ihre Wahrnehmung ist durch Ihren physischen Standort eingeschränkt. Sie sahen, wie ein Auto bei Rot über die Kreuzung fuhr, aber ein anderer Zeuge, der auf der anderen Straßenseite stand, meint, der Wagen hätte es gerade noch bei Gelb geschafft. Wer sagt die Wahrheit? Natürlich beide (solange keiner von ihnen lügt). Doch was ist *die* Wahrheit?

Liegt der Fehler bei solchen Diskrepanzen in unserer Wahrnehmung oder in unserer inneren Interpretation des gesamten wahrgenommenen Bildes? Wir wissen, dass es bei der Übersetzung der Reizleitung zum Gehirn einen winzigen Augenblick gibt, höchstens 100 bis 200 Millisekunden, in denen die Wahrnehmungsübertragung gestört werden kann.

Angenommen, Sie wurden einmal von einem Auto angefahren, so wird das Ihre Wahrnehmung färben. Sie sind Fahrern, die noch bei Gelb über die Ampel flitzen, nicht mehr so wohl gesonnen. Durch Ihre erlernte Erwartung, dass Autofahrer für Fußgänger eine potenzielle Gefahrenquelle darstellen, »sehen« Sie vielleicht wirklich nach bestem Wissen und Gewissen, dass der Fahrer noch bei Rot durchgefahren ist.

Unsere Wahrnehmung, oder genauer gesagt, der Prozess der Übersetzung der Gesamtheit des innerlich Wahrgenommenen, ist fließend und daher anfälliger für Fehler, als wir uns bewusst sind. Er ist auch festgelegter, als wir meinen. Kennen Sie das Lied von Pete Seeger *Little Boxes, Little Boxes*? »And they're all made out of ticky-tacky, and they all look just the same.« Weil Sie eine bestimmte Meinung über Autofahrer haben, nehmen Sie bestimmte Details wahr und lassen andere weg, um auch diesen Fahrer in Ihre »kleine Kiste« stecken zu können, auf der »gefährlicher Autofahrer« steht.

Wahrnehmung als Spiegel

Unverfälschte Wahrnehmung dagegen ist wie ein Spiegel, ein reflektierender, leerer Raum. In der kabbalistischen Literatur wird berichtet, dass Adam Kadmon, der erste Mensch, bevor er aus der Gnade Gottes fiel, einen Körper hatte, so groß wie das Universum, und vollkommen durchsichtig. Als Gott Seine Schöpfung betrachtete, sah Er nicht die Gestalten Seiner Schöpfung, sondern die Klarheit Seines eigenen Seins. Gottes Spiegel war unverzerrt.

Ich bin silbern und ich bin genau.
Ich bin unvoreingenommen.
Was immer ich sehe, verschlucke ich sofort
So wie es ist, nicht durch Zu- oder Abneigung verschleiert.
Ich bin nicht grausam, nur wahrhaftig –
Das Auge eines kleinen Gottes mit vier Ecken.

I am silver and exact. I have no preconceptions.
Whatever I see I swallow immediately
Just as it is, unmisted by love or dislike.
I am not cruel, only truthful –
the eye of a little god, four-cornered.

»Mirror« 1961, Sylvia Plath

Doch für den Menschen ging die Geschichte anders aus. Als Adam und Eva ihren ursprünglichen Zustand des reinen Spiegels verließen, wurde ihr bis dahin durchsichtiger Körper abscheulich für sie, denn jetzt konnten sie zwischen zwei sich bekämpfenden Prinzipien unterscheiden: Gut und Böse. In ihrer neuen Wahrnehmung der Gestalt der Dinge gefangen, einer Dualität, die sofort Freud und Leid entstehen ließ, schämten sie sich und versuchten, sich vor Gott zu verstecken. In Seiner Barmherzigkeit schenkte Gott ihnen Häute, gewoben aus den Fäden ihres animalischen Wesens, aus Schuld, Angst und Verlangen, um die unerträglich gewordene Wahrheit ihrer reinen Wahrnehmung zu bedecken.

Jetzt bin ich ein See. Eine Frau beugt sich über mich
Und sucht in mir, was sie wirklich ist.
Dann wendet sie sich jenen Lügnern zu,
den Kerzen oder dem Mond.
Ich sehe ihren Rücken und gebe ihn getreulich wieder.
Sie lohnt es mir mit Tränen und einer Handbewegung.
Ich bin ihr wichtig. Sie kommt und geht.
Jeden Morgen ist es ihr Gesicht, das die Dunkelheit ersetzt.
In mir hat sie ein junges Mädchen ertränkt und in mir
Steigt ihr eine alte Frau Tag um Tag entgegen,
wie ein schrecklicher Fisch.

Now I am a lake. A woman bends over me,
Searching my reaches for what she really is.
Then she turns to those liars, the candles or the moon.
I see her back, and reflect it faithfully.
She rewards me with tears and an agitation of hands.
I am important to her. She comes and goes.
Each morning it is her face that replaces the darkness.
In me she has drowned a young girl,
and in me an old woman
Rises toward her day after day, like a terrible fish.

»Mirror«, 1961, Sylvia Plath

Vielleicht mögen wir nicht, was wir im Spiegel sehen. Vielleicht sind wir versucht, seine Botschaft so zu verändern, dass sie besser zu unseren Bedürfnissen und Sehnsüchten passt. Doch mit dem Spiegel selbst hat das nichts zu tun. Wir selbst (bzw. der Teil unseres Gehirns, der die reine Wahrnehmung in Bedeutung übersetzt) färben die Botschaft, weil wir die Wahrheit fürchten. Der Spiegel bleibt der Gleiche – er reflektiert getreulich das, was da draußen ist, oder, wie es nur wenige merken, was da drinnen ist.

Doch was *ist* innen? Diese Frage ist für die Welt der Imagination von entscheidender Bedeutung. Wie können wir die innere Welt wahrnehmen, wenn es sie gar nicht konkret gibt? Wie kann etwas nicht Objektivierbares in unseren Wahrnehmungsspiegel zurückgeworfen werden?

Nehmen wir an, dass unsere Imagination der Dialog des Unerklärlichen mit dem Erklärlichen und dass das Träumen eine Sprache ist, die sich als Antwort auf die manifestierte Welt aus den Tiefen des Geheimnisvollen an die Oberfläche unseres Wahrnehmungsspiegels hebt.

Um diesen Dialog in Gang zu setzen, beginnen wir damit, unseren inneren Spiegel zu visualisieren. Wir können ihn uns rechteckig vorstellen, wie Sylvia Plath in ihrem Gedicht, oder kugelig wie ein menschliches Auge. Er reflektiert auf seiner Oberfläche Informationen aus beiden Welten – dem Innen und dem Außen. Sie können ihn sich aber auch wie eine Münze mit zwei unterschiedlichen Seiten vorstellen. Auf jeden Fall empfängt und spiegelt er frei von jeder Befangenheit.

Um in seine klaren Tiefen schauen zu können, müssen wir unsere verzerrende Selbstwahrnehmung entweder so erschüttern, dass sie den Weg frei macht und wir die Wahrheit unmittelbar erkennen können (das wird im 7. Kapitel genauer beschrieben) oder systematisch jede der Störungen einzeln aus dem Weg räumen.

Genetische Ursachen von Wahrnehmungsstörungen

Störungen in der Wahrnehmung der äußeren Welt sind entweder genetischen Ursprungs oder umweltbedingt.

Die machtvollste und ständige Störung der reinen Wahrnehmung ist unsere genetische Konstitution. Unser genetischer Hintergrund bestimmt zum Teil auch unsere seltsamen Attraktoren. Wie funktioniert das? Angenommen, Sie sind farbenblind geboren. Diese Anomalie wird sich auf Ihr Leben auswirken. Sie werden Schwierigkeiten beim Erdbeerenpflücken haben, weil Sie die roten Beeren zwischen den grünen Blättern nicht sehen. Sie werden es auch schwer haben, in den Bereichen Modedesign oder Innenarchitektur einen Job zu finden.

Die Morphologie unseres Körpers, unsere physische Konstitution (z.B. starke Lungen, schwache Wirbelsäule, labiles Nervensystem etc.) bestimmt in gewisser Weise den Kurs unseres Lebens. Man könnte sagen, dass unsere Veranlagungen zusammen ein Vehikel entstehen lassen, das nur bestimmte Funktionen bequem erfüllen kann. Dieses

Vehikel kann sehr komplex sein, vielfältige Funktionen erfüllen und sich an unterschiedliche Situationen anpassen, doch es wird Grenzen haben.

Nehmen Sie einen Ferrari. Er ist dafür gebaut, schnell und kraftvoll zu fahren. Gleichzeitig ist er allerdings nicht dazu geeignet, eine fünfköpfige Familie mit Hund zu transportieren. Ein Jeep Cherokee dagegen bringt die Familie samt Hund gut unter, lässt sich jedoch nicht so schnell manövrieren. Die Familie mit Hund ist der seltsame Attraktor, den der Jeep Cherokee anzieht. Sie ist seine Wirklichkeit.

Was können wir überhaupt in Bezug auf unsere genetische Veranlagung tun? Weist sie uns, wie dem Jeep Cherokee, eine bestimmte Wirklichkeit zu? Die Antwort lautet eindeutig: Ja. Die Bestimmung eines Menschen liegt darin, das Potenzial zu verkörpern, das ihm seine genetische Struktur bereitstellt. Jeder Mensch inkarniert, um diesen Zweck zu erfüllen. Doch Menschen reagieren auf ihre Umgebung, sie können sich entscheiden und funktionieren auf vielen verschiedenen Ebenen.

In den meisten von uns werden manche dieser Aspekte unerschlossen bleiben, während andere durch äußere Umstände zur Anwendung gezwungen werden. Bei wieder anderen haben wir die Wahl, ob wir sie entwickeln wollen oder nicht. Sie können zum Beispiel musikalisch begabt sein, ohne dieses Talent je zu entwickeln, weil Sie lieber Mathematiker werden wollten.

Es gibt in unserer genetischen Disposition sehr viel mehr Spielraum als wir meinen. Wir brauchen uns nicht auf die Schmalspur zu beschränken. Es gibt viele neue seltsame Attraktoren, die wie Dornröschen darauf warten, wach geküsst zu werden. Unsere ungenutzten genetischen Gaben zu entdecken macht Spaß und schenkt Freiheit.

Umweltbedingte Störungen

Schwieriger als unser genetisches Erbgut sind die umweltbedingten Einschränkungen, die uns durch wiederholte Programmierungen eine begrenzte Sicht des Lebens eingeprägt haben. Diese Konditionierungen beginnen mit dem ersten Tag unseres Lebens.

Stellen wir uns zwei Kinder und ihre Mütter vor. Sobald das erste

Kind schreit, nimmt seine Mutter es hoch, versucht herauszufinden, was es braucht und befriedigt dann seine Bedürfnisse so schnell sie kann. Wenn das andere Kind schreit, lässt die Mutter es schreien, bis es erschöpft aufgibt oder einschläft.

So wird diesen beiden Kleinen schon in früher Kindheit beigebracht, unterschiedliche Welten zu erwarten. Die Bühne ist bereitet. Das erste Kind wird sich auf Nähe und vertrauensvolle Verbindungen einstellen, das andere auf Einsamkeit und Untreue. Beide Kinder werden glauben, dass ihre Welt die wahre Wirklichkeit ist, solange sie nicht durch eine andere Erfahrung aus ihrer Erwartungshaltung gerissen werden und anfangen, sich auf etwas anderes einzustellen.

Irgendwann ist aus dem zweiten Kind eine erwachsene Frau geworden. Sie hat geringe Erwartungen, da die Bandbreite ihrer seltsamen Attraktoren nur schmal ist. Ihre Konditionierung treibt sie zu Männern, die sie so behandeln, wie es ihre Mutter seinerzeit tat. Ihr wurde beigebracht, zu erwarten, dass die Menschen ihre emotionalen Bedürfnisse ignorieren. Jedes Mal, wenn das geschieht, bestätigt sich ihre Sicht der Wirklichkeit: Ihre Erwartungen waren offensichtlich zutreffend.

Sie kann nicht erkennen, dass sie ihre eigenen Beweise erzeugt. Sie hat ihre Wirklichkeit auf das beschränkt, was sie zu sehen erwartet. Gefangen in ihren Konditionierungen muss sie zusehen, wie ihre Freundinnen heiraten und Kinder gebären, während sie nur Falten und graue Haare bekommt. Wenn sie auf einer Party einen Mann kennen lernt und ihr erster Eindruck negativ ist, achtet sie nicht darauf. Sie will, dass er der Richtige ist. So verzerrt sich ihre Wahrnehmung immer weiter, damit sie zu ihrer Sehnsucht passt.

Dieser Teufelskreis ist schwer zu durchbrechen, da genau die Muster, die wir in unserem Wahrnehmungsspiegel sehen sollten, unserem Blick in den Spiegel im Weg stehen. Wir sind von ihnen geblendet, aber wir merken es nicht. Unsere Erinnerungen, Konditionierungen, eigennützigen Bestrebungen, Sehnsüchte, Hoffnungen, Erwartungen, Ansprüche, Projektionen, Sprachen, Krankheiten und Süchte, sie alle verzerren unsere Wahrnehmung. Wie schon Jesus sagte: Wir sehen leicht den Splitter im Auge des anderen, aber den Balken im eigenen Auge erkennen wir nicht. Das wird immer so sein, solange wir es nicht schaffen, die Verzerrungen aus unserem Blick zu entfernen.

Hier folgen zwei Übungen, um den Prozess der Klärung einzuleiten:

Die Blaue Vase

Begeben Sie sich an einen ruhigen Ort, wo Sie ungestört sind und sich entspannen können. Setzen Sie sich mit offenen Armen und Beinen in einen Sessel. Schließen Sie die Augen. Atmen Sie alles aus, was Sie stört, ermüdet oder verwirrt. Atmen Sie es als lichten Rauch aus, es ist nichts als Kohlendioxid, das leicht von den Pflanzen in Ihrer Umgebung absorbiert werden kann. Sehen Sie die Luft, die Sie einatmen, als strahlendes, von Sonnenlicht erfülltes Himmelblau. Sehen Sie, wie das blaugoldene Licht Ihre Nase füllt, dann Ihren Mund, Ihren Hals und dann als mächtiger Strom Ihren Rücken entlang nach unten fließt. Sehen Sie, wie es Ihre Füße erfüllt, bis in die Zehen, und aus Ihren Zehen wie lange Lichtantennen ausstrahlt. Sehen Sie, wie das Licht durch Ihre Beine nach oben kreist, Ihr Becken füllt, weiter aufsteigt bis in den Brustraum, wie es in Ihr Herz ein- und ausströmt, bis Ihr Herz einer blau glühenden Lampe gleicht. Sehen Sie, wie das Licht Ihre Arme entlang wie in Bächen nach unten fließt, Ihre Hände und Finger erfüllt und aus Ihren Fingern wie lange Lichtantennen ausstrahlt. Atmen Sie weiter das blaue Licht ein und sehen Sie, wie es Sie weiter erfüllt. Sehen Sie, wie es allmählich aus Ihren Gelenken ausstrahlt, aus Ihren Knöcheln, Knien, Hüften, Schultern, Ellbogen und Handgelenken. Lassen Sie sich von dem Licht erfüllen, bis es nach allen Seiten hin aus Ihrer Haut strahlt. Sehen Sie sich selbst als eine Kristallvase voller Licht, die nach allen Seiten hin Licht ausstrahlt. Öffnen Sie Ihre Augen, während Sie sich weiterhin als rundum blau leuchtende Kristallvase sehen. Dann beenden Sie die Übung.

Es wird Sie vielleicht überraschen, aber man kann diese Übung in einer Minute oder weniger durchführen, wenn man geübt ist. Machen Sie sie niemals länger als eine Minute. Die Übung »Blaue Vase« ist großartig, wenn man einen Energieschub braucht; sie wird am besten morgens praktiziert.

Das Pendel

Schließen Sie die Augen. Atmen Sie drei Mal langsam aus und zählen Sie dabei von drei bis eins. Visualisieren Sie jede der Zahlen groß, klar und hell vor Ihrem inneren Auge. Dann stellen Sie sich ein großes Kristallpendel vor, das rhythmisch von rechts nach links und von links nach rechts schwingt. Jedes Mal, wenn es nach rechts schwingt, sammelt es die umweltbedingten Störungen Ihres Lebens ein, die Ihre Entscheidungsfreiheit eingeengt haben, und schiebt sie auf einen Haufen. Versuchen Sie, jede dieser Störungen zu identifizieren, während sie von dem Pendel auf den Haufen geschoben wird. Wenn alle Störungen beisammen sind, atmen Sie aus. Sehen Sie, wie das Pendel weit nach rechts ausholt und beim Schwung nach links den ganzen Haufen nach links schiebt. Atmen Sie aus und sehen Sie, wie das Pendel noch einmal weit nach rechts schwingt und bei seinem Rückschwung nach links den ganzen Haufen so weit nach links schleudert, dass er aus dem Blickfeld gerät. Atmen Sie aus und öffnen Sie die Augen.

Die innere Welt

Wir haben über Wahrnehmung als Spiegelung der äußeren Welt gesprochen. Jetzt wollen wir näher betrachten, was wir mit der Wahrnehmung der *inneren Welt* meinen. Ist die innere Welt, die unser Wahrnehmungsspiegel uns zeigt, ein Abbild aus dem Inneren unseres Körpers? Empfangen wir also einfach Botschaften, die durch physische Reize hervorgerufen werden? Oder ist die innere Welt etwas, was *über den Körper hinaus* existiert?

Als Erwachsene stellen wir unsere Fähigkeit, die äußere Welt zu begreifen, nicht in Frage, denn im Laufe unserer Entwicklung haben wir gelernt, Formen, Farben, Geräusche, Gerüche und all die anderen Hinweise unserer Sinne zu unterscheiden, so dass wir sie jetzt leicht erkennen.

Als Kinder wussten wir natürlich, wie man träumt, doch im Laufe des Erwachsenwerdens wurden wir durch äußere Reize aus uns selbst herausgelockt. Deshalb müssen wir es als Erwachsene wieder lernen, unseren Fokus nach innen zu lenken.

Die Wahrnehmung der inneren Welt erfordert eine Hinwendung, die dem uns Gewohnten entgegenläuft. Deswegen müssen wir uns bewusst damit auseinandersetzen. Und wenn wir uns nach innen wenden, was sehen wir dann? Keine Formen oder Muster, sondern leeren Raum.

Da die innere Welt, wie gesagt, die Umkehrung der äußeren Welt ist, brauchen wir nur einen Augenblick von der Betrachtung der Muster der äußeren Welt innezuhalten, um die innere Welt wahrzunehmen. Ich möchte an dieser Stelle darauf hinweisen, dass wir dabei zwar nach innen schauen, dass wir damit jedoch nicht *in den Körper* sehen. (Das ist eine andere, lokalisierte Form des »Sehens«, die im 6. Kapitel näher beschrieben wird.)

Stattdessen besinnen wir uns auf einen nicht-örtlichen, substanzlosen, ungreifbaren inneren Raum oder Zustand. Statt nach Mustern und Formen zu suchen, begeben wir uns in diesen leeren Raum/Zustand, einfach indem wir nach innen schauen. Unser aktives »Sehen« bringt Licht in die Dunkelheit, und in diesem Licht taucht aus der Leere wie durch Zauberhand ein unerwartetes Spiel von Konfigurationen auf.

Es ist, als könnten wir, einfach indem wir mit dem Finger eine leere Wand berühren, bis dahin unsichtbare Buchstaben zum Vorschein kommen lassen. Doch wenn wir versuchen, sie festzuhalten, verwandeln sie sich rasch in andere Formen oder verschwinden wieder. In der inneren Welt eines gesunden Individuums bilden diese Muster und Formen keine Fesseln – sie laden uns vielmehr fröhlich zum Spielen ein, zu dem bedeutungsvollen Spiel der Imagination.

Aber was ist dann »Imagination«? Sie ist so flüchtig, dass wir noch nicht einmal eine annähernde Definition wagen können. Wir haben die Behauptung aufgestellt, dass sie ein »Dialog zwischen dem Unbegreiflichen und dem Bekannten« ist. Auf jeden Fall scheint die Imagination auf der anderen Seite eines Schleiers zu existieren, scheint ihre Macht in einem undurchdringbaren, aber bedeutungsschwangeren Äther zu liegen. Ist das Betrachten des leeren Raums/Zustands unser Eingang, unser Tunnel zu einer realen anderen Welt? Ist Träumen ein Ort, eine »Wirklichkeit«, die wir aufsuchen können, unser Avalon hinter den Nebeln?

Und können wir das Innere nach außen kehren, können wir die

Traum-Realität in unsere normale bewusste Realität einfließen lassen? Wenn Sie dieses Buch weiter lesen, werden Sie entdecken, dass all dies möglich ist.

Doch zuerst wollen wir zu unserer ursprünglichen Frage, zur inneren Wahrnehmung zurückkehren. Wenn unsere Wahrnehmung nach innen gekehrt ist, hat sie keine andere Funktion, als uns die Imaginationen wahrnehmen zu lassen, deren Konfigurationen als Antwort auf unser Suchen wie Federwölkchen in einem azurblauen Sommerhimmel auftauchen und in dem weiten, unvergleichlichen inneren Licht unseres »Sehens« wieder verschwinden.

Störungen der Imagination

Kann auch unser innerer Spiegel gestört werden? Kann die Welt der Imagination manipuliert, verdreht oder verzerrt werden? Natürlich ist das möglich, genauso wie bei unserer Wahrnehmung der äußeren Welt. Sind diese Störungen natürlicher Bestandteil der Welt der Imagination? Nein, sie stammen aus unseren Körpern.

Mit »Körpern« meine ich unsere gebrechlichen menschlichen Körper mit ihren festen Mustern und Gewohnheiten, Bedürfnissen und Emotionen. Diese heften sich an die Imagination, um sie zu verdrehen und für Tagträume und Fantasien zu nutzen, jene verfälschten Formen des Träumens, die wir an der Erschöpfung erkennen, die sie hervorrufen, im Gegensatz zur reinen Imagination, die uns energetisiert.

Ich will hier anmerken, dass ich mit »Tagträumen« nicht das meine, was die Franzosen *Rêveries* nennen. *Rêveries* ereignen sich in einem entspannten, offenen Zustand, in dem man mit offenen Augen ohne bestimmte Absicht vor sich hinträumt. Tagträume hingegen entstehen aus unserem egoistischen Verlangen nach vorherbestimmbaren Ergebnissen.

Zum Beispiel können Sie sich den Tagträumen über einen Traummann (oder eine Traumfrau) hingeben, der Geld und ein Haus hat, gut aussieht und attraktiv ist, sich unsterblich in Sie verliebt und Sie auf der Stelle heiratet. Natürlich leben Sie glücklich bis an Ihr Ende.

»Fantasien« stören die reine Reflektion der inneren Welt, weil sie unsere bedürftigen, verzerrten Erwartungen nähren. Eine Fantasie kann sein: »Ich werde ihm jeden Finger seiner Hände einzeln brechen, und dann jeden einzelnen Knochen seines Körpers!« Oder: »Ich werde sterben, dann werden sie schon sehen, was ihnen fehlen wird«, gefolgt von detaillierten Vorstellungen über Ihre eigene Beerdigung und den Kummer ihrer Familie.

Tagträume und Fantasien erkennen

Verbringen Sie die nächste Woche damit, auf die Inhalte Ihrer Tagträume und Fantasien zu achten. Beobachten Sie sie, ohne zu urteilen.

Ihre Tagträume und Fantasien werden Ihnen zeigen, wo Sie am meisten blockiert sind. Vielleicht hat Ihre Sehnsucht nach einer Beziehung Sie ganz in den Bann geschlagen, oder Ihre Wut fängt an, zu einer Besessenheit zu werden. So bilden sich Ihre seltsamen Attraktoren und werden zu Wirklichkeiten, die Sie zwar nicht mögen, an die Sie jedoch gebunden sind.

Zwischen Tagträumen und Fantasien einerseits und reiner Imagination andererseits zu unterscheiden ist der Anfang des im Laufe der folgenden Kapitel beschriebenen Prozesses. Dabei lernen Sie, die Bilder der Tagträume und Fantasien in Ihre innere Bilderwelt aufzunehmen, um sie zu verarbeiten und dann loszulassen. Die stagnierenden Energien, mit denen diese Illusionen aufrechterhalten werden, lassen sich so von der Imagination dazu nutzen, um neue, lebensfördernde Konfigurationen zu erschaffen.

Wenn wir normal und gesund sind, haben wir eine sichere Mitte in uns, von der aus wir mit der äußeren Welt Verbindung aufnehmen. Wie Adam die Tiere benannte (Genesis 2,19) können wir die verschiedenen Komponenten unserer Welt benennen. Und wenn dann in unserem Wahrnehmungsprozess Störungen auftreten, können wir immer noch eine Welt erkennen, die aus uns bekannten Mustern zusammengesetzt ist und die wir für eine künftige Bezugnahme bereits benannt und definiert haben.

Das Problem ist dabei nur: Je mehr wir die Welt auf diese Weise sehen, desto eher neigen wir dazu, zu denken, dies sei die einzige Art, die Welt zu sehen! Wir sind autodidaktische Wesen, wir trainieren uns selbst im Laufe des Prozesses und graben uns dabei immer tiefer in die von uns selbst gewählten Gräber ein. Und dann bringen wir unseren Kindern bei, dasselbe zu tun.

Kinder werden genau wie Adam Kadmon, der erste Mensch, mit einem durchsichtigen Körper geboren. Weil jedes Interesse an der inneren Welt in Kindern entmutigt oder ignoriert wird, schwindet ihre Wahrnehmung davon im Laufe der Jahre, so stark sie am Anfang auch war.

Doch wenn etwas geschieht, was unser Bewusstsein verändert, ein Schock zum Beispiel, wenn Ihr Kind verletzt wird, Ihnen eine Krebsdiagnose gestellt wird oder Ihre verloren geglaubte Liebste wieder zu Ihnen zurückkehrt, dann dreht sich der Spiegel. Durch Angst oder Freude – plötzlich sehen Sie wieder seine andere Seite.

In diesem neu entdeckten leeren Raum der Nicht-Dinglichkeit, des Nichts, kann die Imagination ihre kurzlebigen Zeichen schweben lassen. Aber müssen wir auf solche Schock-Ereignisse warten, um in die geheime Welt der Imagination schauen zu dürfen? Jede Nacht ergeben sich Gelegenheiten, besondere Augenblicke, in denen wir einen Blick auf diese andere Welt in ihrer ganzen Reinheit erhaschen können. Es erscheint sehr viel sinnvoller, auf diese Weise die Erkundung der Welt der Imagination zu beginnen.

Hypnagogische Bilder sehen

Wenn Sie heute Nacht schlafen gehen, erlauben Sie sich, ganz zu entspannen. Schließen Sie die Augen, bleiben Sie jedoch aufmerksam. Lassen Sie keinen inneren Dialog zu. Räumen Sie alle Gedanken aus, indem Sie sie aus Ihrem Geist nach links »hinausfegen«. Bleiben Sie in einem ruhigen, gelassenen, »leeren«, aufmerksamen Zustand. Bald werden Sie Farbblitze »sehen«, merkwürdig zusammenhanglose Bilder, vielleicht ganze Szenen in lebhaften Details. Sie erscheinen vor Ihren geschlossenen Augen, verschwinden wieder und andere nehmen blitzschnell ihren Platz ein. Versuchen Sie nicht, sie festzuhalten. Beobachten Sie sie einfach. Nach einer Weile werden Sie einschlafen wollen. Lassen Sie es zu.

Dieses Phänomen nennt man »hypnagogische Bilder«, nach dem griechischen Gott Hypnos, dem Gott der Hypnose und des Schlafes. Diese Bilder tauchen an der Schwelle zwischen Schlafen und Wachen auf, wenn Sie Ihre gewohnten Körperhaltungen des Tages aufgeben (Sie liegen, statt zu stehen oder zu sitzen; Ihre Augen sind geschlossen statt geöffnet; Ihre Muskeln sind entspannt, statt zu arbeiten). Sie sind zu entspannt, um Ihre Bilder manipulieren zu wollen. Das erlaubt Ihrer inneren Welt – der Umkehrung der äußeren Welt – aufzutauchen und nun die Hauptrolle zu übernehmen.

Die innere Welt ist immer da

Das Zwielicht der Dämmerung, das Dahindämmern zwischen Schlafen und Wachen sind Zeiten, in denen sich die beiden Welten begegnen, sich miteinander vermischen und manchmal sogar verwechselt werden. So können Sie sich vielleicht beim Aufwachen lebhaft daran erinnern, Ihre Schlüssel in Ihre Jackentasche getan zu haben. Im Laufe des Tages merken Sie jedoch, dass die Schlüssel gar nicht in Ihrer Jacke sind – Sie haben es nur geträumt.

Oder Sie bitten Ihren Partner im Halbschlaf, morgen die Kinder von der Schule abzuholen. Am nächsten Tag weiß er jedoch von nichts. Sie dachten, Sie hätten laut geredet, dabei haben Sie schon geträumt.

Solche Verwirrungen sind völlig normal und brauchen Sie nicht zu beunruhigen. Sie werden bald lernen, in beiden Welten bewusst zu bleiben, dann werden solche Verwechslungen aufhören. Im Schlaf erscheint die innere Welt in Träumen (oder zumindest glauben das die meisten Menschen), aber sie sind sich während des Träumens nicht bewusst, dass sie träumen. Sie erinnern sich nur beim Aufwachen daran. Das können Sie ändern.

Die innere Welt verschwindet nicht wie ein Gespenst beim ersten Hahnenschrei. Stellen Sie sich vor, der Mond ist die innere Welt und die Sonne die äußere. Der Mond existiert weiter, auch wenn wir ihn nicht sehen. Er hört nicht auf, die Gezeiten und unsere Körperflüssigkeiten zu beeinflussen, während wir von der Sonne beschienen werden.

Man könnte sagen, dass auf der einen Seite des Spiegels immer Tag ist und auf der anderen immer Nacht. Unser Körper ist die Schnittstelle, unser ständiger Empfänger, Bildschirm, Spiegel beider Welten. Da beide Welten gleichzeitig existieren, wäre es nicht möglich, beide gleichzeitig wahrzunehmen und zu Einem werden zu lassen? Wenn Sie dieses Buch durchgelesen haben, sollten Sie dazu gut in der Lage sein. Bis dahin können Sie sich fragen: Hat mich je eine Botschaft aus der inneren Welt in meinem Tagesbewusstseins erreicht?

In seinem Buch *Das wiedergefundene Licht*, beschreibt Jacques Lusseyran eine Situation, in der er eine solche Botschaft empfangen hat. Lusseyran war blind, daher »sah« er *nie* etwas anderes als seine innere Welt. Was sein Buch so interessant macht, ist seine Beschreibung dessen, *wie* er sah. Als Anführer der einzigen französischen Jugend-Widerstandsbewegung während des Zweiten Weltkriegs war er dafür verantwortlich, die Offiziere der Bewegung auszuwählen.

Wie konnte er das tun, ohne zu sehen? Ihm fehlten viele der offensichtlichen Hinweise, aus denen wir uns eine Meinung über einen anderen Menschen bilden. Er befragte seinen inneren Spiegel, der ihm auf sein eindringliches Befragen hin bildhafte Konfigurationen zeigte.

Als er zum Beispiel einen Mann der Widerstandsbewegung beurteilen musste, der als Einziger in Frage kam, die wichtige Widerstandszelle im Norden zu leiten, »sah« Lusseyran vor seinem inneren Auge eine große schwarze Diagonale.

Ich werde gleich weiter auf Lusseyrans Dilemma eingehen, aber Sie sollen wissen, dass man nicht blind sein muss, um so zu sehen wie er. Sie müssen sich nur gut konzentrieren. Probieren Sie es mal mit der folgenden Übung.

Inneres Sehen während des Tages

Schließen Sie Ihre Augen. Atmen Sie drei Mal aus und zählen Sie dabei von drei bis eins. Schauen Sie zurück auf Ihr Leben und erkennen Sie, wo Sie ähnliche innere Bilder gesehen haben, wie ich es gerade von Lusseyran beschrieben habe. Im Rückblick können Sie beurteilen, ob die Informationen zutreffend waren. Atmen Sie einmal aus und geben Sie sich selbst die Anweisung, in Zukunft solche Traumbilder während des Tages zu erkennen. Atmen Sie nochmals aus und öffnen Sie Ihre Augen.

Angenommen Sie hören einer Freundin zu, die Ihnen eine Geschichte erzählt. Sie beobachten ihr Gesicht und ihre Hände, aber sie »sehen« auch, dass sie eine Maske aufhat. Später finden Sie dann heraus, dass die ganze Geschichte erlogen war. Erinnern Sie sich an Ihr Bild? Wie nützlich! Dann haben Sie nicht nur »gesehen«, was sich eigentlich dahinter verbarg, sondern sie bekamen es auch noch bestätigt. Durch solche Bestätigungen können Sie anfangen, den Botschaften Ihrer Imagination mehr zu vertrauen.

Doch zurück zu Jacques Lusseyran: Da er so dringend einen Leiter für die Widerstandszelle im Norden brauchte, erlaubte er sich nicht, sich auf sein inneres Auge zu verlassen, das ihm in Bezug auf diesen Mann eine schwarze Diagonale zeigte. Er gab ihm den Posten, was leider damit endete, dass dieser Mann die ganze Organisation verriet und Lusseyran und seine Freunde nach Auschwitz kamen.

Der Spiegel der inneren Bilder ist ständig aktiv. Während Sie dies lesen, haben Sie innere Bilder. Entweder Sie sehen sie gar nicht oder nur selten, weil man Ihnen beigebracht hat, dass sie unwirklich sind. Doch sie sind da, und wenn Sie sich dafür entscheiden, sich wieder auf sie zu konzentrieren, können Sie sie sehen und mit ihnen in einen Dialog treten.

Doch wie bereits gesagt, beschränkt sich die innere Welt nicht nur auf Bilder. Genau wie die äußere Welt manifestiert sie sich auch in Geräuschen, Worten, in ganzen Sätzen, Gerüchen und kinästhetischen Erfahrungen. Doch im Gegensatz zur äußeren Welt sind diese Muster fließend und flüchtig. Nur im entspannten, offenen »Betrachten« werden sie sichtbar und gewähren uns Zugang zu unserer Imagination.

An diesem Punkt wollen wir eine Pause machen. Sind Sie bereit, zuzugeben, dass die Imagination in Ihnen lebt und nur darauf wartet, eine aktivere Rolle in Ihrem Leben zu spielen? Sind Sie offen dafür, so wie die Träumer und Seher in biblischen Zeiten »Botschaften« aus dieser anderen, »göttlichen« Welt zu empfangen?

Zugang zur inneren Welt

Stellen Sie sich vor, Sie hätten viele Tage und Nächte lang in einer dunklen Höhle gesessen. Wenn Sie dann nach draußen ins Tageslicht treten, werden Sie zunächst wahrscheinlich nur wirbelnde Farben, verschwommene Konturen und unklare Szenen sehen, die Sie nicht verstehen können.

In vergleichbarer Weise haben Sie sich viel zu lange in der offenen Höhle der äußeren Welt aufgehalten und daher völlig vergessen, wie man im Dunklen »sieht«. Daher besteht das, was Sie zunächst dort sehen werden, zunächst nur aus Fantasien, unklaren Botschaften und Missverständnissen. Sie müssen erst wieder lernen, Ihren Fokus in der Traumwelt aufrecht zu halten und genau das Gegenteil dessen zu tun, was für Sie erforderlich wäre, um in der äußeren Welt fokussiert zu sein.

In dieser neuen Welt können Sie mit Ihrem Fokus das ganze Bild aufnehmen, ohne sich auf ein besonderes Detail zu konzentrieren. Sie können lernen, ein Muster zu beobachten, ohne hineingezogen zu werden. Sie können sich selbst beibringen, sich mit immer mehr Konzentration auf diese innere Welt zu fokussieren, bis Sie diese Wirklichkeit tatsächlich ohne Verzerrungen durch mangelnde Aufmerksamkeit oder andere Störungen des Feldes »sehen« können.

Als Kind war Ihnen die Sprache der inneren Welt selbstverständlich. Sie wuchsen zunächst sozusagen zweisprachig auf und haben dann eine der Sprachen vergessen. Doch weil Sie Ihnen bereits einmal vertraut war, können Sie sie leicht wieder erlernen. Der Trick besteht darin, sich zu erlauben, die innere Welt wahrzunehmen, und dann den Fokus immer weiter zu trainieren, bis sie das wieder entdecken, was William Blake die »wahre Imagination« nannte.

Wenn die zwei Welten – die innere und die äußere Welt – gleichermaßen im Mittelpunkt unserer Aufmerksamkeit stehen, werden sie Eins. Dann werden wir wieder zum ersten Menschen, dessen Spiegel eine riesige, durchsichtige Kugel war. Wir werden von dem Licht erfüllt, das beide Welten erhellt und werden selbst *Eins*. Das ist letztendlich das Ziel der Arbeit, die wir in diesem Buch auf uns nehmen wollen.

Um dorthin zu gelangen müssen wir wie die Helden der alten Zeiten eine Reihe schwieriger Aufgaben bewältigen. Die erste Aufgabe haben Sie bereits bestanden: sich der Muster, die Sie interessieren und fesseln, bewusst zu werden. Um die beiden Seiten des Spiegels zu klären, besteht Ihre nächste Aufgabe darin, alle Störungen des Spiegels zu identifizieren. Wie ist es möglich, dass diese Störungen Ihr Leben so stark beeinflussen, dass sie Ihre Möglichkeiten zur Veränderung einschränken?

Überblick über die Übungen im 1. Kapitel

Die Identifikation Ihrer seltsamen Attraktoren: Lernen Sie zu erkennen, wovon Sie sich natürlicherweise angezogen fühlen (S. 41)

Nehmen Sie sich drei Tage Zeit und erstellen Sie eine Liste all Ihrer Interessen. Dann setzen Sie sich hin, schließen die Augen und atmen drei Mal aus. Gibt es in Ihrer Liste offensichtliche Lücken? Stellen Sie sich das, was fehlt, bildhaft vor. Geben Sie diesen Bildern Namen. Atmen Sie einmal aus. Öffnen Sie Ihre Augen. Schreiben Sie die Namen der Bilder in eine Extra-Spalte.

Die Blaue Vase: Das Auflösen verzerrter Wahrnehmungen (S. 50)

Atmen Sie alles Störende aus, wie leichten Zigarettenrauch. Atmen Sie das blaugoldene Licht des Himmels ein, stellen Sie sich vor, wie es Ihre Nase, Ihren Mund und Hals füllt und dann Ihren Rücken entlang als mächtiger Lichtstrom nach unten fließt. Das Licht strömt in Ihre Beine, Füße und Zehen und strahlt aus Ihren Zehen wie lange Lichtantennen heraus. Es erfüllt Ihre Beine bis zu Ihrem Becken, Ihrem Bauch und Ihrer Brust. Es durchströmt Ihr Herz, bis es blau leuchtet. Stellen Sie sich vor, wie das Licht Ihre Arme durchströmt und Ihre Hände und Finger erfüllt, so dass auch aus den Fingern lange Lichtantennen ausstrahlen. Lassen Sie sich weiter von dem Licht erfüllen. Sehen Sie, wie es aus allen Gelenken strahlt (Knöchel, Knie, Hüften, Schultern, Ellbogen, Handgelenke), bis es aus Ihrer ganzen Haut in alle Richtungen leuchtet, so dass Sie wie eine lichtgefüllte Kristallvase in alle Richtungen strahlen. Öffnen Sie Ihre Augen und sehen Sie sich als eine in alle Richtungen leuchtende Kristallvase. Bewahren Sie sich dieses Bild mit offenen Augen ein paar Sekunden lang.

Das Pendel: Befreien Sie sich von Ihren verzerrten Wahrnehmungen (S. 51)

Atmen Sie drei Mal aus. Stellen Sie sich ein großes Kristallpendel vor, das nach rechts und links schwingt. Jedes Mal, wenn das Pendel nach rechts schwingt, sammelt es die Störungen auf einen Haufen, die in Ihrem Leben Ihre Entscheidungsmöglichkeiten eingeengt haben. Identifizieren Sie jede einzelne Störung. Atmen Sie einmal aus. Stellen Sie sich bildhaft vor, wie das Pendel weit nach rechts ausholt und dann in seinem Schwung nach links den ganzen Haufen nach links schiebt. Atmen Sie nochmals aus. Stellen Sie sich vor, wie das Pendel nochmals weit nach rechts ausholt und bei seinem Schwung nach links den ganzen Haufen nach links aus Ihrem Blickfeld kickt.

Tagträumen und Fantasien erkennen (S. 54)

Verbringen Sie die nächste Woche damit, auf die Inhalte Ihrer Tagträume und Fantasien zu achten. Beobachten Sie diese, ohne zu urteilen.

Hypnagogische Bilder sehen: Beginnen Sie mit der Erkundung der Imagination (S. 55)

Verharren Sie beim Einschlafen in einem zugleich aufmerksamen und entspannten, »leeren« Beobachtungszustand. Betrachten Sie die Farbspiele, die merkwürdigen, zusammenhanglosen Bilder und die Szenen, die in lebhaften Details auftauchen.

Inneres Sehen während des Tages (S. 57)

Atmen Sie drei Mal aus. Lassen Sie Ihr Leben an sich vorüberziehen und erinnern Sie sich an Augenblicke echter Visionen. Überprüfen Sie im Rückblick, ob die Informationen zutreffend waren. Atmen Sie einmal aus. Geben Sie sich selbst die Anweisung, solche Bilder aus der Traumwelt während Ihres Alltags in Zukunft zu erkennen. Atmen Sie einmal aus. Öffnen Sie die Augen.

ZWEI

Das STOP!-Spiel und der Lebensplan

»Rabbi Hiyya sagte: Wenn sich die Neigung zum Bösen (der ungeprüfte Impuls) an einen Menschen anheftet, ist es, als ob jemand an die Tür (eines Hauses) kommt. Wenn ihn niemand aufhält, geht er hinein und wird ein Gast. Er bemerkt, dass niemand versucht, ihn aufzuhalten oder ihn wegzuschicken. Wenn er erst im Haus ist und immer noch niemand versucht, ihn aufzuhalten, gewinnt er die Oberhand und die Herrschaft über das Haus. So hat er nach einer Weile den ganzen Haushalt unter seiner Kontrolle.«

ZOHAR II, 267B–268A

»Was über lange Zeit hinweg angerichtet wurde, braucht Zeit, um wieder aufgelöst zu werden«, erklärte mir Colette. In den kurzen neunundzwanzig Jahren meines Lebens vor meiner Begegnung mit Colette war, wie mir schien, so viel in mir angerichtet worden, dass ich kaum daran zu denken wagte, wie lange es wohl dauern würde, all den Schaden wieder aufzulösen. Ich war depressiv, zornig, chaotisch, emotional, dramatisch, bedürftig, weinerlich, aber vor allem ungeduldig!

Ich wollte im Bruchteil einer Sekunde geheilt sein und ich wünschte mir, dass Colette ihren Zauberstab über mich halten und das für mich erledigen sollte! Aber das geschieht nur braven Mädchen wie Aschenputtel, die niemandem grollen und sich nicht ärgern, sondern geduldig und ohne zu klagen ihren täglichen Aufgaben nachgehen.

Ich war wie Aschenputtels Stiefschwestern voller Hochmut und

Ungeduld. Genau wie diese bestand ich aus zwei Teilen: Ich pendelte ständig hin und her zwischen Verlangen und Bedürftigkeit, ohne je zufrieden zu sein, während mein inneres Aschenputtel unter der »Asche« meiner Reaktionen kaum zu erkennen war.

Stellen Sie sich vor, Sie sitzen zu Füßen Ihres spirituellen Lehrers. Es ist die erste Begegnung, daher sind Sie überrascht, als Ihnen ein Haufen Wollfäden in den Schoß geworfen wird. »Entwirre dieses Knäuel, aber zerreiße den Faden nicht!« Ihr Lehrer würdigt Sie keines Blickes, aber Sie wissen, dass Sie beobachtet werden.

Sie versuchen also, das Durcheinander zu entwirren. Wie fühlen Sie sich angesichts dieser Aufgabe? Sind Sie eifrig dabei oder entmutigt Sie schon allein der Anblick? Und wenn Sie mit der langwierigen Arbeit angefangen haben, überkommt Sie dann manchmal das Bedürfnis, das Ganze einfach entzwei zu reißen? Juckt es Sie, nach der Schere zu greifen? Achten Sie auf die Empfindungen in Ihrem Körper. Wir werden gleich auf sie zurückkommen.

Das STOP!-Spiel

In den guten alten Zeiten, als die Großfamilien noch nahe beieinander lebten, saßen oft fünfzehn Kinder und genauso viele Erwachsene miteinander um den Sabbat-Tisch. Eines der Spiele, die in Colettes großer Familie bei dieser Gelegenheit oft gespielt wurden, war das so genannte STOP!-Spiel, bei dem das Überraschungselement eine wichtige Rolle spielte.

In einem Augenblick, in dem niemand damit rechnete, rief einer der Erwachsenen plötzlich »STOP!« und alle mussten mitten in ihrer Bewegung innehalten, egal ob jemand gerade eine Gabel im Mund hatte oder die Pointe von einem Witz loswerden wollte.

Die Sitte des Sabbat-Haltens ist möglicherweise das Wichtigste, was die Juden zur Kultur der Menschheit beigetragen haben. Der Sabbat ist ihr heiliger Tag der Ruhe. Von was ruht man? Am Sabbat spielen die religiösen Juden in aller Welt das STOP!-Spiel. Sie unterbrechen das Kochen, das Feuermachen, das Lichtanzünden. Sie geben kein Geld aus, schreiben nichts und schneiden nichts. Sie reisen auch nirgendwo hin.

Den meisten von uns erscheint das albern, überflüssig oder zumindest lästig. Es gibt kein Fernsehen, keine Filme, keine Ausflüge, kein Fahrstuhlfahren, keine Telefongespräche. Alles, was Spaß macht, darf man nicht – und das am Ende einer harten Arbeitswoche? Was soll das? Wollen sich die Juden damit bestrafen? Falls dem so ist, tun sie es seit Jahrhunderten, ohne dass es ihnen schadet. Und wenn man sie fragt, erzählen sie, dass sie den Sabbat gar nicht erwarten können!

Das Geheimnis des Innehaltens

Wir wollen uns das näher anschauen. All die Aktivitäten, die ich aufgeführt habe, sind Bestandteil unseres Alltags. Wir denken nicht darüber nach, das Licht anzuschalten. Wir tun es einfach. Es ist selbstverständlich für uns, den Stift in die Hand zu nehmen oder in der Tasche nach dem Portemonnaie zu greifen. Wir führen diese Bewegungen jeden Tag aus, ohne darüber nachzudenken.

Doch jeden siebten Tag enthalten sich orthodoxe Juden dieser Dinge. Denken Sie an irgendeine Sache, die Ihnen zur Gewohnheit geworden ist, zum Beispiel den Fernseher anzuschalten, wenn Sie nach der Arbeit nach Hause kommen. Wählen Sie jetzt einen Tag, an dem Sie nicht fernsehen wollen. Probieren Sie es einmal. Sie werden feststellen, dass sich in Ihnen ein Ringen zwischen Ihrem Willen und Ihrem Bedürfnis entwickeln wird, so dass Sie schließlich an nichts anderes mehr denken können, als ans Fernsehen.

Ihr Verstand wird alle möglichen Begründungen dafür finden, warum es albern wäre, das Fernsehen aufzugeben, und dass Sie schließlich die Freiheit haben, so viel fernzusehen, wie Sie wollen. Je mehr Sie darüber nachdenken, desto schwieriger wird es. Der Fernseher wird anfangen, mit Ihnen zu reden: »Na, was machst du jetzt? Was wirst du jetzt tun?«

An diesem Punkt geben die meisten von uns auf und kehren mit einer gewissen Erleichterung zu ihren alten Gewohnheiten zurück. Doch dieser Prozess hat Folgen. Das Bedürfnis reagiert wie ein gefräßiger Hund, der nicht nur einen Teil der Beute haben will, sondern den ganzen Kadaver.

Wäre es nicht gut, aufhören zu können? Nein sagen zu können

zum Fernsehen, zum Rauchen, zu gewissen Essgewohnheiten oder abartigem Sex oder welchem Muster auch immer, das in Ihrem Leben die Oberhand gewonnen hat? Nein zu sagen und Herr über die eigenen Bedürfnisse zu sein und nicht ihr Sklave.

Einen Zaun bauen

Stellen wir uns die Bedürfnisse als ein wildes Pferd vor. Wir befinden uns mit unserem Bedürfnis in einer Art Tauziehen. Wenn Sie nur Ihr Lasso und Ihre Körperkraft haben, um das Pferd zu bändigen, werden Sie schnell ermüden. Das Pferd wird Ihnen an Kraft überlegen sein.

Doch angenommen, Sie haben sich vorbereitet und eine Umzäunung für das Pferd gebaut. Sie gehen Schritt um Schritt zurück, bis Sie das Pferd in die Umzäunung gezogen haben und das Tor hinter ihm schließen können. Die Umzäunung ist das dritte Element in der Gleichung. Es bricht die Polarität zwischen Ihren Bedürfnissen und Ihrem Willen auf und ermöglicht es, dass etwas Neues geschieht.

Gewohnheiten sind im Körper verankert. Um Gewohnheiten zu ändern, müssen wir mit dem Körper arbeiten. Die Juden verstanden dies und reagierten klug darauf. Sie errichteten einen Zaun, mit dessen Hilfe sie jeden siebten Tag den Körper im Neinsagen üben. Unser Körper versteht diesen Siebener-Rhythmus.

Erinnern Sie sich an Pawlows berühmten Hund? Wenn die Glocke erklang, erhielt er Futter. Also gewöhnte er sich an, fressen zu wollen, wenn die Glocke ertönte. Auf die gleiche Weise gewöhnen sich die Juden an das Sabbat-Halten. Wenn der siebte Tag kommt, will der Körper Nein sagen, weil er es sich angewöhnt hat und ihm diese Gewohnheit lieb ist.

Das Ziel des Spiels

Etwas Kontrolle über unsere Gewohnheiten zu gewinnen, ist schon lohnend genug, doch es steckt noch mehr darin. Die Juden haben deutlich formuliert, warum sie das Sabbat-Halten gesetzlich verankert haben. »Schalte kein Licht an, geh nicht ans Telefon« und so weiter. Sie wollten die Seele des Sabbat herbeirufen, die sie Schechina nennen, das Göttliche Weibliche. Man erzählt, dass die alten Kabbalisten zu Beginn des Sabbats hinaus aufs Feld gingen, um die Braut zu begrüßen, die Schechina.

Um dieses Konzept zu begreifen, kehren wir noch einmal zu unserem Pferd zurück. Die Kraft des Pferdes ist gewaltig, doch der Mensch kann sie nicht nutzen, wenn das Pferd wild ist. Erst wenn er das Pferd einfängt und ausbildet, kann der Mensch die Kraft des Pferdes gezielt für seine Bedürfnisse einsetzen. Auf die gleiche Weise haben die Juden *ihren* vom Instinkt gesteuerten Aspekt des Lebens gebändigt und dessen große Energie für positive, schöpferische Zwecke nutzbar gemacht. Sie gewinnen dadurch mehr Seele, mehr Lebensenergie.

Doch dies kann nur geschehen, wenn man sich nach etwas anderem sehnt, als man hat. Man kann nicht einfach eine Gewohnheit ausmerzen und sich dann zurücklehnen und meinen, man habe das Bedürfnis besiegt. *Um wirklich erfolgreich zu sein, muss man die alte Gewohnheit durch eine neue, »bessere« Gewohnheit ersetzen.*

Angenommen Sie sind äußerst ungeduldig. Diese Ungeduld ist Ihr wildes, unberechenbares Pferd. In der Energie Ihrer Ungeduld liegt so viel Kraft, aber sie nützt Ihnen nichts, solange sie nicht gebändigt ist. Oder noch schlimmer: Sie richtet verheerenden Schaden in Ihrem Leben an.

Was würden Sie mit dieser Kraft tun, wenn Sie sie bändigen könnten? Lassen wir diese Frage mal einen Augenblick so stehen.

Identifizieren Sie eines Ihrer Ziele

Zeichnen Sie einen Kreis und stellen Sie innerlich die oben erwähnte Frage. Wenn Sie eine Antwort erhalten haben, schreiben Sie sie in diesen Kreis. Sie haben sich soeben ein Ziel gesetzt, eine Absicht erzeugt.

(Eine imaginative Variante dieser Übung finden Sie in dem Überblick am Ende dieses Kapitels.)

Wir werden dies im 8. Kapitel noch weiter erörtern, doch bis dahin haben wir noch viel anderes zu tun.

Die Schönheit der Instinkte

Was hat all dies mit der zweiten Aufgabe der Träumer und dem Thema dieses Kapitels zu tun, das zu identifizieren, was den Spiegel verschleiert? Vernebeln unsere unkontrollierten Instinkte den Spiegel der Wahrheit? Sind sie so schlimm, dass wir sie auslöschen müssen? Erinnern Sie sich an den Wollhaufen am Anfang dieses Kapitels? Er liegt immer noch so in Ihrem Schoß, wie Ihr Lehrer ihn dorthin gelegt hat und wartet darauf, entwirrt zu werden. Doch Ihre Instinkte rufen Sie nach draußen. Sie wollen durch die Felder springen, nicht Wollfäden entwirren!

Ist das schlimm? Ihre Instinkte sind jung, wild und ungezähmt. Sie sind es von Natur aus, so wie es der Natur des Pferdes entspricht, zu scheuen, zu buckeln und davonzustürmen. Gibt es etwas Schöneres als das entfesselte, freie Spiel der Naturkräfte? Als einen wilden, tänzelnden Hengst? Als eine gewaltige Meereswelle, einen reißenden Bach?

Wenn in eine Gruppe von Erwachsenen, die sich miteinander unterhalten, ein Baby gebracht wird, wendet bald jeder seine Aufmerksamkeit dem Kind zu. Babys atmen, gestikulieren, lächeln und machen gurgelnde Geräusche – sie bezaubern uns. Wir sehnen uns nach diesem natürlichen Zustand und lächeln und gurgeln mit. Wir wünschen uns von Herzen, wieder so arglos zu sein.

Doch wie meine fünf Jahre alte Freundin Kay, die auf ihre kleine Schwester neidisch war, schnell herausfand, macht es keinen Spaß, wieder Windeln zu tragen und nur aus der Flasche zu trinken. So zu tun, als wäre man arglos, ist albern. Und natürlich klärt es in keiner Weise den Spiegel und zeigt uns ein wahres Bild der Welt. In Kays Fall wird die kleine Schwester trotzdem mehr von Mamas Aufmerksamkeit bekommen und Kays Neid bleibt unbefriedigt.

Ob es ihr gefällt oder nicht, Kays Instinkte haben sie erfolglos dazu verleitet, sich wieder als Einjährige zu verhalten, obwohl sie bereits fünf ist. Der Fehler liegt nicht in ihren Instinkten, sondern in dem, was ihnen widerfuhr, als sie versuchten, sich Befriedigung zu verschaffen. Wie verlor Kay ihre Arglosigkeit, ihren Zaubergarten, in dem sie Mama ganz für sich alleine hatte? Wie hat sich ihr Spiegel verschleiert?

Leben ist Bewegung

Unsere Lebensspanne kann mit einer alten Aufzieh-Uhr verglichen werden. Manche Yogis lehren, dass wir darauf programmiert sind, von unserer Geburt bis zu unserem Tod eine je nach unserem Karma und unserem Schicksal persönlich festgelegte Anzahl von Atemzügen zu haben. Nennen wir diese Zeit, die uns zur Verfügung steht, einmal unsere »grundlegende Lebensenergie«. Da diese Energie sich von Person zu Person unterscheidet, werden manche von uns mit einer Fülle von Energie geboren und andere nicht. Wie wir sehen werden, geht es jedoch nicht so sehr darum, wie viel Energie wir haben, sondern wie wir mit dem, was wir haben, umgehen.

Sie können sich Ihre Lebensenergie wie eine eng gewickelte Spule vorstellen. Vor der Geburt ruht diese Energie. Während der Geburt, des vielleicht dramatischsten Augenblicks in unserem Leben, rauscht die Luft in unsere leeren Lungen (oder wird besser gesagt durch das Vakuum hineingesaugt); die Spule wird aktiviert und setzt unser Leben in Bewegung. Unsere Lungen ähneln also dem wilden Pferd, das bei der kleinsten Berührung einen Satz macht; sie reagieren auf die Kraft der einströmenden Luft damit, sie wieder auszustoßen.

Der Geist wurde freigesetzt und wir leben, ein neues Wesen hat seinen Platz in der äußeren Welt eingenommen. Seltsame Attraktoren – die leeren Lungen und die Luft – haben einander gefunden. Aus dem ersten Schrecken ihrer Begegnung und aus der Form ihrer Interaktion bildet sich ein Muster des Ein- und Ausatmens.

Der Impuls der Lungen, die eingedrungene Luft wieder auszustoßen, wird »instinktiver Reflex« genannt (von dem lateinischen Wort *instinguere* = anstacheln, antreiben abgeleitet). Wir sagen, dass es unserem Instinkt entspricht, auszuatmen.

Auf die gleiche Weise stimuliert unsere erste Begegnung von Augen und Licht den Impuls, Formen zu sehen; das erste Geräusch aktiviert unsere Trommelfelle und setzt den Impuls, Klänge zu hören; die erste Begegnung von Körper und Raum stimuliert den Impuls, sich zu bewegen; die Berührung der Haut lässt den Impuls nach Kontakt entstehen; ein leerer Magen erzeugt den Impuls, zu essen, und ein Übermaß an Reizen stimuliert den Impuls, sich zu verschließen und zu schlafen.

Hat Ihnen irgendjemand all diese Dinge beigebracht? Nein! Atmen, Sehen, Hören, Bewegung, Kontaktaufnahme, Selbstschutz, Nahrungsaufnahme, Schlaf, all das funktioniert als Reflex und instinktiv als Reaktion auf äußere Reize. Unsere innere Natur begegnet der äußeren Natur und es bilden sich gewohnheitsmäßige Interaktionsmuster.

Einmal in Gang gesetzt schwingen diese Bewegungen wie ein Pendel immer weiter hin und her, ohne dass wir uns darum bemühen müssten. Wenn unsere Lebensenergie in Bewegung gesetzt wurde, muss sie sich immer weiter bewegen.

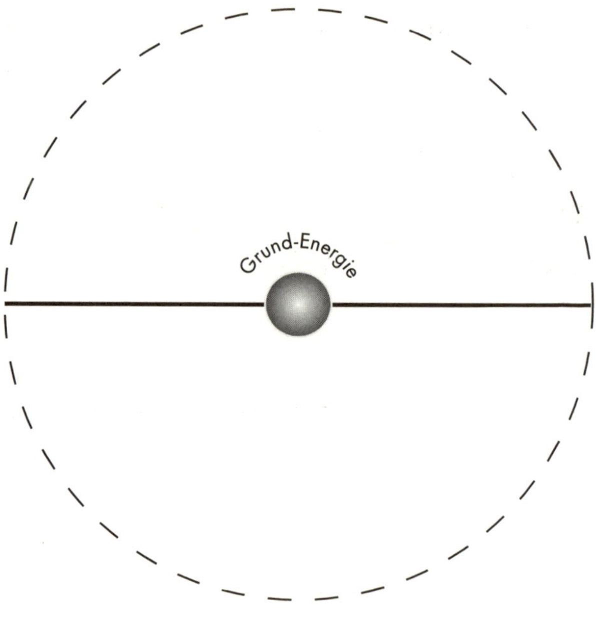

Abb. 1: Grund-Energie. Vor der Geburt ruht unsere grundlegende Lebensenergie.

Wie Instinkte abgelenkt werden

Können unsere Instinkte abgeblockt werden? Kann ein Sturzbach warten? Wenn er von einem Felsblock aufgehalten wird, der vom Berghang ins Bachbett gestürzt ist, bleibt der Sturzbach dann einfach stehen und wartet, bis der Felsen aus dem Weg geht?

Natürlich nicht. Er staut sich so lange davor auf, bis er das Hindernis überfluten kann. Unsere Instinkte sind wie dieser Sturzbach – sie müssen *irgendwo* hin. Angenommen, Sie könnten nicht atmen. Selbst wenn das nur eine kurze Weile anhält, werden Sie sterben. Die instinktive Bewegung gerät ins Stocken, die Arme schlagen wild um sich, das Herz rast, Sie geraten in Panik. Die Bewegung des Atmens gerät aus ihren natürlichen Fugen und wird zu etwas anderem: zu einer Emotion.

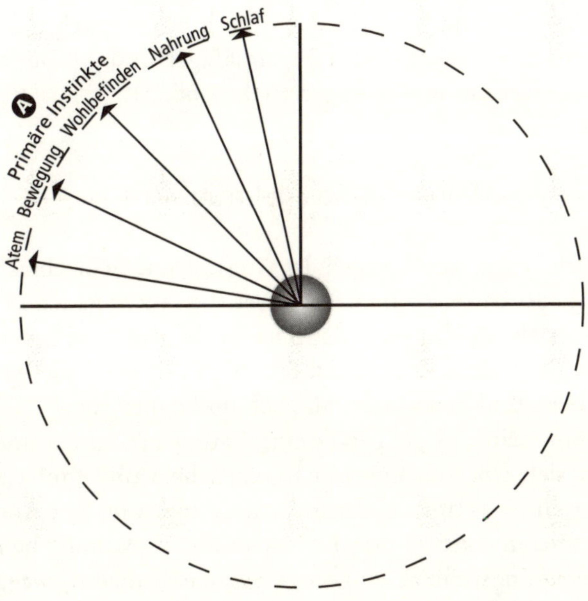

Abb. 2: Primäre Instinkte. Durch unsere erste Begegnung mit der äußeren Welt wird unsere Grund-Energie aktiviert. Bei der Geburt werden die Wege der Beziehungen mit der äußeren Welt begründet. Das Kind atmet, bewegt sich, sucht nach Wärme und Berührung, nach Nahrung und Ruhe.

Man beachte, dass das Wort »Emotion« aus *motion* (= latein. Bewegung) und der Vorsilbe *e-* besteht, die im Lateinischen etwas daraus Hervorgehendes bezeichnet. Eine instinktive Bewegung zu blockieren ist, als ob man den Sturzbach aufhalten möchte. Es baut sich immer mehr Spannung auf, bis irgendetwas nachgeben muss. Wenn Sie das Wildpferd wären, das in die Umzäunung getrieben wird, würde Ihr Atem nicht vor Schreck aufhören? Würden Sie nicht treten und buckeln, um das Seil loszuwerden? Und wenn das nichts hilft, würden Sie nicht versuchen, anzugreifen?

Was passiert in der kleinen Kay, deren Plan, ihrer kleinen Schwester den Rang abzulaufen, indem sie sie nachahmt, fehlgeschlagen ist? Auch sie kann buckeln und treten, um Aufmerksamkeit zu gewinnen, oder sie sucht ihre Zuflucht darin, ihre kleine Schwester anzugreifen.

Unsere primären »E-motionen« sind Angst und Zorn. Sie werden durch eine Veränderung des Atemrhythmus angezeigt, die Herzschläge werden schneller und unregelmäßiger und wir »re-agieren« mit Ducken oder um uns Schlagen (siehe Abb. 3).

Wenn der Spiegel trüb wird

Vernebelt Angst den Spiegel? Ist Angst etwas Schlechtes? Wenn wir keine Angst hätten, wäre unser Überleben nicht gesichert. Wenn es ums Überleben geht, setzt das Tier in uns zur Flucht oder zum Kampf an. Sind diese Reaktionen falsch? Nein, auf dieser ganz primitiven Ebene sind Emotionen nützlich und daher gut.

Wenn ein Steinzeitjäger gerade eine Antilope erlegt hat und plötzlich hinter sich ein Knurren und Fauchen hört und ihm ein Tiger gegenübersteht, was fühlt er dann? Er hat Angst und ist zornig.

Wir reagieren genauso primitiv, wenn unsere Atmung behindert, unsere Bewegungsfreiheit eingeengt, unsere Nahrung weggenommen, unser Schlaf unterbrochen oder unser Bedürfnis nach Wärme und Berührung unterbunden wird. Wir bringen unsere Furcht und unseren Zorn zum Ausdruck, indem wir vor dem weglaufen, was uns bedroht, oder indem wir es angreifen. Wenn wir diese instinktive Reaktion vollständig zulassen, wenn wir unsere Angst oder unseren

Zorn ungehindert zum Ausdruck bringen können, dann ist der Spiegel klar.

Doch wie unsere kleine Kay bereits herausgefunden hat, leben wir leider nicht in der Wildnis. Ihr Zorn mag eine gesunde primitive Reaktion sein, doch ihre kleine Schwester anzugreifen gilt als nicht akzeptabel. Nicht nur, dass sie die ungeteilte Aufmerksamkeit ihrer Mutter damit nicht zurückbekommt, ihre Mutter ist auch noch verärgert und schickt Kay in ihr Zimmer! Das ist doch wirklich unfair, schließlich tut Kay ja nur das Natürliche! Was soll sie mit ihrem Zorn und ihrer Angst jetzt anfangen? Sie erinnern sich – einmal ausgelöst muss die Bewegung irgendwo hin. Wie eine Welle kann sie nicht aufhören, bis sie ihr Potenzial erschöpft hat.

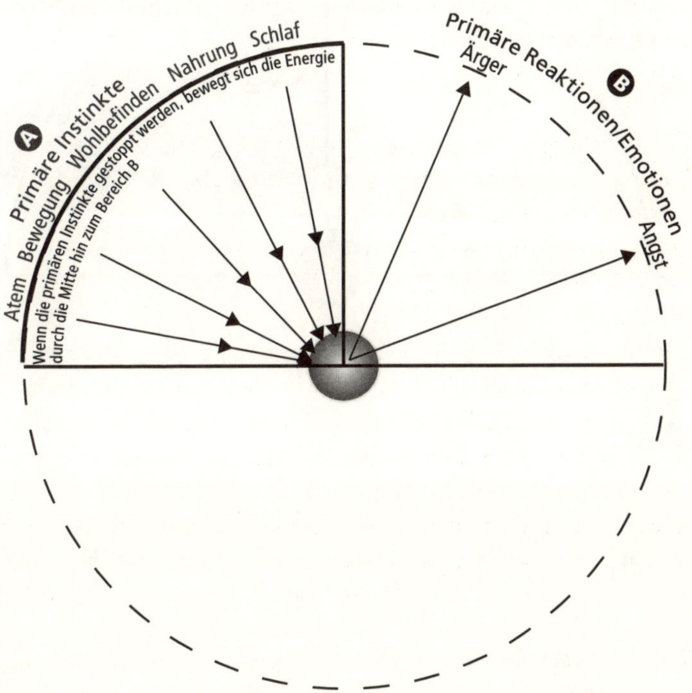

Abb. 3: Primäre Reaktionen/Emotionen. Wenn aus irgendeinem Grund unsere instinktiven Bewegungen blockiert werden, muss die Energie sich woanders hinbewegen: Sie wird zu einer primären Reaktion/Emotion von Angst oder Ärger.

Während Kay in ihrem Zimmer vor sich hin wütet, versucht sie, sich selbst eine Geschichte zu erzählen: Es war einmal ein schrecklicher Drache, der in einer Höhle lebte und die ganze Gegend unsicher machte. Er zog umher und tötete kleine Schwestern.

In ihrem Zorn wünscht sich Kay, dass diese Geschichte wahr ist, doch leider ist sie nur eine Fantasie! Doch wie wir im ersten Kapitel bereits festgestellt haben, unterbrechen Fantasien die reine Spiegelung unserer inneren Welt, weil sie unseren bedürftigen, verzerrten Erwartungen entsprechen.

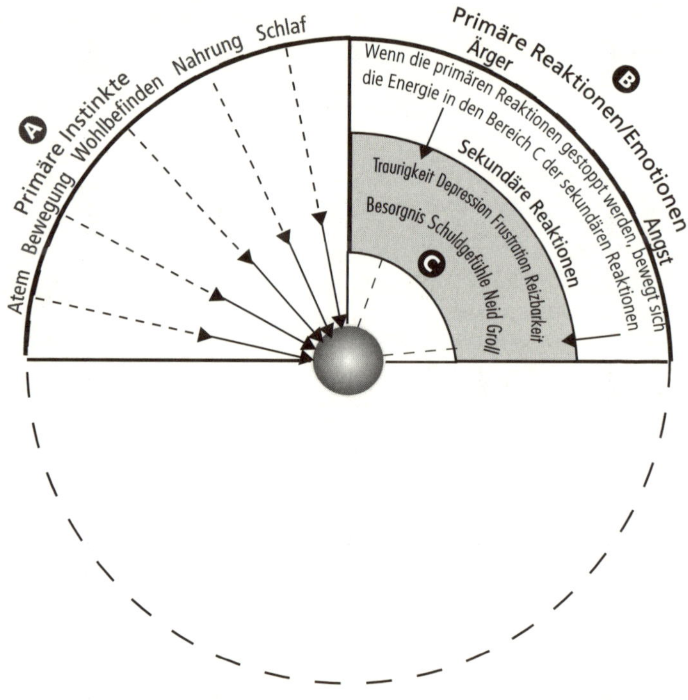

Abb. 4: Sekundäre Reaktionen. Wenn aus irgendeinem Grund unsere primären Reaktionen/Emotionen blockiert werden und wir sie nicht zum Ausdruck bringen können, muss sich die Energie woanders hinbewegen. Sie wird zu sekundären Reaktionen, einem stagnierenden Bereich gestauter Emotionen.

Nachdem Kay eine Weile in ihrem Zimmer herumgetobt hat wie ein wildes Tier im Käfig, kauert sie sich schließlich voller Selbstmitleid und Groll in eine Ecke. Der reine Bogen ihres Zorns auf die äußere Welt ist unterbrochen und auf ihren kleinen Körper zurückgeworfen. Dort zeigt er sich entweder in unzusammenhängenden Körperbewegungen oder wie stagnierendes Wasser in einer extremen Stille. In beiden Fällen wird ihr klarer innerer Spiegel getrübt.

Frustration, Groll, Schuldgefühle, Reizbarkeit, Verärgerung, Beklommenheit, Neid, Niedergeschlagenheit, Traurigkeit – habe ich alle aufgezählt? (Siehe Abb. 4)

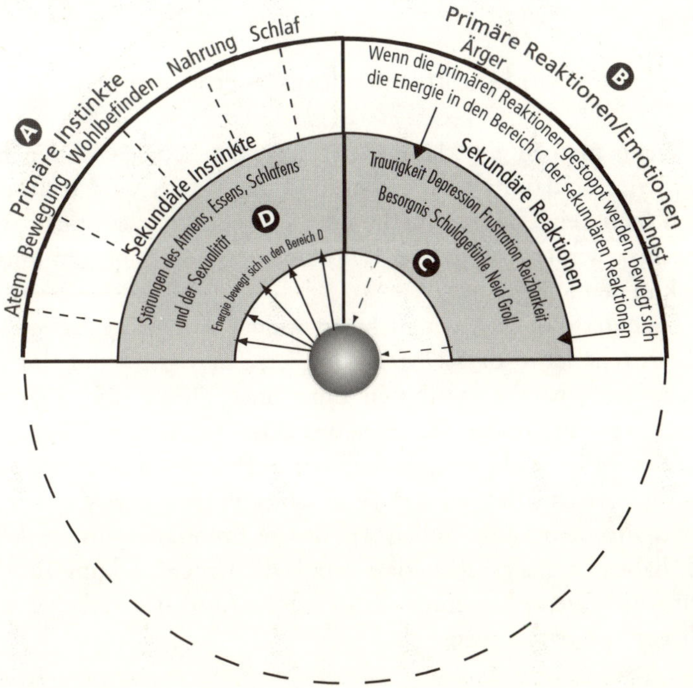

Abb. 5: Sekundäre Instinkte. Aus dem Bereich der stagnierenden sekundären Emotionen sickert unweigerlich Energie als falsches instinktives Verhalten zurück. Dazu gehören alle Störungen des Schlafens, Atmens, Essens, der Sexualität, der Motorik sowie der Süchte und dergleichen.

Dies sind die so genannten sekundären Reaktionen. Sie entstehen aus aufgestauten Energien, die häufig zwischen dem Bereich der Emotionen und dem Bereich der Instinkte hin und her schwanken. So entstehen Gewohnheiten, die sich als Instinkte ausgeben.

Frustration kann die Neigung zum Rauchen auslösen, Traurigkeit kann zur Fresssucht werden, zu lieblosem Sex, übermäßigem Schlafbedürfnis oder zu Krankheit führen. Diese ungelösten emotionalen Knoten sind der Ursprung unserer unwiderstehlichen Gewohnheiten und Süchte, wie zum Beispiel des Drogenkonsums, des Alkoholismus oder der zwanghaften Selbstbefriedigung. Wir nennen diese unwiderstehlichen Bedürfnisse und Süchte »sekundäre Instinkte« (siehe Abb. 5).

Sünde und unterdrückte Emotionen

Wenn man in ein klares Gewässer einen schweren Stein fallen lässt, wird Schlamm aufgewirbelt und das Wasser wird trüb. Dann kann man keine bunten Fische oder schönen Pflanzen mehr sehen. Genauso wirken sekundäre Emotionen: Sie verschleiern unseren Blick in den Spiegel.

Bedeutet das, dass wir nicht emotional sein sollten? Die christliche Kirche lehrt, dass Ungeduld, Gier, Traurigkeit und eine Fülle von anderen bereits erwähnten Emotionen Sünde sind. Wer nicht sündigt, kommt in den Himmel, wer Böses tut, in die Hölle.

Aber es ist leicht gesagt, dass wir aufhören sollen, ungeduldig, traurig oder frustriert zu sein. Viel schwerer ist, zu wissen, *wie* man damit aufhören kann. Sollen wir unsere Emotionen unterdrücken? Wir haben bereits gesehen, dass gerade die Unterdrückung zum Problem wird. Wenn Kay ihrem Zorn keinen Ausdruck verleihen kann, kehrt er sich nach innen.

Haben Sie schon einmal zugesehen, wenn eine Welle gegen eine Wand schlägt? Die Welle spritzt und schäumt und rollt dann dorthin zurück, von wo sie gekommen ist. In den Augen der Kirche sind wir alle »Sünder«. Sollen wir den Finger akzeptieren, der da auf uns zeigt, oder sollen wir aufgeben und glauben, dass wir eben einfach *schlecht* sind? Oder sollen wir vielleicht genauer auf die Kräfte achten, die den Fluss unserer Emotionen steuern?

Ist Kay *schlecht*? Sind Aschenputtels Stiefschwestern schlecht? In Bezug auf ihr Sozialverhalten schon, aber in Bezug auf die Wahrheit wäre es richtiger zu sagen, dass sie fehlgeleitet sind. *In Wahrheit gibt es keine Sünde, nur mangelndes Bewusstsein dessen, wohin wir die großen Wellen unserer Emotionen leiten sollen.* Himmel und Hölle sind jetzt und hier. Die trüben Gewässer sind unsere Hölle, denn sie machen es uns unmöglich, die schönen Pflanzen und bunten Fische zu sehen, die zu beobachten für uns den Himmel bedeutet.

Und wenn wir noch mehr Steine ins Wasser werfen, wenn Sie sich zum Beispiel sagen, dass Sie schlecht sind, weil Sie nicht aufhören können, zu grollen oder zu jammern, dann wird das Wasser allmählich zur dauerhaft trüben Brühe.

Sie spüren dann vielleicht noch, so wie die beiden bösen Stiefschwestern, dass es einen Himmel gibt, da auch Sie davon träumen, »einen Prinzen zu heiraten«. Doch der Prinz kann Sie nicht »sehen«, weil Sie nicht in Aschenputtels Schuhe passen.

Lernen, die Reaktionen zu beobachten

Wenn der Prinz Sie nicht sehen kann, können Sie sich vermutlich auch selbst nicht sehen. Sie wissen dann, dass etwas nicht in Ordnung ist, aber Sie können es nicht benennen, weil das Wasser zu trübe ist, als dass Sie sich über Ihre Situation klar werden könnten. Sie haben das Gefühl, in einem bösen Traum zu leben, genauso verwirrt zu sein wie der Haufen Wollfäden, der immer noch in Ihrem Schoß liegt.

Wie können Sie einen Schritt zurücktreten und einen Überblick gewinnen? Ganz einfach: Beobachten Sie Ihre *Reaktionen* auf die verknäulte Wolle. Was sagt sie Ihnen? Wie Sie wissen, ist die Wolle weder gut noch schlecht. Und Sie urteilen nicht, Sie beobachten einfach. Ruft der Haufen Wolle bei Ihnen ein Gefühl des Ärgers, der Frustration, der Traurigkeit oder der Erregung hervor? Achten Sie auch auf Ihren Körper, denn im Körper manifestieren sich diese Emotionen. Im Körper liegen die Schlüssel für das, was Sie suchen.

Liste der sekundären Instinkte und Emotionen

Besorgen Sie sich ein kleines Notizheftchen, klein genug, dass Sie es immer in Ihrer Hemdtasche oder Handtasche bei sich tragen können. Legen Sie zwei Spalten an, links eine für Ihre sekundären Instinkte und rechts eine für Ihre sekundären Emotionen. Schreiben Sie jetzt eine Woche lang Ihre sekundären Instinkte und Emotionen auf. Notieren Sie sie in der Reihenfolge, in der sie auftauchen. Angenommen, sie wachen in einer gereizten Stimmung auf, dann schreiben Sie das in die rechte Spalte. Danach haben Sie eine Zigarette geraucht, obwohl Sie sich vorgenommen haben, vormittags nicht mehr zu rauchen. Das schreiben Sie in die linke Spalte. So zählen Sie einfach Ihre sekundären Instinkte und Emotionen in der Reihenfolge auf, wie sie im Laufe des Tages auftreten. Tun Sie dies eine Woche lang, ohne sich zu verurteilen. Notieren Sie es einfach. Am Ende der Woche sollten Sie einen guten Einblick in Ihre Reaktionsmuster und Ihre Kompensationsstrukturen haben. Sie werden erkennen, wie Ihre Energie zwischen diesen beiden hin und her schwankt. Vielleicht stellen Sie fest, dass Sie immer wieder das Gleiche schreiben, zum Beispiel »Rauchen ... Frustration«. Fühlen Sie sich deswegen nicht schlecht und versuchen Sie zunächst nicht, etwas daran zu ändern.

So lernen Sie, zu *beobachten*. Der erste Schritt, um den Spiegel zu klären, besteht darin, sich selbst beobachten zu können. Wenn Sie Ihre Beobachtungen aufschreiben, trainieren Sie Ihren Fokus darin, konkret zu werden.

Der Lebensplan

Nachdem Sie jetzt klar erkennen, dass Sie immer wieder in die gleiche Falle gehen, sind Sie vielleicht bereit, sich selbst ein paar grundlegende Fragen zu stellen. Wahrscheinlich wollen Sie nicht zu der vergrämten alten Frau oder zu dem verbitterten alten Mann werden, zu dem Sie leicht werden könnten. Sie haben gerade Ihre Landkarte ausgebreitet und die Hindernisse identifiziert. Sie wissen, welche Strecken Sie vermeiden müssen, weil die Straßen voller

Schlaglöcher und die Städte voller Baustellen sind. Sie gleichen Ihren schlimmsten Albträumen. Vielleicht wissen Sie noch nicht, was Sie wirklich *wollen*, aber zumindest sind Sie jetzt auf dem richtigen Weg, das herauszufinden. Sie sind im Begriff, Ihren »Lebensplan« aufzustellen (siehe Abb. 1 bis 5).

Die Vorstellung von einem Lebensplan mag etwas großartig klingen, doch das Konzept ist recht einfach. Wir alle haben einen Lebensplan. Wenn Sie keine klare Vorstellung von Ihrem Lebensplan haben, keine Sorge: Es ist das Ziel dieses Buches, Sie zu einer Vision Ihres Lebensplanes und zu seiner Verwirklichung zu geleiten! Die Reise führt durch den Wald Ihrer Imagination, wo Ihnen die wilden Tiere Ihrer Emotionen auflauern, Ihrer sekundären Emotionen und Instinkte, die in den tollsten Kostümen und Masken auftreten können.

Sie werden lernen, mit diesen Protagonisten Ihrer Imagination in Kontakt zu treten. Indem Sie ihnen entgegentreten, mit ihnen spielen, sie zähmen und transformieren, bringen Sie sich selbst bei, wie Sie nicht reagieren wollen. Sie werden lernen, Ihre Reaktionen in dem Augenblick ihrer Entstehung aufzufangen, und dadurch werden Ihre Träume klarer. Und im Laufe dieser Reise werden Sie sich immer klarer darüber werden, wer Sie wahrhaft sind – und wer Sie werden wollen. Doch es gibt eine Reihe von Manövern, die Sie durchführen müssen, bevor Sie hoffen können, Ihren Lebensplan zu vervollkommnen.

Das STOP!-Spiel meistern

Inzwischen spielt das Leben die ganze Zeit das STOP!-Spiel mit uns. Das Pferd ist gefangen, Kays kleine Schwester ist geboren, der Fels ist in den Sturzbach gefallen. Leben ist Bewegung und Veränderung, daran können wir nichts ändern. Oder doch? Wäre es nicht besser, wenn wir, statt Opfer der Unwägbarkeiten des Lebens zu sein, das STOP!-Spiel meistern und unsere Emotionen in dem Augenblick ihres Entstehens abfangen und verwandeln könnten?

Das erfordert große Klarheit und Voraussicht. Sie erinnern sich: Ziel des Spiels ist es, die eigene Energie umzulenken, und Sie haben gerade erst begonnen, die Wollfäden zu entwirren. Es dauert eine ganze Weile, bis Sie alle Fäden Ihres Lebens entwirrt haben und das STOP!-Spiel meistern können. Doch genau wie Aschenputtels Stiefschwestern können Sie bestimmt Ihren Traumprinzen visualisieren und Ihr eigenes »inneres Aschenputtel« heraufbeschwören. Ihr »inneres Aschenputtel« weist jene Eigenschaften auf, nach denen Sie am meisten streben.

Liste der Qualitäten Ihres Lebensplans
Stellen Sie auf einer neuen Seite Ihres kleinen Notizheftes eine Liste der Qualitäten und Eigenschaften auf, nach denen Sie am meisten streben, so wie sie Ihnen einfallen.

Auf diese Weise setzen Sie sich Ihr Ziel, Ihre »Absicht«, wie wir es genannt haben. Die Absicht der Kabbalisten ist ganz eindeutig die Schechina. Ihre eigene Absicht besteht in den Qualitäten, die Sie gerade definiert haben. So beginnen Sie klarzustellen, worin Ihr eigentlicher Lebensplan besteht.

Jetzt haben Sie angefangen, die Störungen zu identifizieren, die Ihren Spiegel trüben und die reine Botschaft Ihrer Imagination verschleiern. Das erleichtert Ihnen die dritte Aufgabe des Träumers: sich mit den trüben Träumen zu konfrontieren, mit den Produkten jener Störungen Ihrer Imagination, die Sie sich bislang nicht ansehen konnten oder wollten.

Ein kurzer Überblick über die Übungen des 2. Kapitels

Identifizieren Sie eines Ihrer Ziele (S. 67)

Atmen Sie drei Mal aus. Sehen Sie einen Kreis. Beobachten Sie, wie in diesem Kreis in goldenen Buchstaben Ihr dringendstes Ziel auftaucht. Atmen Sie einmal aus. Öffnen Sie Ihre Augen. Sehen Sie Ihr Ziel mit geöffneten Augen. Dies ist Ihre »Absicht«.

Liste der sekundären Instinkte und Emotionen (S. 78)

Schreiben Sie in zwei getrennten Spalten Ihre sekundären Instinkte und Ihre sekundären Emotionen auf. Notieren Sie diese eine Woche lang so, wie sie auftauchen.

Liste der Qualitäten Ihres Lebensplans (S. 80)

Stellen Sie auf einer neuen Seite Ihres kleinen Notizheftchens eine Liste jener Qualitäten und Eigenschaften auf, nach denen Sie am meisten streben, so wie Sie Ihnen einfallen.

DREI

Träume beachten

»Ein nicht interpretierter Traum ist wie ein nicht gelesener Brief. Kommt und seht. Wenn man sich nicht an ihn erinnert, ist es, als hätte man ihn nie gekannt. Wer daher einen Traum vergisst und nicht kennt, wird keinen Nutzen aus seiner Erfüllung ziehen.«

ZOHAR I, 199V.D.Z.– 200N.D.Z.

Wie jeder Held der alten Mythen, der etwas auf sich hält, so müssen auch wir bereit sein, mit unseren Drachen zu kämpfen, unsere Sümpfe zu durchqueren und die Dornenhecken unserer Emotionen zu durchtrennen. Wir können nicht erwarten, unser inneres Dornröschen wach zu küssen oder unseren Prinzen zu gewinnen, ohne Gefahren zu überwinden und Prüfungen zu bestehen.

Doch nur wenige von uns sind wie der griechische Held Herkules von Geburt an in der Lage, die Zauberschlangen zu erdrosseln, die uns schon in der Wiege nach dem Leben trachten (Kindheitstraumata), dann den nemäischen Löwen zu überwinden (Zorn) und schließlich den überfüllten Augias-Stall auszumisten (unsere stagnierenden sekundären Emotionen: Schuldgefühle, Groll, Frustration, Reizbarkeit, Niedergeschlagenheit, Traurigkeit, Verzweiflung, Entmutigung, Trägheit, Faulheit, Feigheit usw.)

Doch wir neigen dazu, uns nicht wie Helden aufzuführen, sondern uns zurückzuhalten, weil wir uns davor fürchten, unsere mörderische Wut auf die Welt freizusetzen. Wenn wir uns erst einmal in einem Zustand der Unterdrückung sicher fühlen, richten wir uns auf eine lange Belagerung ein und sind, bis an die Zähne bewaffnet, bereit, uns gegen den imaginären Außenfeind zu verteidigen. Oder wir ahmen den Vogel Strauß nach, der in seiner Angst den Kopf in den Sand steckt und hoffen, dass der Sturm schon vorübergehen wird. Doch der Sturm ist *in* uns selbst, er hält uns in einer negativen Bewegung und wird nicht nachlassen, bis wir uns ihm stellen und etwas unternehmen.

Natürlich können wir nicht verhindern, dass wir den Sturm der negativen Gefühle in uns spüren. Wie könnten wir ihn *nicht* fühlen, wenn er mit solcher Macht in unseren Körpern wütet? Wir verspannen uns, krampfen und zucken – die Empfindungen sind oft so schmerzhaft, dass wir vor ihnen zurückweichen. Doch wenn wir es zulassen könnten, uns auf unsere Empfindungen zu konzentrieren, könnten wir anfangen, mit dem Sturm umzugehen.

Statt mit der wahren Quelle unseres Schmerzes zu arbeiten, projizieren wir sie nach außen und klagen die Welt und unsere Mitmenschen an. Oder wir isolieren und ignorieren den Schmerz, in der Hoffnung, dass wir ihn auf diese Weise aushungern können.

Die Geschichte eines anderen griechischen Helden kann uns helfen, unsere Misere zu verdeutlichen. Prometheus stahl das Feuer von den Göttern, um die Existenz der Menschen zu beleben und zu erhellen. Dafür bestrafte ihn Zeus damit, dass er ihn an eine Klippe schmieden ließ, wo jeden Morgen ein Adler kam und an seiner Leber fraß, die sich jede Nacht wieder erneuerte, auf dass sein Leiden ewig währen solle. Wenn wir uns erlauben, unseren defensiven, unbeweglichen Zustand wirklich zu spüren, können wir erkennen, wie sehr wir Prometheus ähneln.

Wie er suchen wir das Licht, sind jedoch an einen Felsen (die Stagnation unserer sekundären Emotionen) gefesselt, während unser innerlich angestauter Zorn uns, als Adler verkleidet, die Eingeweide auffrisst. Das Feuer, das wir der Welt bringen wollten, brennt jetzt in unserem Inneren. Haben wir den Mut, uns diesem Albtraum zu stellen?

Wenn wir die Emotionen hinter den Albträumen ignorieren

»Ein Adler frisst ein Loch in meinen Bauch!«, heult Julian. »Das stimmt doch gar nicht, das ist doch nur ein Traum gewesen«, tröstet ihn seine Mutter und macht die Nachttischlampe an. »Schau, kein Adler weit und breit!« Sie ignoriert oder vergisst, dass es *in* Julian etwas gibt, was ihn ängstigt.

»Ich will dir meinen Traum nicht erzählen, er macht mir zu viel Angst«, meint Cynthia zu ihrem Vater.

»Dann vergiss ihn einfach und schlafe wieder ein!« Seine Antwort ändert nichts an der Tatsache, dass es für Cynthia schwer ist, wieder einzuschlafen, weil der Eindringling immer noch hinter ihr her ist, sobald sie die Augen schließt. Albträume verschwinden nicht so einfach. Wie könnten sie auch, da sie unsere Wahrnehmung der chaotischen Empfindungen sind, die unsere sehr *echten* Emotionen hervorrufen?

Wenn niemand Julian und Cynthia hilft, werden sie noch Jahre lang von Albträumen verfolgt werden. Als Erwachsene nehmen sie dann Schlafmittel, um dem Ruf ihres Unterbewusstseins auszuweichen, und wenn das nicht mehr hilft, greifen sie zu anderen Drogen.

Aber kann man ihnen das zum Vorwurf machen? Sie laufen vor sich selbst davon, weil sie verzweifelt sind und es nicht besser wissen. Niemand hat ihnen je gezeigt, wie sie mit den furchterregenden Bildern umgehen können, die sie in sich tragen.

Gestaute Energie als Beschwerden

Zum Glück ist es in den meisten Fällen nicht möglich, ewig davonzulaufen. Die gestaute Energie bricht irgendwann hervor und zwingt uns, sie zu beachten und uns Hilfe zu suchen. Wie bereits gesagt, müssen die einmal ausgelösten Instinkte und Emotionen irgendwo hin. Wenn sie sich durch gewaltsame Träume keine Aufmerksamkeit verschaffen können, versuchen sie es auf anderem Weg. Die gestaute Energie quillt an den Stellen hervor, wo sich in unserer Rüstung ein Riss gebildet hat, und nimmt dann die Form an, die der Ebene unseres Seins entspricht, an der sie austritt. Dort entsteht dann eine »Be-*schwer*de«, ein Symptom, das unseren an sich *leichten* Körper *belastet*.

Solche Beschwerden können sich auf vier verschiedenen Ebenen manifestieren: auf der körperlichen Ebene als Durchfall, Herzrhythmusstörungen, Muskelzuckungen oder Haltungsstörungen etc.)auf der emotionalen Ebene als Fantasien, Illusionen, zerstörerisches Verhalten etc. auf der mentalen Ebene als Obsessionen, Zwanghaftigkeit, Paranoia etc.; und auf der spirituellen Ebene als Trägheit, Gleichgültigkeit, Verbitterung, Empfindungslosigkeit, Sinnverlust, Abfall vom Glauben und dergleichen.

Wenn es gestaute Energie gibt, kann man sicher sein, dass sie sich irgendwann auf einer dieser Ebenen bemerkbar machen wird. Können Sie sich vorstellen, in einem Haus zu leben, in dem die tragende Wand einen Sprung hat? Das Leben macht nicht viel Spaß, wenn man sich nicht auf die Stabilität des eigenen Heims verlassen kann. Irgendwann wird Ihre Angst um den Sprung in der Wand dann möglicherweise zur Obsession und Sie können an gar nichts anderes mehr denken als an seine möglichen Folgen. Statt mit der *Ursache* Ihres Problems umzugehen, beschäftigen Sie sich nur mit der Wirkung.

Doch wie kommen wir an die Ursache heran, wenn wir sie nicht »sehen« können? Bieten uns die Wirkungen oder Symptome eine Möglichkeit durchzublicken? Haben sie Gemeinsamkeiten?

Alarm-Symptome

Erinnern Sie sich an unseren ängstlichen Vogel Strauß am Anfang dieses Kapitels? In seiner Erregung hat er jetzt die Reste eines Butterbrotes, einen Papierfetzen, einen Zigarettenstummel, einen Faden, einen Schlüssel und schließlich einen alten Digitalwecker verschluckt. All das rumort jetzt in seinem Bauch und verursacht ihm Verdauungsstörungen. Doch statt etwas dagegen zu unternehmen, steckt er unglücklich weiter seinen Kopf in den Sand und lässt den Rumpf mit den Federn im Wind stehen.

Plötzlich fängt der durch das ganze Durcheinander aktivierte Wecker in seinem Bauch an, alle dreißig Sekunden zu klingeln. *Wenn ich mich nicht bewege, hört vielleicht niemand das Bimmeln,* denkt der Vogel Strauß. Wen versucht der Vogel zu täuschen? Natürlich hören wir es, und er hört es auch, das Alarm-Klingeln – das Symptom –, den ständig wiederholten Weckruf: Pass auf, tu etwas Kreativeres, Ungewöhnlicheres, als den Kopf in den Sand zu stecken!

Wie oft begegnen wir Menschen, die nicht aufhören können, in ihrer Vergangenheit zu wühlen, die unablässig über ihre fehlgeschlagene Beziehung, ihren tyrannischen Chef oder ihren treulosen Freund reden müssen. Andere kennen kein anderes Thema als ihr Aussehen oder ihre Krankheiten und Wehwehchen.

Manche wiederholen den gleichen Fehler immer wieder, als würden sie nie daraus lernen. Andere erzählen immer wieder die gleichen Witze oder Kriegsgeschichten, oder sie benutzen immer dieselben Worte, wenn jemand anderes etwas sagt, wie »großartig ... großartig ... großartig« oder nicken nach jedem Satz mit dem Kopf. Erinnern Sie sich daran, wie man sich als Gegenüber dabei fühlt? Man wird unkonzentriert, verliert den Faden, wird müde und will am liebsten irgendwie weg. Das ist schade, denn es ist genau das Gegenteil von dem, was diese Menschen erreichen wollen.

Niemand hörte ihn, den toten Mann,
Doch er lag noch immer stöhnend da:
Ich war viel weiter weg, als ihr dachtet,
Nicht winkend, sondern ertrinkend.
Der Arme, er war immer so lustig
Und jetzt ist er tot.
Es war wohl zu kalt für ihn, sein Herz ließ nach,
Sagte man.
Oh nein, nein, nein, es war immer zu kalt
(Noch immer stöhnt der Tote)
Ich war immer viel zu weit weg,
mein ganzes Leben lang,
Nicht winkend, sondern ertrinkend.

»Not Waving But Drowning« Stevie Smith,
The Collected Poems of Stevie Smith, 1957

Wir meinen, es sei vernünftiger, das Winken des toten Mannes zu ignorieren, als mit ihm zusammen unterzugehen. Wenn seine Lebensenergie in der Falle sitzt, warum sollten wir dann unsere auch hineinbegeben? Wir haben gesehen, dass Gewohnheiten eine einschläfernde, fast hypnotische Wirkung auf uns haben. Und schlimmer noch: Wir fangen dann an, die Stagnation des anderen zu spiegeln.

Wir fühlen uns wie die Fliege im Spinnennetz unserer widersprüchlichen Emotionen. Auch *wir* neigen dazu, die Vergangenheit immer wieder aufzuwärmen, in diesem Fall den Gedanken, dass wir diesem Mann zuhören sollten, schließlich leidet er offensichtlich. Eigentlich wollen wir am liebsten weglaufen, aber wir tun es nicht, weil wir seine Gefühle nicht verletzen wollen. Innerlich tun wir ihn als alten, senilen Langweiler ab. Doch die Alarmglocke seines Verhaltens läutet weiterhin alle dreißig Sekunden.

Wir haben nur auf das Bimmeln geachtet, wir haben die dahinter liegende Kraft der *emotionalen Bedeutung* missachtet! Wenn wir auf der Straße den Ton einer Autoalarmanlage hören, versuchen wir, ihn innerlich auszuschalten und hoffen, es wird bald vorbei sein. Aber kaum einer von uns tut das Offensichtliche und erfüllt den Zweck, für den die Autoalarmanlagen konstruiert sind: Kaum einer geht hin und schaut nach, ob gerade jemand in das Auto einbrechen will.

Die Alarmglocke schrillt: »Wach auf, pass auf!« Genauso wie der alte Mann winkt, um unsere Aufmerksamkeit zu wecken: »Hilfe, Hilfe, ich versinke in einem Sturm, den ich selbst verursacht habe, und ich kann mich alleine nicht retten!«

Wiederholungen sind ein Hilferuf. Sie sind unser bester Ratgeber und unser schlimmster Feind. Sie wirken wie eine gefangene Fledermaus, die immer wieder gegen die Wand fliegt. Jeder Aufprall ruft: »Hol mich hier raus!«, doch im Dunkeln schläfert uns das Geräusch durch seine Regelmäßigkeit eher ein!

Alarm-Symptome in uns selbst erkennen

Bis jetzt haben wir über die alarmähnlichen Symptome anderer Leute geredet. Wie steht es um Ihre eigenen? Können Sie sie erkennen? Nachdem Sie jetzt eine Technik dafür an der Hand haben, sollte es Ihnen nicht zu schwer fallen. Achten Sie in Ihrem Verhalten auf Wiederholungen. Fürchten Sie sich nicht davor, dafür Verantwortung zu übernehmen. Wir stecken alle in sich wiederholenden Verhaltensmustern, einfach weil wir Menschen sind. Es gehört zu unserer Welt, durch Formen und Gewohnheiten begrenzt zu sein. Schon bald werden Sie die transformierenden Vorteile sehen, die darin liegen, solche Verhaltensweisen aufzuspüren und bewusst zu untersuchen.

Überprüfen Sie sich. Haben Sie bestimmte »Alarm-Wörter«, wie z.B. »egal ...« oder »toll!« oder »ich auch«? Haben Sie bestimmte Ticks, z.B. Ihr Haar zwischen den Fingern zu zwirbeln oder mit den Knöcheln zu knacken? Erkennen Sie bestimmte Verhaltensmuster, z.B. zu essen, wenn Sie sich um etwas Sorgen machen oder Ihren Freund spät am Abend anzurufen, um zu sehen, ob er zuhause ist? Stellen Sie fest, dass Sie sich immer wieder auf die gleiche Art von destruktiver Beziehung einlassen, immer wieder Ärger in der Arbeit oder Geldsorgen haben? Geben Sie sich regelmäßig den gleichen, vielleicht romantischen, sexuellen oder gewaltsamen Fantasien hin?

Clara zum Beispiel genießt immer wieder die Fantasie von einem Schloss auf einem Hügel unter dem sanften Licht des Vollmonds. Aus einem offenen Fenster hoch oben im Schloss leuchtet warmer Kerzenschein und ein junger, gut aussehender Mann lehnt sich hinaus. Clara schaut sehnsüchtig hinauf. Sie wiederholt diese von ihrem vagen Verlangen nach einer Beziehung belebte Fantasie innerlich immer und immer wieder. Das gleiche Muster spielt sich in allen romantischen Filmen und Romanen ab.

Roger hingegen stellt sich vor, ein Held zu sein, der viele böse Monster tötet und jeden überwindet, der sich ihm in den Weg stellt. Sie kennen dieses meist von Wutgefühlen motivierte Thema: Man sieht es in endlosen Varianten im Fernsehen und im Kino.

Identifizieren Sie Ihre sich wiederholenden Verhaltensmuster

Beobachten Sie sich ein paar Tage lang, um Ihre sich wiederholenden Verhaltensmuster zu erkennen. Achten Sie auf Ihre Haltung, Gesten, Ausdrücke, Mimik, bestimmte Sätze, Witze oder Geschichten, die Sie immer wieder zum Besten geben. Wenn Sie auf diese Weise beobachten, was Sie tun, werden Sie es schnell leid sein, immer dasselbe zu tun.

Wiederholungen erzeugen Müdigkeit, Unkonzentriertheit, Stimmungsschwankungen und Kontaktarmut. Wenn Sie diese Symptome feststellen, sollten Sie besonders aufpassen. Aber verzweifeln Sie nicht darüber. Freuen Sie sich lieber, denn hiermit haben Sie das Biest, hinter dem Sie her sind, am Schwanz gepackt! Als Held ist es höchst wichtig, Feinde zu finden, die den Kampf wert sind. Halten Sie das Biest am Schwanz fest und ziehen Sie mit aller Kraft daran. Bald wird das ganze Untier sichtbar werden.

Aber fürchten wir uns gerade davor nicht am meisten? Dem Untier unserer Wut oder unserer Ängste direkt ins Gesicht zu schauen? Nun, wenn Sie mir bis hierhin gefolgt sind, wissen Sie, dass Weglaufen keinen Sinn hat. Sie müssen sich jetzt entscheiden, ob Sie von all diesem Unbehagen, diesen Belastungen, dieser Langeweile und dieser Energieverschwendung die Nase voll haben. Der Zeitpunkt ist gekommen, wo Ihnen gar nichts anderes übrig bleibt, als sich Ihren inneren Dämonen zu stellen. Fassen Sie sich ein Herz und gehen Sie vorwärts! Sie erhalten alle Werkzeuge, die Sie für Ihren Sieg brauchen.

Ängste oder Muster

Wir alle wurden mit der gleichen Kraft geboren, unter die Oberfläche zu schauen wie der große Zauberer Merlin. Unsere verstörenden und brutalen Albträume zeigen uns auch, dass niemand vor den Gefahren gefeit ist, die mit dieser Gabe einhergehen. Wie können wir mit dieser Kraft umgehen, statt uns vor ihr zu fürchten oder sie zu ignorieren? Wie können wir lernen, einigermaßen sicher zu »sehen«? Und vor allem: Was bedeutet dieses »Sehen« eigentlich?

Wie wir schon im ersten Kapitel dargelegt haben, hängt alles durch die Muster und die den Mustern zugrunde liegenden Affinitäten zusammen. Wo es Interaktion gibt, gibt es ein Muster. Muster sind die manifestierte Form von Beziehungen. Die Beziehung eines Flusses zu seinem Flussbett kann sich zum Beispiel in Strudeln und Strömungen ausdrücken. Für den Reisenden, der den Fluss zu überqueren sucht, bilden diese Strudel und Strömungen Gefahren, die er fürchtet. Möglicherweise tauchen sie nachts in seinen Träumen in Gestalt von bedrohlichen Schlangen auf, die sich um seine Beine schlingen und versuchen, ihn in die Tiefe zu ziehen.

Doch für die ansässigen Fischer, die ihr ganzes Leben auf diesem Fluss verbracht haben, sind die Strudel einfach Hinweise, die ihnen beim Navigieren helfen. Aus ihrer Erfahrung können sie an den Strudeln und Strömungen sehen, wo und in welcher Tiefe unter Wasser Hindernisse liegen.

Angenommen, Sie haben einen Albtraum, in dem ein Einbrecher in Ihr Haus eindringt. Das ist eine so furchterregende Sache, dass Sie angsterfüllt und schreiend aufwachen. Doch jetzt können Sie sich wie die Fischer das Muster noch einmal ansehen und mit Hilfe Ihrer Erfahrung »lesen«, denn Sie wissen jetzt, dass sich hinter diesen Bildern wichtige Teile Ihrer selbst verbergen.

In diesem Fall mag das Bild des Eindringlings durch einen Teil Ihrer selbst hervorgerufen worden sein, einen Teil, den Sie so lange zurückgehalten haben, bis er gewaltsame Methoden anwenden musste – den Albtraum –, um Ihre Aufmerksamkeit zu erlangen. Wenn Sie gelernt haben, den Albtraum als Muster zu erkennen, »sehen« Sie ihn und können sich von furchterregenden Elementen seiner Geschichte leichter lösen.

»Sehen« ist mehr als Hinschauen

Die Muster der Imagination sind nie statisch. Um die Worte von James Glieck aus seiner Chaos-Theorie zu verwenden, sind sie »in das Gewebe der Bewegung eingebettete Form«. Wenn ein Muster zu stagnieren oder sich zu wiederholen scheint, bedeutet das, dass seine Energie in einen Ruhezustand übergegangen ist. Wenn wir feststecken, ist das ein klares Zeichen für uns, dass die Energie dieses Musters wiederbelebt werden muss.

Ich nenne diese Fähigkeit, Muster in unserem Leben wieder beweglich zu machen »Merlin«. Merlin ist der »sehende« Aspekt unseres Selbst. Es gibt eine Geschichte über Merlin, bei der dieser sehende Aspekt am Werk ist.

Vortigern, der König der Bretonen, wollte einen mächtigen Turm bauen, um seine Leute vor den in sein Land einfallenden Heiden zu schützen, doch sobald der Turm errichtet war, brach er wieder zusammen. Wie in einem wiederkehrenden Albtraum stürzte er immer wieder ein und wie den Reisenden vor dem wilden Fluss überkam Vortigern immer mehr die Angst.

Aus dieser Furcht heraus konnte er nicht »sehen«, warum der Turm immer einstürzte. Schließlich gab er es auf, das Bauwerk erzwingen zu wollen und suchte nach Hilfe. Offensichtlich bedeutet »Sehen« mehr als einfach nur hinzuschauen. König Vortigern ruft den jungen Merlin, von dem die Leute sagen, er habe keinen Vater (keine kausale Ursache) und könne Dinge »sehen«.

Bei seiner Ankunft richtet sich Merlin etwas abseits auf einem kleinen Hügel ein. Dies bestätigt uns, dass zum »Sehen« etwas Abstand erforderlich ist, ein gewisser Überblick. »Sehen« bedeutet auch, mit den Augen eines Kindes zu schauen, die gleichermaßen pragmatisch als auch voller Imagination sind.

Wenn der Spielzeugturm eines Kindes immer wieder einstürzt, wird sich das Kind die Sache von allen Seiten betrachten. Wenn der Himmel klar und der Boden fest ist, kann die Störung eigentlich nur aus dem Untergrund kommen. Wie kann man sich den Untergrund anschauen? Hier folgt eine kleine Übung, mit der Sie es selbst ausprobieren können.

Unter die Oberfläche schauen

Finden Sie in Ihrem Leben einen Bereich des wiederholten Versagens. Statt sich zum Sklaven ihres Misserfolgs zu machen und ähnlich wie König Vortigern ewig nach außen zu schauen, erlauben Sie Ihrem Blick, sich nach innen zu wenden und die Quelle des Versagens zu ergründen. Was erscheint Ihnen dabei als erstes Bild? Atmen Sie aus und öffnen Sie Ihre Augen.

Diese mythische Geschichte erlaubt Ihnen zu »sehen«. Indem Sie sich hineinbegeben, entdecken Sie eine neue und vielleicht wirksamere Art, mit einem alten persönlichen Problem umzugehen, in diesem Fall mit dem Schmerz des wiederholten Versagens.

Als Merlin seinen Blick oder seine Perspektive veränderte, um den Grund für den chronischen Schmerz des einstürzenden Turms zu erkennen, »sah« er einen unterirdischen See. Auf solch instabilem Untergrund ist es wenig sinnvoll, einen Turm bauen zu wollen.

In dem See lebten zwei Drachen, ein roter und ein weißer. Beide schliefen fest, im Todeskampf miteinander verschlungen. Könnte es ein deutlicheres Bild für verborgene, einander widerstrebende Emotionen geben als diese beiden miteinander ringenden, in den erdgebundenen Untiefen unseres Unterbewusstseins gefangenen Gegensätze? König Vortigern entschied weise, diesen Turm dort nicht zu errichten, sondern lieber über das Muster nachzusinnen, das ihm in dieser Geschichte gezeigt worden war.

»Sehen« heißt nicht analysieren

Die Geschichte erzählt weiter, wie König Vortigern, der von Merlin das »Sehen« gelernt hat, beobachtet, dass die Drachen aufwachen. Diese Art des Sehens ist etwas Aktives, oder besser gesagt: Interaktives. *Die Beziehung des »Sehens« zu dem Muster verändert das Muster.* Durch das »Gesehen werden« erwachen die Drachen und steigen in den Himmel auf, wo sie ihren Kampf bis zum Ende ausfechten. Was lange unterdrückt war, darf sich jetzt ereignen.

Schließlich unterliegt der rote Drache, und der weiße Drache siegt. Die widerstreitenden Emotionen sind durch das »Sehen« an die Oberfläche getreten und erhielten den Raum, miteinander um eine Lösung zu ringen. Der bessere Drachen gewinnt. König Vortigern lässt den Turmbau sein und kehrt als geläuterter und authentischerer Mensch heim.

Jemand beklagte sich kürzlich bei mir, dass »sehen« zu simpel sei. In diesem Sehen wird nicht versucht, die verschiedenen Motive der Geschichte des Traums zu ergründen. Soweit wir wissen, ist der Turm jedoch kein Symbol von phallischer Unterdrückung oder royalistischen Ambitionen und die Drachen stehen nicht für Mama und Papa. Die Geschichte ist kein Mythos und keine Allegorie.

Das »Sehen« fordert diese Arbeit nicht von uns. Wir überlassen das Analysieren und Kategorisieren den Freudianern und Jungianern, die es ohnehin besser können. Wir befassen uns nicht mit Symbolen. Seien es Objekte, Darstellungen oder Zeremonien – Symbole sind immer äußere Zeichen für etwas Unfassbares. Unfassbar für alle, außer unserem Merlin, dem sehenden Teil unseres Selbst, dem Heiligen in uns allen.

Das »Sehen« führt uns zum Heiligen zurück. Im Leben verlangt das Heilige von uns, dass wir auf das achten, was unsere inneren Sinne uns mitteilen: »Trau deinen eigenen Augen.« Das »Sehen« ist einfach, so einfach wie der unvoreingenommene Blick eines kindlichen Bewusstseins, frei von Ängsten und Konzepten.

Sie können also all Ihre Traumdeutungsbücher, Symbol-Lexika und Archetypen-Übersichten getrost beiseite legen. Beobachten Sie einfach, wie sich während des Träumens das Muster entfaltet. Es erzählt Ihnen weit besser als jede äußere Erklärung, was *in Ihnen* geschieht. Zugegeben, das geschieht oft auf furchterregende, erstaunliche, aber doch immer wieder bewundernswerte Weise, die Ihnen direkt etwas über Ihre Gefühle, Ihre Kraft und Ihre verborgene Lebendigkeit sagt.

Denken Sie daran, dass jeder Teil des Musters – jeder Teil des Traums – ein Teil Ihrer selbst ist. Und weil auch Mythen und Legenden Träume sind, sind auch der König, Merlin, der Turm, der See und die Drachen allesamt Aspekte Ihrer selbst, die sich gegenseitig beeinflussen. Wie sich diese verschiedenen Aspekte für Ihr »Sehen« zu einem großartigen Bild verweben, wird für Sie immer sinnvoller, lebendiger und lebensnäher sein, als irgendeine Theorie aus irgendeinem Buch. Halten Sie es einfach und beobachten Sie, was Ihnen das Muster zeigt.

Typische Muster, denen Sie auf dieser Ebene begegnen

Träume sind unsere primäre Art des »Sehens«, weil sie nachts stattfinden, während wir nach innen gewandt sind. So sind sie unserer inneren Wahrnehmung zugänglicher. Wir sind zu dieser Zeit ganz entspannt und ungeschützt, unsere Augen sind geschlossen und wir liegen auf dem Rücken. Nächtliche Träume sind unser direktester Weg des »Sehens«. Doch zu diesem Zeitpunkt des Spiels ist das, was uns nachts geboten wird, oft nicht sehr angenehm.

Albträume sind der erste heftige Schlag der Alarmglocken. Wenn bis dahin nichts unsere Aufmerksamkeit erregen konnte, sind sie die letzte Zuflucht unserer inneren Welt. Sie tyrannisieren uns, um uns wachzurütteln. Sie führen uns unsere Angst und Wut vor, so wie ein vernachlässigtes Kind seinen Eltern sein ungezogenes Verhalten vorführt.

Wenn wir unser nächtliches Kind hartnäckig vernachlässigen, wird es zu einer ständigen Nervensäge. Haben Sie wiederkehrende Träume? Träumen Sie immer wieder, dass Sie den Zug verpassen, unvorbereitet in eine Prüfung gehen, sich verirrt haben, Ihr Haus oder Ihr Auto nicht mehr wiederfinden können, Ihre Handtasche verlieren, dass Ihnen heimlich jemand folgt, dass jemand vermummt bei Ihnen einbricht, dass Sie von zwei Halbstarken bedrängt werden (es sind immer zwei, sie stehen für die Dualität), dass Sie mit dreckigen Toiletten, verstopften Abflüssen, halbverwestem Fleisch oder Ähnlichem zu tun haben?

Dies sind keine angenehmen Bilder, aber es *sind* Ihre Träume. Wollen Sie sie verleugnen, weil Ihnen ihr Geruch oder ihr Aussehen nicht gefällt? Wenn Sie in Ihrem Alltag so vorgehen würden, gerieten Ihr Haushalt und Ihr Leben schnell in Unordnung.

Was ist all diesen Träumen gemeinsam? Sie sind brutal, bedrückend, bedrängend, gefährlich, verwirrend, verstörend, unwirklich, vereinsamend oder einfach zu heftig. Ihre Farben sind dunkel, stumpf, schmutzig, unklar, von Schwarz über entzündetes Rot, Grau-Brauntöne bis zu grellem Grün, scharfem Gelb oder blendendem Weiß.

Ich will es Ihnen gleich sagen: Träumen kann sehr viel mehr Spaß machen! Doch alles zu seiner Zeit. Jetzt besteht Ihre Aufgabe erst einmal darin, sich selbst zu erkennen. Das ist Ihre größte Herausforderung.

Sind Sie wie die böse Stiefmutter, die erwartet, dass ihr der Spiegel sagt, sie sei die Schönste im ganzen Land? Oder sind Sie bereit, die Wahrheit zu akzeptieren? Können Sie sich von dem Spiegel Ihrer nächtlichen Träume Ihre innere Landschaft zeigen lassen, so unangenehm sie auch sein mag? In dem Wissen, dass das »Sehen« über sein eigenes Sicherheitssystem verfügt und dass es mit den Träumen in Wechselwirkung steht, können Sie sich jetzt entschließen, sich auf Ihre wichtigste Aufgabe zu konzentrieren: sich an Ihre Träume zu erinnern.

Wie Sie sich an Ihre Träume erinnern

»Vergiss deine Träume«, hatte Cynthias Vater am Anfang dieses Kapitels gesagt. Viele von uns sind diesem Rat gefolgt. Wir haben gelernt, unsere innere Sicht zu verdunkeln, wir haben Merlin getötet. Sie mögen jetzt einwenden, dass das nichts mit Ihrem Wunsch zu »sehen« zu tun hat, dass Sie sehr gerne träumen würden, sich nur leider nie an Ihre Träume erinnern – ja vielleicht meinen Sie sogar, *nie* zu träumen. In Schlaflaboratorien hat man jedoch unzweifelhaft nachgewiesen, dass zumindest in der REM-Phase (Rapid Eye Movement, nach den schnellen Augenbewegungen, die bei einem Schlafenden während dieser Phase beobachtet werden können) *jeder* träumt.

Durchforsten Sie einmal Ihre Erinnerungen, ich bin sicher, Sie werden mindestens ein oder zwei Träume finden, an die Sie sich erinnern, höchstwahrscheinlich unangenehme. Aber ist das nicht der Grund, weshalb Sie beschlossen haben, sie zu vergessen? Unangenehme Träume vermeiden zu wollen ist keine Feigheit, sondern einfach Ausdruck eines starken Überlebensinstinktes.

Jetzt ist es an der Zeit, einiges von dem anzuwenden, was Sie in diesem Kapitel über das »Sehen« von Mustern, auch von unangenehmen, gelernt haben. Sind Sie bereit, sich Ihre Träume anzusehen? Sind Sie bereit, Sie einzufangen, so wie ein Fischer seine Angel auswirft und Schätze aus der Tiefe hebt?

Wenn Ihre Antwort »Ja« lautet, dann folgt jetzt Ihre nächste Übung.

Traum-Tagebuch

Kaufen Sie sich ein hübsches, leeres Notizbuch. Je schöner es ist, desto eher werden Ihre Träume glauben, dass Sie wirklich Interesse daran haben, sie zu erfahren. Öffnen Sie es zuhause auf der ersten Seite und schreiben Sie »Traum-Buch« hinein. Legen Sie es neben Ihr Bett auf den Nachttisch. Wenn Sie zu Bett gehen, schlagen Sie die nächste Seite auf und schreiben das Datum dieses Abends oben auf die Seite. Sie legen Ihren Stift in das Buch und lassen es aufgeschlagen liegen. So haben Sie Ihre Absicht bekräftigt, sich an Ihre Träume zu erinnern. Während Sie einschlafen, nehmen Sie sich fest vor, dass Sie sich an Ihre Träume erinnern wollen. Am Anfang ist es hilfreich, sich vorzunehmen, aufzuwachen, wenn man träumt, damit man das Erlebte aufschreiben kann, wenn man den Traum noch frisch in der Erinnerung hat. Wenn das bei Ihnen nicht funktioniert, notieren Sie Ihre Träume morgens nach dem Aufwachen. Schreiben Sie alles auf, woran Sie sich erinnern, selbst wenn Sie es für unwichtig halten. Später werden Sie merken, dass Ihre Träume selbst am besten wissen, was wichtig ist.

Wenn Sie morgens einen Traum aufschreiben wollen, ist es wichtig, sich etwas Zeit dafür zu nehmen, bevor man aus dem Bett springt. Entspannen Sie sich noch ein wenig in der gleichen Haltung, die Sie während des Traums eingenommen haben. Das hilft Ihnen, sich zu erinnern. Träume sind zwar flüchtig, aber wenn Sie anfangen, stärker auf sie zu achten, kommen sie auch mehr auf Sie zu.

Auf dieser Stufe ist es wichtig, durchzuhalten und möglichst jemanden zu haben, dem man seine Träume erzählen kann. Der Prozess des Erzählens bringt fast immer weitere Erinnerungen ins Bewusstsein zurück.

Am Anfang mögen Sie Ihre Träume vielleicht nicht. Sie finden sie vielleicht zu verwirrend oder nichtssagend. Vielleicht schrecken Sie vor Ihren Albträumen oder vor sich wiederholenden Träumen zurück. Lassen Sie sich nicht entmutigen. Wenn Sie mehr auf Ihre Träume achten, werden diese, wie Kinder, fokussierter, geradliniger, fröhlicher.

Sie werden schon bald feststellen, dass Sie viel über Ihre Träume nachdenken – über die verschleierte Frau oder die verschlossene Schublade. Diese aufreizenden Sprösslinge Ihres Unterbewusstseins wollen, dass Sie mit ihnen spielen. Krempeln Sie die Ärmel hoch und spielen Sie! Das Thema des nächsten Kapitels, das Zusammenspiel mit dem Traum Ihres Wachzustands, ist Ihre vierte Aufgabe auf dem Weg dazu, ein wahrer Träumer und ein Meister Ihres Lebensplans zu werden.

Ein kurzer Überblick über die Übungen des 3. Kapitels

Identifizieren Sie Ihre sich wiederholenden Verhaltensmuster (S. 88)

Achten Sie auf sich wiederholende Haltungen, Gesten, Ausdrücke, Worte, Sätze, Witze, Geschichten, Verhaltensmuster.

Unter die Oberfläche schauen: Identifizieren Sie einen Bereich in Ihrem Leben, in dem Sie immer wieder versagen (S. 91)

Schauen Sie unter die Oberfläche auf die Quelle Ihres Versagens. Welches Bild sehen Sie? Atmen Sie einmal aus. Öfffnen Sie Ihre Augen.

Traum-Tagebuch (S. 95)

Kaufen Sie sich ein Traum-Tagebuch und benennen Sie es so. Schreiben Sie jeden Abend das jeweilige Datum auf und lassen Sie Ihr Traum-Buch mit einem Stift offen auf Ihrem Nachttisch liegen, um Ihre Träume gleich aufschreiben zu können.

VIER

Mit dem Traum spielen

»Gut ist er (der schlechte Traum) und gut soll er sein. Möge der Gnädige ihn gut sein lassen; möge der Himmel siebenfach verfügen, dass er gut soll sein und er wird gut sein.«

TALMUD, BERACHOT 55B

Wenn Traumbilder auf uns einstürzen wie große Raubvögel, uns zu Boden werfen, die Augen auspicken und uns die Eingeweide ausreißen wollen, ist es dann sinnvoll, sie als Hirngespinste, als Produkte unseres Unterbewusstseins abzutun? Wenn die Nacht anbricht und uns Flutwellen überrollen, Autos außer Kontrolle geraten, uns verschleierte Gestalten verfolgen und dunkle Gewässer uns unwiderstehlich anziehen, sollten wir dann mit Hilfe gewöhnlicher Erklärungen versuchen, diese oft verstörenden, leidvollen Erfahrungen in kalte Metaphern zu verwandeln oder als schlichte Symptome halbgarer physischer, emotionaler oder mentaler Zustände betrachten?

Angenommen, wir nehmen diese Bilder ernst genug, um sie in unser Traum-Buch zu schreiben und über sie nachzudenken. Sollten wir dann mit ihnen weitermachen, sollten wir die in ihnen beschriebene Gefährdung unseres Körpers, unseres Überlebens ernst nehmen? Und wenn wir dann genug nachgedacht haben, was machen wir dann? *Die Antwort lautet, wir müssen aufhören, hilflose Beobachter unserer Träume zu sein.*

Haben Sie je vor einer tiefen Schlucht gestanden und sich danach gesehnt, hinüberzuspringen, fühlten sich angesichts des Abgrunds vor Ihren Füßen jedoch unfähig dazu? Der Abgrund zwischen Ihrem Tagleben und Ihrem Nachtleben mag Ihnen ähnlich tief erscheinen.

An diesem Punkt Ihrer Reise sind Ihr Tagesbewusstsein und Ihr Schlaf zwei völlig verschiedene Dinge, die nichts miteinander zu tun haben.

Was haben diese erschreckenden Bilder mit Ihrem täglichen Leben zu tun? Man kann sie nicht genauso beurteilen, wie man Ereignisse beurteilt, die sich während des Tagesbewusstseins zutragen. Der Schlaf ist etwas Geheimnisvolles. Lethe, der Fluss des Vergessens, fließt auch während des Träumens durch Ihren Schlummer, und das Träumen selbst kann wie eine Form des Vergessens erscheinen. Was von der Nacht übrig bleibt, ist kein klarer, bewusster Moment, sondern die Erinnerung an etwas Flüchtiges, was vielleicht nie geschehen ist.

Dieses flüchtige Vorüberhuschen des Unterbewusstseins, das wir Traum nennen, mag durchaus von unserer Imagination aus den Überresten verschiedener nächtlicher Körperempfindungen zusammengebastelt sein.

Oder es hat sich während der REM-Phase ein Traum manifestiert, aber Sie können sich nicht daran erinnern, dabei präsent gewesen zu sein, wenigstens nicht so, wie Sie bei den Ereignissen Ihres täglichen Lebens präsent sind. Genauer gesagt: Haben sich die Traumereignisse tatsächlich so zugetragen, wie Sie sich daran erinnern? Und wenn dem so ist, warum haben Sie dann nicht angemessen auf sie reagiert?

Wenn wir im Wachzustand ein Auto auf uns zurasen sehen, nehmen wir die Gefahr ernst und springen zur Seite. Warum verhalten wir uns in unseren Träumen oft *nicht* so, springen *nicht* zur Seite?

Die Antwort lautet, dass wir in einem Traum wissen, dass wir aufwachen können und sagen: »Gott sei Dank, das war nur ein Traum!« Doch furchterregende Träume kehren oft wieder. Was tun, wenn der Traum nicht aufhört? Was tun, wenn er uns hartnäckig darauf hinweist, dass uns eine echte Gefahr droht? Wenn wir den Traum ignorieren, was geschieht dann wohl mit unserem physischen, emotionalen und mentalen Wohlbefinden, wenn wir immer wieder dem Schock ausgesetzt sind, von einem Auto überfahren zu werden, und das schreckliche Gefühl haben, gleich schwer verletzt zu werden?

Wenn ein Traum sehr lebhaft war und darauf besteht, dass wir uns an ihn erinnern, hilft es dann, darüber nachzudenken oder zu reden? Oder ist es möglich, das Verlangen des Traums nach Aufmerksamkeit direkt anzusprechen? Sollten wir uns zurückträumen in den Traum und dem rasenden Auto aus dem Weg gehen? Würde das irgendetwas verändern?

Es mag verrückt, riskant und voller Unwägbarkeiten erscheinen, sich auf das einzulassen, worauf es im Traum ankommt – wie ein Sprung über einen Abgrund. Doch wenn Sie so auf den Traum zugehen, verleihen Sie ihm genügend Kraft, Sie zu halten, und gleichzeitig geben Sie etwas von Ihrer Gewissheit auf, was real und was imaginiert ist. So gehen Sie das Risiko ein, in den Abgrund der Fantasterei zu fallen.

Wenn Sie dem Ruf Ihres Traums folgen, zeigen Sie, dass Sie ihn für wirklich halten. Mit diesem Sprung überbrücken Sie den Abgrund zwischen dem Tages-Bewusstsein und dem nächtlichen Träumen und stellen Ihre Weltsicht auf den Kopf. Das hat enorme Auswirkungen. Sind Sie dazu bereit?

Der Traum weiß es am besten

Nachdem Sie jetzt eine ganze Reihe von Träumen aufgeschrieben haben und sie nochmals durchlesen, staunen Sie dann wie ich über etwas Offensichtliches, das nie erwähnt wird, nämlich dass der Traum Ihnen immer einen Schritt voraus ist? Wie ein guter Gesprächspartner bringt er immer etwas Neues ein, erhellt einen Aspekt Ihres Lebens, auf den Sie bislang noch nicht so recht geachtet haben, der jedoch jetzt bedacht werden will. Er warnt Sie vor drohenden Fallen, weist darauf hin, was Bedeutendes auf Sie zukommt, zeigt Vergangenes in einem neuen Licht oder deutet auf eine versteckte Botschaft hin, die noch nicht in Ihr Bewusstsein gedrungen ist.

Ihr Traum baut sich vor Ihnen auf und trägt etwas Interessantes und Provokatives, etwas Entwicklung und Wachstum Förderndes zum Gespräch bei. Er hinkt nie hinterher. Und selbst wenn er sich zu wiederholen scheint, lautet seine Botschaft lediglich: »Hey, wie oft soll ich das noch sagen, bis du endlich zuhörst und diesbezüglich etwas unternimmst?«

Stellen Sie sich Ihr Unterbewusstsein als einen Ozean vor, in dessen Tiefen die Ereignisse Ihres Lebens seismische Beben ausgelöst haben. In Ihrem Unterbewusstsein baut sich eine Flutwelle emotionaler Erregung und körperlicher Erschütterung auf, die an die Oberfläche Ihres Bewusstseins drängt. Sie können zwar nicht in die Tiefen des Ozeans sehen, doch Ihre Träume kennen diese Welt sehr gut und versuchen, Ihnen etwas darüber zu erzählen.

Wenn der Traum über die kommende Flutwelle hoffnungsvoll ist, dürfen Sie sich auf bessere Zeiten vorbereiten. Wenn er Gefahr signalisiert, sollten Sie sich auf höher gelegenes Gelände zurückziehen. Das Wichtige dabei ist, genug aus dem Muster des Traums herauszulesen, so dass Sie *handlungsfähig* werden können.

Wenn Sie die Wirklichkeit des Traums missachten, entgeht Ihnen all das. Angenommen, der Traum kündigte frohe Zeiten an, dann können Sie sich nicht in der Hoffnung darauf verankern und Kraft daraus ziehen. Kündigt er hingegen Schwierigkeiten und Verluste an, so können Sie sich nicht angemessen vorbereiten und sind dem prophezeiten Schicksalsschlag ungeschützt ausgeliefert. Wenn Sie sich entscheiden, nichts zu tun, kann die Flutwelle der Emotionen, die mit dem kommenden Ereignis einhergehen, Sie überwältigen und das Gefühl der Hilflosigkeit und Stagnation in Ihnen verstärken. Ist es vor diesem Hintergrund nicht besser, dem Traum zu vertrauen?

Wie bei Hermes, dem Götterboten, ist der Traum der geflügelte Überbringer von Neuigkeiten. Er erwartet, für seine Dienste entschädigt zu werden. Sind Sie bereit, Ihrerseits etwas Neues zu dem Dialog beizutragen?

Die Macht der Bilder

Nicht alle Traumbilder sind Vorboten der Zukunft. So wie uns im täglichen Leben nicht jedes Ereignis gleichermaßen bewegt, ziehen auch im Traum viele Bilder vorüber, ohne unsere Aufmerksamkeit zu erregen. Sie sind einfach Teil dessen, wie sich der Traum natürlich entfaltet. Doch manche Bilder treffen uns wie ein Hammer den Amboss. Sobald wir sie wahrgenommen haben, können wir nicht mehr so tun, als wüssten wir nichts davon. Wir sind wie heißes Wachs, in das man ein großes Siegel eingedrückt hat. Wenn wir uns nicht selbst davon abhalten, diese Bilder aufmerksam wahrzunehmen, können ihre Auswirkungen so unerklärlich, weitreichend und intensiv sein wie eine Liebe auf den ersten Blick.

Doch ob wir nur oberflächlich mit unserem Bewusstsein auf die Stimulation dieser fruchtbaren Bilder eingehen oder uns mit unserem ganzen Sein darauf einlassen, ist sowohl eine Frage des Temperaments als auch der Entscheidung.

Es gibt eine talmudische Geschichte über vier Rabbiner, die beschlossen, den Garten Eden zu besuchen (Talmud, Chagiagah 12a-b). Als sie seine Herrlichkeit erblickten, fiel der erste Rabbi an Ort und Stelle vor Schreck tot um, der zweite wurde wahnsinnig und der dritte fiel vom Glauben ab. Nur der vierte, Rabbi Akiba, ging hinein und kam wieder heraus – unbeschädigt und verwandelt.

Was hatten die ersten drei Rabbiner gemeinsam? Sie hatten alle mit negativen Emotionen wie Schock, Angst, Ungläubigkeit, Ärger oder Widerstand reagiert, die dem Körper Unwohlsein bereiten. Nur Rabbi Akiba verarbeitete angemessen, was er erlebte. Statt zu reagieren, trat er ein, »sah«, und kehrte in die alltägliche Welt zurück. Wie kann man etwas angemessen verarbeiten, statt zu reagieren?

Als Kind sann ich oft über die Geschichte von Thomas Becket nach, dem Erzbischof von Canterbury, der, als ihn die Anhänger von Heinrich II. ermordeten, die Kraft besaß, zu rufen: »Sagt dem König, dass ich ihm vergebe!« Ich fragte mich, ob er zuvor wohl geübt hatte, nicht zu reagieren.

Becket war offensichtlich in der Lage, das Unausweichliche hinzunehmen und gleichzeitig die einzigen Worte zu finden, die die Dynamik zwischen dem König und ihm für immer verändern würden. Doch wie gelang es Becket, in diesem schrecklichen Augenblick den Mut aufzubringen, sich trotz seiner Notlage noch angemessen zu verhalten, statt einfach zu reagieren?

Reaktionen auf unsere Träume

In unserer größten nächtlichen Bedrängnis, wenn der Eindringling näher kommt, der Raubvogel niederstößt, der Drachen sich aus der Tiefe erhebt, das Auto auf uns zurast, wir ausweglos in die Ecke gedrängt wurden, gebietet uns unser Überlebensinstinkt, aufzuwachen. Das erscheint uns als der beste Weg, die Gefahr zu vermeiden: ins Wach-Bewusstsein zurückzukehren, wo uns die Bilder der Nacht nicht mehr erreichen können.

Beim Aufwachen verschwinden die Träume wie Vampire beim ersten Hahnenschrei – jedenfalls möchten wir das gerne glauben. Natürlich kann dieser Wechsel von einer Welt zur anderen in beide Richtungen erfolgen. Ein großer Schock in dieser Welt kann uns genauso leicht in die Traumwelt katapultieren. Wie viele Helden vor uns irren wir dann plötzlich durch die Nebel der Unentschlossenheit, der Täuschungen, Fantasien und verzerrten Wahrnehmungen, unsere Sinne spielen verrückt, uns wird schwindelig, übel, wir halluzinieren, verlassen den Körper, bekommen Angstzustände, werden wahnsinnig oder fallen ins Koma.

Das ist keine angenehme Liste potenzieller Konsequenzen, doch sie erinnert uns daran, dass das Waffenarsenal, das uns in der Traumwelt gegen uns selbst zur Verfügung steht, höchst beachtlich ist. Die meisten Menschen erkennen jedoch nicht, dass die Konsequenzen eines Ausschlusses unserer Träume genauso schädlich sind wie der Versuch, die Welt unseres Wach-Bewusstseins auszuschließen.

Wenn wir uns angesichts einer schrecklichen Wirklichkeit – sei es im Traum oder im Wachen – überwältigt fühlen, ziehen wir uns gewohnheitsmäßig zurück. Genauso wie wir oft in dem Hin und Her zwischen Reaktion und Instinkt gefangen sind (siehe 2. Kapitel), stecken wir auch hier zwischen zwei festen Polaritäten.

Warum nicht einfach gegenüber dem präsent sein, was uns gezeigt wird, und den Notwendigkeiten und Bedürfnissen der Situation ins Auge sehen? Warum sich nicht der Wirklichkeit der Träume und der Wirklichkeit dieser Welt mit gleicher Entschlossenheit stellen?

Gründe für unsere Flucht vor der Wirklichkeit

Wenn es uns so leicht fallen würde, uns der Wirklichkeit zu stellen, würde ich nicht so lange darauf herumreiten. Das ultimative Ziel des Träumers ist es, in beiden Welten präsent zu sein. Dieses Ziel zu erreichen bedarf ernsthafter Bemühungen. Glauben Sie nicht, dass Sie versagt haben, wenn Sie es vorziehen, das zu vermeiden, was Sie sich ansehen sollten.

Tatsächlich ist ein Vermeiden kurzfristig oft die sicherste Lösung, denn wer nicht entsprechend vorbereitet ist, kann sich dabei wie ein einsamer Landmann fühlen, der auf freiem Feld von einem riesenhaften Ritter angegriffen wird. Sie haben weder Pferd noch Waffen noch Rüstung und keinerlei Kampfausbildung. Manchmal bleibt einem nichts anderes übrig, als wegzulaufen.

Das Weglaufen kann vielerlei Formen annehmen, wie die Geschichte der Rabbiner zeigt. Viele von uns sind wie der Rabbi, der zum Ungläubigen wird: Wir misstrauen unseren eigenen Augen. So sehr wir einen Traum als geheimnisvoll verlockend empfinden können, so sehr kann uns seine Fremdheit auch abstoßen. Wenn wir in objektiver Selbstbetrachtung ungeübt sind, distanzieren wir uns lieber von einer Erfahrung, die sich für uns fremd anfühlt.

Es ist leichter, so zu tun, als wäre uns der Traum einfach so widerfahren. So können wir zwischen unserer Wirklichkeit und den Bildern, mit denen wir konfrontiert wurden, eine gesunde Distanz wahren. Den Abgrund dazwischen zu überwinden ist einfach nicht unsere Sache.

Der Haken an der Sache ist nur: Sie können sich sagen, was Sie wollen, Sie *sind* der Traum. Sie sind sein Publikum, richtig, aber Sie sind auch sein Autor. Sie sind kein Opfer verrückter Bilder, die Ihnen den Kopf verwirren, Sie sind ihr Schöpfer. Sie sind der machtvolle, brillante, einfühlsame, prägnante Schöpfer Ihrer Träume. Das ist die Wahrheit, an die Sie sich halten können, wenn Sie die bisweilen verwirrende Flüchtigkeit oder Widerwärtigkeit Ihrer Träume entmutigt.

Denken Sie immer daran, dass der Ort in Ihnen, an dem Ihre Träume entstehen, grundsätzlich von einer freien und optimistischen Haltung geprägt ist. Und noch aus einer weiteren wichtigen Konsequenz der Tatsache, dass Sie der Schöpfer Ihrer Träume sind, können Sie Mut schöpfen: Sie haben auch die Macht, Ihre Träume zu verändern. Doch bevor Sie diese Macht regelmäßig anwenden können, müssen Sie lernen, Ihre Traumschöpfungen wirklich anzunehmen.

Menschen distanzieren sich auf vielerlei Art von ihren Träumen. Wie bereits gesagt, finden es manche Menschen schwierig oder unangenehm, einen Traum als ihre eigene Schöpfung anzuerkennen. »Ich verstehe nicht, wie ich so etwas träumen konnte«, sagen sie. Oder »Das passt gar nicht zu mir« oder »So etwas Verrücktes könnte ich mir niemals ausdenken«. Andere wählen die entgegengesetzte Richtung und reagieren auf ihre Träume mit geradezu abergläubischer Ehrfurcht. Sie sehen den Traum als etwas, das unverfälscht und vollkommen aus dem Schmelztiegel ihres Unterbewusstseins oder von einem übernatürlichen Ort kommt. Sie meinen, einen Traum mit ihrem Innenleben in Verbindung zu bringen oder ihn gar zu verändern käme seiner Zerstörung gleich. Aus beiden Perspektiven gleicht das Herumspielen mit einer unterstellten Botschaft des Traums reiner Fantasterei.

Wir sind bereits darauf eingegangen, wie das Fantasieren zu einer willkürlichen, selbstherrlichen Manipulation der Imagination führen kann (siehe Einführung und 1. Kapitel). Man kann natürlich die Frage stellen, ob die Veränderung eines Traums nach unseren Wünschen nicht ebenfalls eine Manipulation sei, eine mehr oder weniger subtile Verzerrung des »wahren« Traums, wie ihn unser Unterbewusstsein uns geschickt hat. Wenn wir in einen Traum zurückkehren und uns von einem zerlumpten, tumben Landmann in einen geschickten, voll ausgerüsteten jungen Krieger verwandeln, der bereit ist, sich zu verteidigen, schieben wir dann nicht eine Lüge in die Traumlandschaft?

Wenn die Idee, in einen Traum zurückzukehren, derartige berechtigte Ängste in Ihnen auslöst, kann Sie das aus dem Gleichgewicht bringen – so wie den Rabbi, der wahnsinnig wurde. Oder Sie empfinden den Grenzbereich zwischen Träumen und bewusster Absicht als so schlüpfrig, dass Sie den Traum lieber ganz abtöten, wie der Rabbi, der vor Schreck tot umfiel und damit seine Vision völlig ausgeschaltet hat. Oder Sie beschließen, wie der dritte Rabbi, dass das alles Blödsinn ist und verlassen die Szene als Ungläubiger. Die talmudischen Weisen erinnern uns jedoch leider daran, dass alle Träume dem Mund folgen (Talmud, Berachot 55:b). Ihr Traum passt sich dem an, was Sie über ihn sagen. Rabbi Akibas »Interpretation« seines Traums, in dem er mit den drei anderen Rabbinern in den Garten

Eden trat, war hingegen friedvoll. Was können wir von Rabbi Akiba lernen? Gibt es einen ganzheitlicheren, sicheren Weg, an die Sache heranzugehen?

Der Held weist den Weg

Aus Märchen, Mythen und Legenden kennen wir zwar zahllose Beispiele dafür, wie man sich seinen Träumen erfolgreich stellen kann, doch wir ignorieren die äußerst hilfreiche Verbindung zwischen Mythos und Traum aus dem einfachen Grund, da wir den Helden noch nicht erkannt haben. Wer ist er und wo kommt er her?

Wer ist der selbstlose Held, der mit dem schwarzen Ritter kämpft, den Drachen besiegt, die Sümpfe durchquert, Spiegel und Nebel durchschreitet, Dornendickichte durchdringt, in die Unterwelt hinabsteigt, dem Tod ins Auge blickt und die Ungeheuer überlistet? Er klärt den Spiegel von allem, was den klaren Blick behindert. Er findet und rettet die Dame in Not, befreit das Land, erringt den Pokal. Die Dame, das Land oder der Pokal sind unser reiner Körper, unsere Erde, unser Füllhorn, unser Garten Eden, der Mutterleib, der alle Wunderwesen und Schätze unserer Träume hervorbringt.

Der Held ist unser Bewusstsein.

Er stürzt sich nur in die Traumwelt, wenn ihn die Not dazu zwingt oder er einen geheimnisvollen Ruf verspürt, wenn zum Beispiel ein Drache das Land verwüstet oder eine überirdische Schönheit mit einem Pokal in der Hand vorbeischwebt. Der Held ist immer männlich, weil er das aktive Prinzip vertritt, den willentlichen, absichtsvollen, empfindungsfähigen Aspekt des Bewusstseins. Er ist jung. Dies ist sein erster Ausflug in die Traumwelt, in eine Welt, in der dem unerfahrenen Reisenden Vergessen, Sinnestrübungen und Schläfrigkeit drohen. Er ist noch unbedarft. Er muss sich der Nebelwand zwischen den beiden Welten erst noch stellen, sie durchdringen und auf der anderen Seite bewusst bleiben. Er kennt die Ungeheuer noch nicht, die den Eingang bewachen (seine Ängste, sein Ärger, seine Gier und andere Emotionen, die den Spiegel verschleiern), noch hat er sie nicht überwunden oder überlistet.

Wird er sich dem Unterbewusstsein stellen können, ohne ins

Unbewusste abzusinken? Wird er sein Bewusstsein hell und klar halten können, wenn es dunkel wird? Und wenn, wie macht er das?

Der erste Schritt

Der erste Schritt auf dieser Reise, die Licht ins Dunkel bringt, besteht darin, die Herausforderung anzunehmen. Wenn das Auto auf Sie zurast, der Raubvogel auf Sie stürzt – das ist der Augenblick der Herausforderung. Natürlich können Sie das nicht akzeptieren, weil Sie schlafen und noch nicht wissen, wie Sie im Traum bewusst sein können. Das kommt später.

Wie können Sie sich sonst dieser Herausforderung stellen? Da Sie es noch nicht im Traumzustand können, machen Sie es aus Ihrer Position in dieser Welt heraus, im bewussten Zustand. Wie ein Kind sich erst einmal auf das Wasser zubewegt, müssen auch Sie zunächst »Trockenübungen« machen, in denen Sie lernen, präsent und bewusst zu sein. Sie beginnen Ihren Dialog mit der Traumwelt im Wachzustand. Und zwar wie folgt:

Sie haben Ihre Träume aufgeschrieben. Schauen Sie sich die Bilder nochmals an, die Sie besonders beeindruckt haben. Wonach rufen sie? Versuchen Sie, das »Verlangen« dieser Bilder zu erkennen: Wonach drängt der Traum? Wenn eine Toilette überfließt oder ein Ort völlig verschmutzt ist, geht es darum, sauber zu machen. Fragen Sie jetzt nicht: »Warum denn ich?« Schließlich ist es *Ihr* Traum. Denken Sie an Herkules, der den Augias-Stall ausmisten musste. Und wenn ein riesiger Kran oder Panzer auf Sie zurollt, geht es darum, aus dem Weg zu gehen!

Wenn Sie von einer verschleierten Gestalt bedroht werden, geht es darum, den Schleier zu lüften. Wenn Sie der dunkle Schlund einer Höhle anstarrt oder ein feuerspeiender Drache an Ihrem Fenster erscheint, was machen Sie dann? Haben Sie bemerkt, dass die Beispiele, die ich Ihnen gegeben habe, immer schwieriger wurden? Eine verstopfte Toilette zu reinigen ist unangenehm, aber in der Regel nicht gefährlich. In eine dunkle Höhle zu gehen oder sich einem feuerspeienden Drachen zu stellen kann schon eine ganz andere Anforderung sein.

Denken Sie daran, dass die Angst dazu dient, Sie Mut zu lehren. Ohne Angst wüssten Sie nicht, was Mut ist. Wie kann man sonst üben, mutig zu sein? Unsere erste Reaktion auf einen beängstigenden Traum kann sein: »Das ist zu absurd, das kann ich nicht!« oder »Ich fürchte mich schon bei dem Gedanken, in diese Höhle zu gehen!« Doch es gab in Ihrem Leben eine Zeit, in der Sie mutig sein geübt haben. Es gab eine Zeit, in der Sie nicht fürchteten, sich lächerlich zu machen – ja, Sie hatten sogar viel Spaß damit, sich vorzustellen, Drachen zu töten oder in dunklen Höhlen nach Schätzen zu suchen.

Damals waren Sie ein Kind, genauso wie Merlin (Ihre sehende Seite) noch ein Kind ist. Der Held ist immer jung. Wenn Kinder ihre imaginativen Spiele spielen, meinen Erwachsene oft, dass sie nur so tun als ob, aber Sie können vielleicht schon erkennen, dass dieses Tun für die Kinder sehr real ist. Sie üben Mut, sie lernen, sich der Wirklichkeit zu stellen, und ihr Intellekt, ihre Emotionen, ihr ganzes Sein ist in das Spiel involviert.

Sie sind in Ihrer Traumwelt sicher, wenn Sie wie ein Kind sind. Ja, ein Kind fürchtet sich vor dem Drachen am Fenster, aber geben Sie ihm einen imaginativen Pfeil, und er wird ihn dem Drachen mitten ins Herz schießen und beruhigt einschlafen!

Ihr innerer Held muss spielen wie ein Kind. Wie ein Kind können Sie sich mit allem versorgen, was Sie an Schutz brauchen – Pfeile, Schwerter, Schilde, Gewehre, Panzer, Licht, Seile, Armeen, was immer Sie brauchen. Sie können sich auch mit List ausstatten, wie Perseus, der die Medusa töten sollte, bei deren Anblick sich jeder Sterbliche in Stein verwandelte. Er wandte ihr die polierte Seite seines Schildes zu, und als sie ihr Spiegelbild erblickte, wurde sie zu Stein. Perseus konnte ihr den Kopf abschlagen und ihre fürchterliche Macht jetzt als Waffe einsetzen, um *seine* Feinde zu versteinern.

Dies alles ist Ihnen nicht neu. Sie kennen die Heldengeschichten, Sie sind ein Kind gewesen und haben so tapfer gespielt wie wir alle. Ich möchte Sie nur daran erinnern, dass Sie auch jetzt wieder spielen können.

Aber wie macht man das im Wachzustand?

Stellen Sie sich dem Verlangen Ihres Traums
Setzen Sie sich mit ungekreuzten Armen und Beinen auf einen Stuhl. Schließen Sie die Augen und atmen Sie drei Mal sehr langsam aus. Zählen Sie dabei rückwärts von drei bis eins und visualisieren Sie dabei die Zahlen. Sehen Sie zuletzt die Zahl Eins groß, klar und sehr hell vor sich, wie eine Lichtsäule (also ohne Häkchen, Anm. d. Übers.). Dann stellen Sie sich vor, wie Sie sich mit allem ausrüsten, was Sie möglicherweise an Schutz und Hilfsmitteln brauchen, wenn Sie in den Traum zurückkehren, mit dem Sie arbeiten wollen, um seinem Verlangen zu entsprechen. Greifen Sie den Drachen mit Ihren Pfeilen oder Ihrer Lanze an. Dringen Sie mit Ihrer hell leuchtenden Lampe in die Höhle ein. Was finden Sie dort und wie gehen Sie damit um?

Spielen Sie mit ganzem Einsatz. Wenn Sie sich fürchten, können Sie sich immer wieder zurückziehen und sich stärken. (Vielleicht auch, indem Sie sich einen Traumtherapeuten suchen, der Sie bei diesem Prozess begleitet.) Und denken Sie daran: Das Kind siegt immer.

So wissen Sie, dass Sie gesiegt haben

Was geschieht, wenn Sie spielen? Das Bild, mit dem Sie angefangen haben, bleibt sich nicht gleich. Der tote Drache wird vielleicht zu einem gluckernden Bach, in der Höhle mag es erstaunliche Gemälde geben. Wenn Ihr imaginativer Muskel anfängt, auf das Verlangen des Traums einzugehen, halten Sie einen dynamischen Kontakt mit den ursprünglichen Traumbildern, während gleichzeitig neues Träumen einsetzt und neue Bilder entstehen. (Wenn dies nicht geschieht, kann es bedeuten, dass Sie zu ängstlich oder zu zögerlich sind, sich das anzuschauen, was auftaucht, oder Sie sorgen sich zu sehr darum, dass Sie diese Bilder ja auch selber erfinden könnten.) Das neue Bild, das auftauchen wird, kann völlig überraschend aussehen und erfordern, dass Sie auf sein eigenes, neues Verlangen eingehen.

Auf diese Weise nimmt Sie jeder bewusste Traum mit an einen Ort, wo das Verlangen *dieses* Traums erfüllt wird und sich Ihnen eine neue Traum-Konfiguration anbietet. So bewegen Sie sich von Hinweis zu Hinweis weiter, wie bei einer Schatzsuche.

Wenn die Hinweise sagen, Sie müssen eine hohe Wand hinauf, produzieren Sie eine Leiter. Sie können damit spielen, aber wie in jedem funktionierenden Spiel muss es Regeln geben. Die Regel des bewussten Träumens besteht darin, dass das Ende der Wanderung von Bild zu Bild offen bleiben muss. Das heißt, Sie müssen Ihren Träumen die Kontrolle über die Geschichte überlassen. Sie werden Ihnen sagen, wann Sie das Ende der Schatzsuche erreicht haben.

Wenn Sie diese einfache Regel befolgen, brauchen Sie sich nicht darum zu sorgen, dass Sie Ihre Träume manipulieren oder verzerren könnten. Es ist auch klar, dass der ganze Spaß an der Sache – die Hinweise finden, sie entschlüsseln und ihnen folgen – sonst verloren wäre. Es ist eigentlich ganz einfach, die Traumbilder selbstständig auftauchen zu lassen, aber es mag Ihnen bei den ersten Versuchen nicht so einfach vorkommen, weil Sie fürchten, die Bilder willentlich zu steuern oder es irgendwie nicht »richtig« zu machen.

Üben Sie einfach voller Selbstvertrauen und zögern Sie nicht, Ihren inneren Zensor in seine Schranken zu weisen, wenn der behauptet, Sie würden nicht sehen, was Sie sehen. Bewusstes Träumen ist eine Fähigkeit, in der Sie mit jedem Mal, mit dem Sie es tun, besser werden – wie beim Schwimmen oder Tanzen.

Sie werden wissen, dass Sie den »Schatz« gefunden haben, wenn in dem Fluss der Bilder plötzlich ein starker »Aha-Effekt« eintritt, gefolgt von einer tiefen Entspannung. Sie fühlen sich dabei vielleicht wie schwebend. Die nachfolgenden neuen Bilder fühlen sich stark und trostreich an. Wenn sich ein altes Muster in eine neue Konfiguration verwandelt, wird es Sie zutiefst bewegen. Wenn Sie erfolgreich auf das Verlangen des Traums eingegangen sind, kann sich Ihr Leben sowohl in der Traumwelt als auch in dieser Welt verändern.

Sie sollten diesen einfachen Prozess wirklich in Erwägung ziehen, denn Ihre Präsenz und Ihre Bereitschaft, auf den Traum einzugehen, schenkt Ihnen nicht nur die Antwort auf das, was Sie verstört, sondern auch das Wissen darum, wie Sie sich transformieren und heilen können.

Könnte es sein, dass Sie mich jetzt des magischen Denkens beschuldigen? Es mag Ihnen so vorkommen, als sei mein Denken magisch, doch auch wenn die Traumwirklichkeit nicht das Gleiche ist wie unsere äußere Wirklichkeit, so ist sie doch genauso wirksam. Was in der Traumwelt geschieht, ist zumindest real genug, dass Sie sich dadurch anders fühlen. Sobald Sie die Wirkung erfahren haben, werden Sie anfangen, die Macht zu erkennen, die darin steckt.

Wenn Sie sich so auf Ihre Träume einlassen, wie ich es beschrieben habe, wie kehren Sie dann sicher zurück? Folgen Sie dem Beispiel von Rabbi Akiba, der auch in der Traumwelt geerdet blieb und so zur rechten Zeit einfach in *diese* Welt zurückkehrte.

Erdung

Wenn Sie aus der Traumwelt zurückgekehrt sind, atmen Sie vom Zwerchfell her aus und erden Sie sich in den Empfindungen dieser Welt: Spüren Sie Ihren Körper auf dem Stuhl, spüren Sie, wie Ihr Rücken sich anlehnt, Ihre Füße schwer auf dem Boden stehen, Ihre Hände auf den Armlehnen ruhen. Öffnen Sie dann Ihre Augen und schauen Sie sich um. Während Sie sich wieder mit Ihrem Körper und Ihrer Umgebung vertraut machen, erhalten Sie sich vor Ihrem inneren Auge die Bilder und Empfindungen Ihrer neuen Traumkonfiguration. So werden Sie die Erfahrungen nicht verlieren, um derentwillen Sie aufgebrochen sind.

Wie Rabbi Akiba sind Sie erfolgreich in die glorreiche Traumwelt eingedrungen, haben Ihre Rolle gespielt und sind erfolgreich zurückgekehrt. Üben Sie diese Bewegung, bis sie sich für Sie ganz natürlich anfühlt. In Ihrer fünften Aufgabe werden Sie mit einer anderen Bewegung beginnen. Statt Ihren Traumhelden mit Waffen der Wachwelt auszustatten, werden Sie Hilfe von der »Herrin« erhalten, der Traumstimme, und deren ungewöhnliche Waffen in dieser, in Ihrer bewussten Wachwelt einsetzen.

Ein kurzer Überblick über die Übungen des 4. Kapitels

Stellen Sie sich dem Verlangen Ihres Traums (S. 109)

Erkennen Sie, wonach Ihr Traum verlangt. Schließen Sie dann Ihre Augen und atmen Sie drei Mal aus, während Sie rückwärts von drei bis eins zählen. Visualisieren Sie die Zahlen beim Zählen. Kehren Sie in den Traum zurück, statten Sie sich mit allen Waffen und Hilfsmitteln aus, die Sie brauchen und stellen Sie sich dem Traum, mit dem Sie arbeiten wollen.

Erdung: Wie Sie sich erden können, wenn Sie aus der Traumwelt zurückkehren (S. 111)

Achten Sie auf Ihre Körperempfindungen: Ihre Füße auf dem Boden, Ihre Hände auf den Armlehnen, Ihr Rücken an der Lehne, Ihr Gesäß auf dem Stuhl. Atmen Sie einmal aus. Öffnen Sie Ihre Augen und nehmen Sie alle Ihre Sinneseindrücke wahr, während Sie mit offenen Augen Ihre Traumbilder visualisieren.

FÜNF

Umkehren

»Kehre zurück zu mir und ich werde zu dir zurückkehren.«

MALACHI 3,7

Es hat durchaus seinen Grund, dass wir *alles* Träumen mit dem Träumen während des Schlafens assoziieren. Doch tatsächlich geschieht es in der Dämmerzone zwischen Schlafen und Wachen, während wir entspannt und selbstvergessen daliegen, dass wir uns unserer Träume erinnern. (Später werden Sie erfahren, dass wir uns auch darin üben können, uns im tiefen Schlaf oder im völligen Wachzustand an unsere Träume zu erinnern.) Wenn unsere Augen nicht mehr fokussiert sind, gleiten wir in Tagträume ab. Wenn wir im Halbschlaf dahindämmern, überfluten uns hypnagogische Bilder (siehe 1. Kapitel).

Diese lebendigen, unzusammenhängenden Bilder rollen vor unsere halb geöffneten oder geschlossenen Augenlider wie Wellen an einen Strand. Wir sind zwar noch bewusst, wenn wir diese Bilder sehen, aber nur noch knapp. Sobald wir in Schlaf sinken, schließt sich das Wasser über uns und wir sind von unserer bewussten Wahrnehmung getrennt. Bei den meisten von uns verstreicht die Nacht in Vergessenheit. Erst wenn unser Schlummer leichter wird und wir uns dem Aufwachen nähern, erinnern wir uns an unsere Traumbilder.

Doch was ist mit unserem jungen Helden, dem mutigen Bewusstsein? Er hat sich aufgemacht, die Vergessenheit des Schlafs zu überwinden. Ist sein Bemühen, gegen den schwarzen Ritter anzugehen, der die Traumwelt und ihre Geheimnisse bewacht, vergeblich? Er hat nur sein Schwert, um gegen das Nichts anzukämpfen, und die scharfen Waffen des Bewusstseins können diese Wand nicht durchdringen.

Diesmal kann der Held das Problem nicht dadurch lösen, dass er den Traum in die Wachwelt bringt. Diesmal muss er sich dem Verlangen des Traums in der Traumwelt stellen. Er begibt sich damit in große Gefahr zu versagen, denn gegen den Schlaf hat er keine Waffen.

Doch als er kurz davor ist, in die Bewusstlosigkeit zu versinken – oder, in den arthurischen Bildern gesprochen, kurz bevor ihm der schwarze Ritter den Kopf abschlägt – erscheint Merlin, unser »sehendes« Selbst, an seiner Seite, um ihn daran zu erinnern, dass ihm, wenn er den stillen Wassern des Schlafes *nahe kommt* und gut aufpasst, eine andere Waffe verliehen werden wird.

Sieh, ein Schwert taucht aus den Wassern des Sees empor, gehalten von milchweißer Hand! Die Herrin des Sees, die Herrscherin der träumenden Wasser, hat ihren Arm durch den Schleier gestreckt und bietet Arthur keine warme Umarmung, sondern eine erstaunliche Waffe. Was bedeutet dieses Traumschwert?

Wir denken uns das Bewusstsein als schwertähnlich, schneidend, urteilend. Kann das Träumen ähnlich scharfsinnig sein? Gibt es eine Form des Traum-Bewusstseins, welche die Illusionen der alltäglichen Welt durchtrennt? Dem Helden wird ein »Traumschwert« angeboten. Wie nimmt er es und wie handhabt er es in der alltäglichen Welt? Was haben wir davon, wenn wir wie er lernen, dieses Schwert zu ergreifen, zu seinem Herrn und Meister zu werden?

Umgekehrte Welten

Es gibt nichts Flüchtigeres als einen Traum. Man denkt, man hat ihn im Griff, doch dann löst er sich plötzlich in Luft auf und lässt einen mit dem nagenden Bedürfnis zurück, ihn zurückzuholen, wieder in ihn einzutauchen. Es gibt keinen »echten« Nebel, keinen Schleier oder dergleichen in unserem Bewusstsein, dem man das Verschwinden des Traums zur Last legen könnte. Es ist einfach so, dass sich in dem Moment, in dem wir aufwachen, die Leinwand, auf der sich unser Traum abspielte, in gleichem Maße leert, wie sich das Bewusstsein mit unseren Gedanken an den kommenden Tag füllt.

Der Augenblick, in dem wir unsere Träume noch einfangen können, ist so kurz, dass mancher fürchten mag, nie das Traumschwert zu erhalten. Haben Sie je versucht, genau den Augenblick zu bestimmen, an dem der Tag zur Nacht wird oder an dem das erste Licht der Morgendämmerung sichtbar wird? Während die Sonne aufgeht, vergeht unmerklich die Dunkelheit, und bevor man es so recht merkt, tauchen Formen auf, wo eben noch nur dunkles Nichts herrschte! Oder man verliert die Formen während des Sonnenuntergangs, die man eben gerade noch sah, und taucht in die Nacht ein.

Damit Sie mehr Selbstvertrauen dafür gewinnen, Ihre Träume bewusst erreichen zu können, wollen wir ein Spiel spielen:

Standortwechsel

Stellen Sie sich vor einen Spiegel. Während Sie mit weichem Blick Ihr Spiegelbild betrachten, werden Sie zu der Person im Spiegel. Sie haben jetzt Ihren geographischen Standort gewechselt und stehen im Spiegel, Ihr wirkliches Selbst vor dem Spiegel betrachtend. Dann wechseln Sie wieder zurück, immer weiter schauend, und werden sich bewusst, dass Sie wieder wie gewöhnlich in Ihrem Körper sind. Wechseln Sie ein paar Mal hin und her und achten Sie darauf, wie Sie sich dabei fühlen.

Macht das Spaß oder ist es Ihnen ein wenig unheimlich? Verlieren Sie sich leicht, oder ist dies neu und schwierig für Sie? Selbst wenn Sie meinen, dieses Spiel noch nie gespielt zu haben, war es Ihnen doch, genau wie das Träumen, in Ihrer Kindheit vertraut, und Sie spielen es auch heute immer noch, ob Sie sich dessen bewusst sind oder nicht.

Sich dieser Verschiebung bewusst zu werden, wird Ihnen helfen, geschickter den Augenblick abzupassen, in dem Sie von der Bewusstheit in den Schlaf sinken und vom Schlaf in die Bewusstheit zurückkehren. Sie werden merken, dass Sie nur durch die Erfahrung dieser Verschiebung die Traumwelt überlisten können, Ihnen das Traumschwert zu überlassen und seine Geheimnisse anzuvertrauen.

Ihr Traumselbst ist wie Ihr Zwillingsbild, in das Sie sich im Spiegel hineinbegeben. Das, was Sie fühlen, wenn Sie sich mit Ihrem

Spiegelbild identifizieren, ist das, worum es beim Träumen geht. Träumen ist die Umkehrung der bewussten Verkörperung. Genauso wie Dunkelheit durch das Licht definiert wird und das Licht durch die Dunkelheit, so bedingen sich auch Träumen und Bewusstheit gegenseitig. Wie die Dioskuren, die griechischen Zwillinge Castor und Pollux, die Söhne der gleichen Mutter aber verschiedener Väter sind (Pollux' Vater war der Göttervater Zeus, während Castors Vater der Sterbliche Tyndareus war), repräsentieren diese beiden Versionen unserer selbst Himmel und Erde.

Während sich unser Alltags-Bewusstsein (Erde) aktiv, fokussiert, vorwärts drängend, willentlich, trennend und urteilend verhält, ist unser Traum-Bewusstsein (Himmel) entspannt, empfänglich, passiv, fließend, offen und allumfassend. Das Wach-Bewusstsein ergreift, steuert und wirkt linear und durch Ausschluss, während das Traum-Bewusstsein auflöst, verwandelt und unberechenbar irgendwo hinspringt, wie die mächtige Dame im Schach.

Im Traum ist alles möglich. Gestalten entstehen und verwandeln sich wie Wolken am Himmel. In der bewussten Welt kämpfen wir gegen definierte Hindernisse an und streben danach, sie zu überwinden, damit wir wachsen können. Begrenzungen erzeugen Dichte, Gewicht, Zeit. In der Traumwelt gibt es weder Dichte noch Gewicht noch Zeit. Es mag Hindernisse geben, aber alles Streben *gilt nur dem Augenblick*.

Stellen Sie sich vor, ein großer Felsblock versperrt Ihnen den Weg. Mit einem Schnipsen Ihrer Traumfinger können Sie diesen Felsblock wegrollen, so wie der Wind eine Wolke verbläst. In der Traumwelt kann sich alles unmittelbar verändern und das Lied der Freiheit ertönen lassen. Wozu dann das Schwert?

Das Schwert der Traumwelt

Das Traumschwert funktioniert für Ihr Bewusstsein so wie die Angel für Ihr Traum-Bewusstsein im 3. Kapitel. Wenn das flüchtige Traumbild anbeißt, zieht Ihr Wach-Bewusstsein es ins volle Licht des Bewusstseins, um es im Gedächtnis zu halten oder aufzuschreiben.

Wie funktioniert das Schwert? Im Einklang mit den Gesetzen der

Traumwelt (Entspannung), liegt das Schwert flach wie ein ruhiges Wasser auf der Seite (Umkehrung) und bietet seine glänzende Oberfläche zur Kontemplation an (Spiegelung). In dem Augenblick, wo Sie seinen flüssigen Spiegel erspähen, springt Ihnen das Bild entgegen, nach dem Sie suchen, klar und unverbrämt, scharf wie ein Schwert.

Beachten Sie, dass das Bild, dem Sie hier begegnen, die Antwort auf Ihre Innenschau ist. Es ist »Ihr Bild«. Die innere Welt, aus der es stammt, kann Ihnen ein Bild Ihres eigenen Gesichts zeigen, aber sie kann Ihnen auch alle anderen sinnlichen Manifestationen der inneren Welt vermitteln, also eine Stimme, einen Geruch, einen Geschmack, ein Tastempfinden oder irgendeine Kombination all dessen. Doch schon im nächsten Augenblick, nachdem Sie sich dieser Wahrnehmungen bewusst geworden sind, können Sie das Bild schon verändern oder auslöschen, je nachdem wie es Ihrer Eitelkeit oder Ihren Erwartungen entspricht. Allerdings laufen Sie dabei Gefahr, sich in Fantasien zu verlieren, statt sich weiter Ihrer Suche nach Wahrheit zu widmen.

Denn in jenem ersten Augenblick hat sich die Wahrheit offenbart wie ein Springteufelchen, das hervorspringt, wenn man es am wenigsten erwartet. Es verändert sich nicht, wenn man versucht, es wieder in seine Schachtel zurückzudrängen. Sie haben »gesehen« und die Saat der Wahrheit ist gelegt.

Das Traumschwert ist Ihre Wahrheit. Wie bei einem guten Duell nutzt es das Überraschungsmoment. Es greift an, wenn Sie am verletzlichsten sind. Touché! In einem Augenblick hat sich alles verändert. Sie wurden berührt! Vielleicht hat Ihnen Ihr Traumbild ein unangenehmeres Bild Ihrer Selbst gezeigt, als Sie für möglich gehalten haben. Vielleicht haben Sie auf eine Frage, mit der Sie sich abmühen, eine andere Antwort erhalten, als Sie hören wollten.

Sobald Sie Ihre Sinne nach innen wenden, starrt Ihnen Ihre Wahrheit entgegen. Das wirkt manchmal so schockierend, dass es sich wie ein Dolchstich ins Herz anfühlt, und manchmal wirkt es so subtil, dass man es erst später so richtig bemerkt. Das nennt man dann »Intuition« oder »innere Stimme«.

Glauben Sie, Sie könnten den erhellenden Erkenntnissen Ihrer Wahrheit entkommen? Sie können ablehnen, was Ihnen in jenem ersten Augenblick angeboten wird, oder Sie können sich weismachen, dass Sie nicht wirklich etwas »gesehen« hätten. Das ist einfach, weil die Botschaft, wie bei einem Traumfragment, nicht sehr beständig ist. Sie muss in dem kurzen Augenblick einen starken Eindruck hinterlassen. Wenn ihr das nicht gelingt, bleiben Sie entweder mit dem beunruhigenden Gefühl zurück, dass es da irgendetwas gibt, das Sie beachten sollten, oder es löst sich alles auf und entschwindet Ihrem Bewusstsein.

Sie können natürlich nochmals nachschauen und hoffen, eine andere Botschaft zu erhalten, aber der Traum kennt seine Pappenheimer und macht es Ihnen schwer, die gleiche Frage mehr als einmal zu stellen. Höchstwahrscheinlich wird er Ihnen mit einem Fantasiebild entgegenkommen. Letztendlich können Sie die Bilder immer verändern oder manipulieren, damit sie zu Ihren irrigen Annahmen über sich selbst passen. Schließlich sind Sie der Urheber Ihrer Träume, die Autorin Ihrer Geschichten. Selbst wenn Sie den Traum verzerren, tragen diese Verzerrungen noch Ihre persönliche Prägung. Jedes Muster, das sich auf der Oberfläche des Spiegels entfaltet, entspricht Ihnen selbst.

Die Zurückweisung des ersten Eindrucks wird den Prozess nur beschwerlicher machen. Das Fantasiebild, das Sie vorziehen, lenkt Sie ab von der Wahrheit, führt Sie in eine der Wahrheit entgegengesetzte Sackgasse. Von dort aus müssen Sie dann irgendwann die Wahrheit mühevoll und langwierig entwirren, in dem Wissen, dass Sie gleich am Anfang auf Ihre innere Stimme hätten hören können. Früher oder später schlägt das Traumschwert unausweichlich zu.

Erkenne dich selbst

So sehr diese Wahrheit das Beste für uns ist, ist sie doch auch eine heiße Ware, mit der nur wenige von uns gelassen umgehen können. Nur ein von jugendlicher Neugier Beseelter oder ein Möchtegernheld, der waghalsig oder keck genug ist, die Schleier herunterreißen zu wollen, kann die Herausforderung des schwarzen Ritters annehmen, der die Wasser des Schlafes hütet, mitsamt ihrer Herrin.

Ihn zu bekämpfen bedeutet, sich auf das Risiko einzulassen, durch die Erkenntnis, die er hütet, gefällt zu werden. Ein Beispiel dafür ist der junge Luke Skywalker in *Krieg der Sterne*, der, nachdem er seinem dunklen Feind den Kopf abgeschlagen hat, unter dessen Visier zu seinem Schrecken sein eigenes Gesicht erblickt.

Ein weiteres Beispiel ist der griechische Gott Perseus. Er ist weiser als Skywalker, weil er, dank der Vorwarnung der Götter, der Medusa nicht direkt in ihr tödliches Antlitz blickt, bevor er ihr den Kopf abschlägt. So vermeidet er, von der blendenden Wahrheit seiner eigenen »Ungeheuerlichkeit« versteinert zu werden.

Nachdem er der Medusa den Kopf abgeschlagen hat, wirft ihn Perseus in einen schwarzen Sack und verhüllt so die schreckliche Schönheit der Herrin. Perseus spielt mit der Wahrheit Verstecken, genauso wie Adam und Eva sich vor Gott verbargen, nachdem sie von der Frucht von Gut und Böse gekostet hatten. Denn genau wie die Frucht dieses berühmten Baumes ist die Wahrheit für uns sowohl gut als auch böse und will vorsichtig behandelt werden.

Schwarzer Sack, schwarzer Ritter, Vergessenheit, Blindheit ... wie in einem Haus der Trauer die Spiegel mit schwarzen Tüchern verhängt werden, so dient der furchterregende Beschützer der Herrin auch unserem eigenen Schutz. Er schützt uns vor der allzu erschreckenden, allzu schmerzhaften oder allzu beängstigenden Wahrheit. Wer möchte schon den Schleier seiner eigenen Blindheit heben, ohne sich irgendwie zu schützen?

Wir müssen uns der Wahrheit Schritt um Schritt nähern. Eine talmudische Geschichte sagt, wenn wir in einer einzigen Nacht eine Zwiebel bis zu ihrem Kern schälen müssten, wären wir am Morgen tot. Niemand kann unvorbereitet in das Antlitz Gottes schauen und weiterleben – auch wenn wir nach seinem Bilde erschaffen sind. Wie können wir also üben, die Schleier Schicht um Schicht zu heben, langsam und achtsam, unter Berücksichtigung unserer Verletzlichkeit und unseres Selbstwertes? Wie freundet man sich mit der Wahrheit an?

Die Gabe der Herrin

Die Wahrheit mag uns schrecklich, beängstigend, böse oder zu schön, um wahr zu sein, erscheinen – all das ist sie nur aus unserer

Sicht. Die Wahrheit ist, was sie ist – weder gut noch schlecht, lediglich ein Spiegelbild dessen, was in uns ist. Sie ist nicht uns selbst feindlich gesinnt, sondern allein dem Überschwang unserer Wünsche, Erwartungen, Eitelkeiten und Ängste, deren kindliche Willkür uns den Zugang zum Spiegel versperrt und sein wahres Bild verzerrt.

Natürlich ist uns die Herrin wohlgesonnen. Es mag uns überraschen, dass sie über Binah (die dritte Sphäre des kabbalistischen Baums des Lebens) herrscht, da wir mit dem Weiblichen gewöhnlich Zartes und Liebevolles verbinden. Unterscheidungsvermögen erscheint uns dagegen als etwas Distanziertes, Kühles und Abschätzendes. Doch diese Gabe der Herrin ist es, die die Macht des Schwertes freisetzt. Allerdings ist dieses Unterscheidungsvermögen keine aggressive Herausforderung an uns. Es ist ein Geschenk, ob wir es als solches erkennen oder nicht. Wenn wir bereit für sie sind, ist die Wahrheit süß wie Honig.

Die Herrin ist so weit von jeglicher Feindschaft entfernt, dass sie dem Helden ihr Schwert anbietet, nachdem seines im Kampf gegen den schwarzen Ritter entzweigebrochen ist. Doch um das Schwert zu ergreifen, muss er die Wasser des Schlafes durchqueren und die bleiche Hand erreichen, die es ihm darbietet.

»Du kannst mein Schwert haben, wenn du zum Wasser wirst und zur Hand, die es hält«, scheint sie zu sagen. Ist das eine List? Wenn er zum Wasser *wird*, saugt ihn die Dunkelheit auf. Merlin, unser junger, imaginativer, »sehender« Aspekt, steht ihm zur Seite. Er ist immer da, wenn wir uns von ihm Rat holen wollen, um dem Helden den einfachen Weg zu zeigen – ein im Schilf verborgenes Boot, dessen Rumpf sich rundet wie eine Schale oder eine Umarmung, eine weitere Gabe der Herrin der Träume. Wie kommt er in dieses Boot und wie kann er, darin eingehüllt wie in einen Kokon, sicher über die unergründlichen Wasser gleiten?

Ganz einfach! Sie wissen bereits, dass in der Traumwelt alles umgekehrt ist. Sie wissen auch, wie sich das Hinübergleiten anfühlt. Warum nicht den Schlaf überlisten, indem man dem Hinübergleiten vorgreift, indem man sich bewusst in die Haltung des Schlafes begibt? Legen Sie sich in der Dämmerung, in der sich Bewusstsein und Schlaf begegnen, in oder auf Ihr Bett, als sei es jenes Boot, und erlauben Sie sich, zum Träumenden zu werden. Beobachten Sie aus

Ihrer ausgestreckten Lage, wie das Bewusstsein einen Blick in Ihren Spiegel wirft.

Sinken Sie in die körperliche Haltung des Träumens: Sie sind entspannt, ausgestreckt, die Augen sind geschlossen. Denken Sie sich das Gegenteil von aufrecht, bewegungsbereit und mit geöffneten Augen. Indem Sie bewusst die Haltung des Träumens einnehmen, locken Sie Ihr bewusstes Selbst zurück ins Träumen, so wie einst Ihre Mutter Sie als kleines Kind durch ihre Berührung, ihre Stimme und ihre Anregungen aus Ihrem Traumselbst ins Bewusstsein lockte.

Beobachten Sie, wie Ihr Bewusstsein in diesem Augenblick, in dem Sie noch wach sind, jedoch kurz vor dem Hinübergleiten in den Schlaf, in Ihr Traumselbst gesogen wird. In Ihrer aktiv empfänglichen Haltung erkennen Sie sich selbst als Ihr Traumselbst (ich gebrauche hier »erkennen« im biblischen Sinne als eine Ganzkörpererfahrung). Sie erkennen, wie Sie Ihrem Bewusstsein einen Rücklauf seiner eigenen Entfaltung widerspiegeln, vom jetzigen Zeitpunkt angefangen rückwärts bis zu dem Zeitpunkt, an dem Sie an diesem Morgen in das Bewusstsein Ihrer alltäglichen Welt aufgewacht sind.

Während sich das Bewusstsein auf diese Weise in Sie ergießt, können Sie sich als Lehrling der ägyptischen Himmelsgöttin Nut betrachten, die jede Nacht die Sonne in ihre dunkle Umarmung aufnimmt, in deren Dunkelheit sich alles auflöst, was nicht Essenz ist. So sieben Sie die Erfahrungen Ihres Tages durch, um die Goldkörner zu finden. Dabei haben Sie sich aus Ihrem vertrauten »bewussten Ich« herausgelockt, zurück in die Arme der Göttin. Sie wurden zu diesem anderen Selbst, das Sie beobachtet, zu Ihrem Zwilling. Ihre Erfahrung eines »bewussten Ich« hat sich aus einer ursprünglich trennenden, unterscheidenden, objektivierenden Wahrnehmung zu einer erfahrungsbezogenen, allumfassenden, selbstliebenden, träumenden Erkenntnis verschoben.

Umkehren

Versuchen Sie heute Abend im Bett Folgendes: Schalten Sie das Licht aus, legen Sie sich hin und entspannen Sie sich ganz, während Sie sich beim Entspannen beobachten. Wenn Sie sich entweder ganz schwer oder so leicht fühlen, dass Sie fast zu schweben scheinen, beginnen Sie, sich Ihren Tag rückwärts zu betrachten. Während Sie sich das anschauen, lassen Sie zu, dass alles ohne Kommentar oder Beurteilung da sein darf, einfach als das, was es ist. Haben Sie ein Buch gelesen, bevor Sie das Licht ausgeschaltet haben? Sehen Sie, wie Sie das taten und erkennen Sie alle Gedankenformen, die während des Lesens auftraten. Haben Sie sich vor dem Zubettgehen die Zähne geputzt? Lassen Sie das Band rückwärts spulen: wie Sie ins Bett steigen, wie Sie das Badezimmer verlassen, wie Sie Ihre Zähne putzen. Erkennen Sie die Gefühle und Gedankenformen während des Zähneputzens. Bewegen Sie sich auf diese Weise durch die Aktivitäten Ihres Tages zurück. Wenn Sie dann an die Stelle kommen, wo Sie auf der Treppe diese schwierige Situation mit Ihrem halbwüchsigen Sohn (Ihrer Partnerin, Ihrem Chef etc.) hatten, beobachten Sie sich (als Ihr Traumselbst) in Ihrem Verhalten. Um den Wert der Umkehrung und des Positionswechsels wirklich zu erfahren, nutzen Sie Ihre träumerische Freiheit. Stellen Sie sich vor, Sie würden in den Schuhen der Person stecken, mit der Sie in dieser Situation Schwierigkeiten hatten. Nehmen Sie genau ihren geographischen Standpunkt ein. Jetzt können Sie sich selbst so sehen, wie Sie der andere sah. In diesem Augenblick dient er Ihnen als Traumspiegel. Aus seiner Sicht können Sie sehen, wie Sie ausgesehen haben, wie Sie sich bewegt haben, wie Sie sich verhalten haben und wie Ihre Worte für den anderen klangen.

Sie haben das noch nie wahrgenommen, weil Sie so sehr damit beschäftigt waren, Ihr normales Alltags-Selbst zu sein, ganz darauf fixiert, der Welt eine solide Identität zu präsentieren. Jetzt unterweist Sie Ihr Traumselbst, das sich frei und leichtfüßig wie die Dame im Schach nach Belieben überall hinbewegen kann, wo sie meint, eine bessere Reflektion der Wahrheit zu erhalten.

Sie *erfahren* die Wahrheit, Sie beurteilen Sie nicht. Während Sie sie erfahren, wird die Essenz dessen, was aus dieser Erfahrung gelernt werden soll, in Sie einsinken und einen Eindruck hinterlassen. Wir nennen diese Übung »Umkehren« oder »Das Gewissen überprüfen, indem man sich zurückwendet«. Sie bewirkt das, was die Kabbalisten *Tshuva* nennen, was oft als Reue oder Buße übersetzt wird, aber eigentlich »sich von etwas abwenden« bedeutet, was uns eine neue Perspektive ermöglicht.

Das Traummanöver der Distanzierung

Nachdem Sie dies ausprobiert haben: Meinen Sie nicht auch, dass es leichter ist, das Traumschwert zu halten als von ihm erschreckt und verletzt zu werden? Die Legende berichtet, dass der Held, der das Traumschwert ergreift und seine Scheide trägt, ein weiteres bemerkenswertes Geschenk erhält: Er blutet nicht mehr aus den Wunden, die ihm zugefügt werden. Jetzt, da er in der träumenden Position ist, erfährt er die Wahrheit einfach als das, was sie ist. Er hat gelernt, zu »sehen«, mit all der Distanziertheit, die der Abstand und die Sichtweise der anderen Welt ihm vermitteln können.

Aber gilt die Distanzierung nicht allgemein als ein intellektuelles Manöver, als Fähigkeit des Bewusstseins, etwas objektiv zu betrachten? Aus der subjektiven sinnlichen Erfahrung der Dunkelheit ins Licht zu treten, gilt als apollinisches Vorrecht. Wie der richtende Salomon sitzt das Bewusstsein auf einem eigenen Thron, nach dem Bilde Gottes, der Himmel und Erde, Nacht und Tag, Wasser und Land voneinander trennte ... *Ich denke, also bin ich.*

Wussten Sie, dass Descartes diesen berühmten Satz schrieb, mit dem er der wissenschaftlichen Forschung eine objektive philosophische Grundlage gab, nachdem er ihn in einem *Traum* gehört hatte? Wenn Träumen auch zur Distanzierung führen kann, was ist dann der Unterschied zwischen der Distanziertheit im Träumen und der bewussten Objektivierung?

Gedenken Sie der Göttin Nut. Ihr Körper ist wie ein großer, sternenerfüllter Bogen. Sie objektiviert nicht, sie erwägt. Die Wurzel des englischen Begriffs »consider« (erwägen) stammt aus dem Lateinischen, von »com« und »sideral«, das bedeutet: eins mit den Sternen. Weit verstreut lassen sie ihr Licht über all unsere Dichotomien erstrahlen. Wie eine Kuppel beugt sich Nut über die Sterne und über uns und umfängt unsere Schwierigkeiten mit ihrer heilenden und erlösenden Dunkelheit.

Überlegen Sie einmal! Das Träumen kann sich an jedem beliebigen Punkt der Oberfläche einer Kugel und überall gleichzeitig positionieren, sogar – um den Fokus besser zu erfahren – in der Mitte der Kugel. Durch seine große Beweglichkeit ermöglicht uns das Träumen, alles aus den unzähligen Gesichtspunkten der Sterne zu erwägen.

Aus Descartes' Erfahrung mit dem Traum und der wissenschaftlichen Untersuchung wird deutlich, dass Bewusstsein und Träumen einander bedingen, so wie Tag und Nacht nicht ohne einander sein können. Während das Bewusstsein das Träumen anregt, von der Subjektivität in die Objektivität zu springen, verleitet das Träumen das Bewusstsein dazu, wissend unsere vielen Mehrdeutigkeiten mit seinem weiten Blick zu umfassen und sie in eine lebendige Welt des Paradoxen zu verwandeln.

Übung

Meine Lehrerin Colette pflegte zu sagen, wer sieben Jahre lang ohne Unterlass jeden Abend die Umkehrung übe, finde ohne jede weitere Anweisung Erleuchtung. (Der Mensch lebt dann in dem spirituellen Licht jenseits von Tag und Nacht, jenseits aller Dichotomien, und die zwei Welten sind in ihm eins geworden.) Wer das Traumschwert ergreift, nimmt eine mächtige Waffe in Besitz, um seine täglichen Illusionen und Widersprüche aufzulösen. Üben Sie also, üben Sie, üben Sie!

Am Anfang werden Sie vermutlich einschlafen, bevor Sie sich auch nur daran erinnert haben, wie Sie das Badezimmer verlassen haben. (Umkehrung ist auch ein wundervolles Mittel gegen Schlaflosigkeit – rezeptfrei!) Wenn Sie dann weiter in Ihren Tag zurückkehren können, wird Sie intensive Langeweile befallen. Wenn Sie die Vergangenheit auf diese Weise überprüfen, werden Sie entdecken, dass es schwer ist, die gewohnten Urteile und Schuldzuweisungen aufzugeben.

Wenn Sie dann die Langeweile überwunden haben, werden Sie von den vielen Goldstücken Ihrer Einsichten entzückt sein, die sich in Ihrem Traumnetz verfangen. Machen Sie weiter und lassen Sie sich nicht von ihnen ablenken. Eines Tages werden Sie sich dabei ertappen, dass Sie während des *Tages* die Umkehrung machen, und zwar genau in dem Augenblick, wo zwischen Ihnen und Ihrem halbwüchsigen Sohn (oder Ihrer Partnerin, Ihrem Chef etc.) eine harte Auseinandersetzung auszubrechen droht.

Touché! Dann haben Sie in einer lebendigen Situation den Augenblick erwischt, in dem Sie dabei waren, sich selbst zu vergessen, und damit Ihre Fähigkeit, Ihr Handeln zu bestimmen – den Augenblick, in dem Sie beinahe hilflos in ein blindes, instinktives oder reaktives Verhalten verfallen wären, das letztendlich einfach Ausdruck psychischer Blindheit oder übertriebener Geschäftigkeit ist.

Denken Sie zum Beispiel einmal daran, wie Sie der Schlaf durch Vergessenheit oder das Bewusstsein durch übertriebene Geschäftigkeit von Ihren hart erarbeiteten Bildern der Wahrheit ablenken kann. Wenn Sie dahin gelangt sind, dass Sie Ihr Traumselbst bewusst in einem lebendigen Augenblick einsetzen können, haben Sie einen Augenblick der Wahrheit gewonnen, ein Innehalten, in dem Sie Entscheidungen treffen können. Werden Sie sich für den gewohnten Weg entscheiden, oder nehmen Sie den weniger begangenen Pfad? Können Sie Nein sagen zu Vergessenheit und Geschäftigkeit?

Sie sind wieder an Ihrem Ausgangspunkt, um vieles weiser, aber immer noch stehen Sie dem schwarzen Ritter von Angesicht zu Angesicht gegenüber. Sie haben die Verheißung des Traumschwertes, aber wäre es nicht sinnvoll, möglichst viel über Ihren Feind, den schwarzen Ritter – Ihre instinktive Welt – herauszufinden, bevor Sie sich wieder in den Kampf werfen? Wer ist er? Wie bewegt er sich? Wie kämpft er? Können Sie ihn demaskieren? Das wird Ihre sechste Aufgabe sein.

Ein kurzer Überblick über die Übungen des 5. Kapitels

Standortwechsel (S.115)

Stellen Sie sich vor einen Spiegel. Während Sie Ihr Bild betrachten, lassen Sie zu, dass Sie zu der Person im Spiegel werden. Nehmen Sie ganz geographisch wahr, wie Sie im Spiegel stehen und Ihr Selbst vor dem Spiegel betrachten. Verschieben Sie Ihre Aufmerksamkeit dann wieder zu Ihrem Selbst im Körper, wie Sie es gewohnt sind. Wandern Sie auf diese Weise mehrfach in und her.

Umkehrung (S. 121)

Dies ist eine der wichtigsten Übungen. Praktizieren Sie sie jeden Abend, ohne Unterlass, wenn Sie kurz vor dem Einschlafen mit geschlossenen Augen im Bett liegen: Betrachten Sie Ihren vergangenen Tag, als ob Sie einen Film rückwärts laufen lassen. Wenn Sie dabei zu einer schwierigen Begegnung kommen, begeben Sie sich in die Schuhe dieser Person. Betrachten Sie sich aus der Sicht dieser Person. Wenn Sie deutlich wahrgenommen haben, wie Sie sich verhalten haben, kehren Sie zu Ihrem eigenen Körper zurück und setzen Sie die Umkehrung der Ereignisse jenes Tages fort.

SECHS

Rückkehr zu den Sinnen

»Mein Meister [der Baal Shem Tov] offenbarte mir, wenn ein Mensch Schmerzen habe, seien sie körperlich oder geistig, solle er darauf meditieren, dass selbst in diesem Schmerz Gott gefunden werden kann. Er ist in diesem Schmerz nur wie in einem Gewand verborgen. Wenn ein Mensch dies erkennt, kann er das Gewand entfernen. Der Schmerz und alle üblen Urteile können aufgehoben werden.«

TOLDOT YAAKOV YOSEF

Jeden Tag versinkt die Sonne hinter dem Horizont und taucht die Welt in Dunkelheit. Jeden Tag werden auch unsere Körper in die Dunkelheit gezogen und unsere Sinne vergehen wie ausgeblasene Kerzenflammen. Wer heißt uns abschalten? Unsere Körper folgen wie Schafe dem großen Schäfer im Himmel. Der apollinische Stolz unseres Bewusstseins wird überwunden und es entschwindet. So eingelullt, überwältigt uns der verborgene Feind – der schwarze Ritter hüllt uns in seinen Mantel.

Unnachgiebig, mitleidslos und mit unwandelbarer Absicht nutzt er seine einzige Waffe, den Instinkt, um uns zu überwinden. Wir können mit ihm ringen, uns dem Verlöschen verweigern, die ganze Nacht aufbleiben, aber er kommt zurück, stärker als unsere Absicht. Früher oder später, sei es während des Tages oder während der Nacht, schaltet sich die Sonne in unserem Kopf aus, die Dunkelheit nimmt zu, und wir sind besiegt.

Wer ist dieser anonyme Andere, der nicht nur unser Bewusstsein im Schlaf versiegelt, sondern auch wie ein »Sicherheitsventil« viele der

Signale, die sonst jeden Augenblick auf uns einhämmern würden, von unserer Wahrnehmung ausblendet?

Was erzeugt die Gezeiten des Meeres, seine Wellen, seine stürmische Dunkelheit oder glänzende Glätte? Die relativen Anziehungskräfte von Sonne, Mond und Erde, die Jahreszeiten und das Wetter natürlich. Aber wer befiehlt dem Meer, sich auf diese vielen Arten zu bewegen und zu verändern? Niemand. Das Meer folgt den miteinander verbundenen Wirkungen von Schwerkraft, Wind, Temperatur und seismischen Impulsen.

Genauso folgt unser Körper den universellen Gesetzen, wenn er Luft einsaugt und ausbläst, Blut durch die Adern pumpt und Nahrung so aufschließt, dass sie absorbiert und in die verschiedenen Organe aufgenommen werden kann, und wenn er die Abfallstoffe ausscheidet, die in dem energieproduzierenden Stoffwechselprozess entstehen.

Wer sagt dem Körper, was er zu tun hat? Niemand, oder wenn es da jemanden gibt, so ist seine Präsenz tief im körperlichen Unterbewusstsein verborgen. In seine eigene Regelmäßigkeit eingebunden wie in eine Tretmühle setzt das autonome Nervensystem die einfachen motorischen Aktivitäten und Instinkte in Gang, die uns am Leben erhalten.

Versuchen Sie, ihn einzuschränken, zu drosseln oder zu dämpfen, und er wird sich vehement zur Wehr setzen. Atmen, Essen, Schlafen, Bewegen – das sind die Notwendigkeiten, die uns beherrschen. *Chassez le naturel, il revient au galop! (Verjage das Natürliche, und es wird im Galopp zurückkehren!), sagen die Franzosen, die eine gesunde Wertschätzung für die Genüsse pflegen, die unsere triebgesteuerte Seite zu bieten hat.*

Wie Osiris, der ägyptische Gott der Unterwelt, von seinem bösen Bruder Seth dazu überlistet wurde, in einen offenen Sarg zu steigen, der dann über ihm verschlossen wurde, lockte man auch unseren göttlichen Geist in den Sarg unserer Körperlichkeit. Unser Tier-Körper, das Biest, das uns mit hündischer Hingabe dient, wird paradoxerweise zu unserem Gefängniswärter. Wer kann uns seinen Klauen entreißen? Welcher Held oder welche Heldin, durch welches Verlangen angestachelt, wird uns aus der Dunkelheit unseres instinktiven Körpers befreien?

Zerstückelung

Auf der ruhigen Oberfläche der Dinge scheinen die autonomen Bewegungen unserer Körper regelmäßig, vorhersehbar, unveränderlich. Der Körper ist ein Gewohnheitstier. Er kennt nur das regelmäßige Ticken seiner inneren Uhren, die ihrerseits auf die Uhren des Universums eingestellt sind.

Chinesische Akupunkteure haben für jedes Organ des Körpers eine solche Uhr entdeckt, für das Herz, die Lungen, die Eingeweide, die Nieren, die Milz. Jedes Organ hat seinen eigenen Rhythmus, jedes erreicht seine maximale Aktivität oder seinen tiefsten Ruhepunkt zu einer anderen Tageszeit. Wenn der Körper die Erde wäre und jedes Organ ein anderes Land repräsentierte, kann man sich vorstellen, wie gleichzeitig über dem Dünndarm die Dämmerung hereinbrechen und über den Lungen die Sonne aufgehen kann. So erlebt jedes Organ in der täglichen Drehung des Körpers um die Sonne seinen Mittag und seine Mitternacht, und natürlich im Laufe des Jahres das Auf und Ab der Jahreszeiten.

Seine Samen – die Zellen – werden geboren, vermehren sich, sterben und werden durch neue Zellen ersetzt. Auf der Umlaufbahn seines Lebens von Anfang bis Ende durchläuft der Körper – wie die Konstellationen am nächtlichen Himmel bestimmte Fixsterngruppen – Empfängnis, Geburt, Wachstum, Erwachsensein, Verfall und Tod, genauso wie ein Baum aus einem Samen zu einem jungen Trieb wird, schließlich zu voller Größe heranwächst und dann irgendwann abstirbt.

Genauso wurde der große Gott Osiris durch die Hand seines Bruders Seth, des Gottes der Beschränkungen, auf einen physischen Körper reduziert und den Geburtskanal hinabgeschickt. Während Osiris den Nil hinabtrieb, eingesargt in seine Körperlichkeit, wuchs der Baum seines irdischen Körpers um ihn herum so vollkommen und stark, dass die Könige von Byblos, die ihn fanden, ihn zur zentralen Säule und zum Rückgrat ihres Palastes machten.

Ohne Isis, seine Gattin, Zwillingsschwester und Geliebte, mit der er schon im Mutterleib geträumt und sich geliebt hatte, wäre Osiris wohl dort geblieben. Selbst in Osiris' Todestrance spüren wir den Schmerz seiner Trennung von Isis dumpf und schwer auf ihm lasten, wie bei einem unwissenden Tier. Doch wer ist Isis?

Isis sucht Osiris und findet trickreich einen Weg in den Palast seines Körpers, um ihm nahe zu sein. Sie erweckt ihn und bringt ihn zurück nach Ägypten. Doch als Seth, sein Bruder, von Osiris' Rückkehr hört, ist er schnell mit seinen alten, üblen Listen zur Stelle. Er zerstückelt den Körper seines Bruders und zerstreut ihn in alle Winde. Wiederum muss Isis Osiris wiederfinden, der, blind für ihre Gegenwart und taub für ihr Rufen, aufgeteilt in vierzehn Körperteile (die alle nach verschiedenen Uhren gehen), seine Partnerin ganz vergessen hat.

Isis findet Osiris wieder und setzt seine über das ganze Land verstreuten Körperteile wieder zusammen, um seine schöpferischen Kräfte neu erstehen zu lassen.

Wie so manches Dornröschen sind auch wir in dem Osiris-Mythos gefangen. So wie die Vogelscheuche ein Gehirn, der Zinnsoldat ein Herz und der Löwe Mut braucht, so brauchen wir unseren Zauberer von Oz, um uns zu schenken, was wir bereits besitzen, aber vergessen haben: die Freiheit zu fliegen, uns zu transformieren, die Hacken zusammenzuschlagen und unmittelbar sein zu können, wo immer wir wollen. Isis ist unsere Zauberin, unsere Erdmutter, unsere Herrin der Traumwelt. Nur sie kann unsere Dunkelheit erhellen und unsere Freiheit wiederherstellen. Aber wie kann sie aktiviert werden, wenn wir es nicht können, weil wir ja schlafen?

Die Führung des Schmerzes

Wie kann sich ein Auto bewegen, wenn es keinen Fahrer gibt, der den Schlüssel umdreht und die Zündung betätigt? Gar nicht natürlich, aber irgendwann wird der leere Sitz einen Fahrer anziehen. So ist es auch mit Isis: Osiris' Vergessenheit ruft sie. Ihr Verlangen, die Zündung zu betätigen, dient ihr als Brücke zurück.

Ihr Schmerz über den Verlust ihres Gefährten führt sie, wie er all die großen Göttinnen und Helden führt, die unter dem Fall in die natürliche Ordnung leiden: Demeter auf ihrer Suche nach Persephone, Orpheus auf seiner Suche nach Euridike, Adam und Eva auf der Suche nach dem verlorenen Garten Eden. Der Schmerz führt auch uns, schubst uns, elektrisiert uns, auf dass wir uns auf die Suche nach der Unterwelt unseres Leidens machen. Der Schmerz ist unser Führer, jener Schock, der die natürliche Ordnung der Dinge stört.

Doch haben Sie schon bemerkt, wie Schmerz zunächst die Wahrnehmung vernebelt? Unter Schmerzen neigen wir dazu, die Welt auszublenden und in instinktgesteuerte Dumpfheit zu versinken. Wo bleibt da die versprochene Erkenntnis, die der Schmerz bringen soll? Der schwarze Ritter steht immer noch unbeeindruckt da. Führt uns der Schmerz ins Versagen oder kann er zu unserem Parzival werden und uns retten? Unter Schmerzen operieren wir weiterhin im Reich des schwarzen Ritters, unserem instinktiven Verhalten (Atmen, Essen, Bewegen, Berühren, Sehen, Hören, Schlafen), doch der Schmerz durchbricht die stumpfe Monotonie unseres instinktiven Verhaltens und stört seinen Rhythmus.

Wenn am Meeresboden ein Erdbeben stattfindet, bildet das Meer weiterhin Wellen, jedoch viel extremer als sonst. Das Wasser zieht sich erst weit ins Meer zurück und bildet dann riesige Flutwellen. In ähnlicher Weise ändert sich unser Rhythmus drastisch, wenn uns Schmerzen quälen, seien sie körperlicher, emotionaler oder mentaler Art. Unser Atem wird flacher, unser Appetit lässt nach und wir rollen uns mitten am Tag wie ein Säugling im Bett zusammen. Wir versuchen, uns dagegen zu schützen, indem wir uns in ein übermäßig instinktives Verhalten zurücksinken lassen.

Während der schwarze Ritter zu siegen scheint, alarmieren die Hochs und Tiefs unseres Verhaltens Isis, unsere Retterin. Was kann sie tun, um uns davor zu bewahren, von den blinden Kräften des Körpers überwältigt zu werden?

Die Doppel-Strategie der Herrin der Traumwelt

Wie immer ist es einfacher, als wir meinen. Tatsächlich ist es ein Kinderspiel! Als Herrin ihres Träumens sucht sich Isis nicht die abgestumpften Erwachsenen aus, sondern die Kinder mit ihren neugierigen Augen und ihrer spielerischen Offenheit. Natürlich haben die schon Gerüchte über Osiris' Hinscheiden »gehört« und seinen eingesargten Körper den Nil hinunter treiben »sehen«.

Unbehindert durch Gedanken oder Zweifel wenden sie eifrig und erfindungsreich (erste Strategie) ihre Sinne nach innen. Sie erleuchten den Pfad, den uns die Natur vorbereitet hat, und führen Isis herein. Sie erinnern sie daran, zu improvisieren (zweite Strategie) und mit allem, was ihr begegnet, spielerisch umzugehen.

Wie können wir wie sie die Sternschnuppen sehen, die sich im Netz unseres Wesens verfangen haben, und sie zu ihrem Ursprung zurückverfolgen, um die Kraft unserer Imagination zu erwecken? Der Clou liegt darin, dass die Imagination tief in unserem eigenen Wesen verborgen liegt, irgendwo unter unseren Instinkten, in der Unterwelt unseres Unterbewusstseins.

In unserer osirischen Dunkelheit liegen die Samen der Inspiration, die Lichtfunken die von dem »sehenden« Kind in uns gesammelt und aktiviert werden müssen, wenn wir den schwarzen Ritter endgültig überwinden wollen. Fassen Sie sich ein Herz, es ist leichter, als Sie meinen. Sind Sie bereit?

Rückkehr zu den Sinnen

Betrachten Sie das Leben mit all seinen Prüfungen als einen klaren Bergbach, der von den Gipfeln herunter strömt. Stellen Sie sich vor, Sie steigen barfuß in den Bach und gehen gegen den Strom hinauf bis zu seiner Quelle. Dort werden Sie die reinen Wasser der Imagination finden, von ihnen trinken und sich erfrischen.

Genauso reist Isis gegen den Strom ihres Schmerzes, der sie in den weiten, undifferenzierten Ozean spülen würde, getrieben von ihrer Sehnsucht nach der Quelle, geführt von einem frischen Duft, einem Murmeln, dem Gluckern der Quelle.

Der von den Kräften der Natur überwältigte, in einen Strom des Unbewussten geschwemmte Osiris ahnt nichts von ihrer Nähe. Ihre Sinne, ihr Sehen, ihr Riechen und ihr Lauschen führen sie, ebnen ihr den Weg und bringen sie weiter. Mit ihnen berät sie sich, während sie sich dem Palast von Byblos nähert, und sie weiß, diese hingebungsvollen Diener werden sie auch hineinführen.

Genauso werden auch wir durch unseren Schmerz zur Quelle geführt, werden auch wir durch die uns dienenden Sinne in den Palast geleitet. Möchten Sie es einmal versuchen?

Betrachtung eines körperlichen, emotionalen oder mentalen Schmerzes

Schließen Sie Ihre Augen. Atmen Sie drei Mal aus und zählen Sie dabei von drei bis eins. Sehen Sie die Zahlen klar und deutlich vor sich. Sehen Sie zum Schluss die Zahl Eins als eine große, klare, sehr helle Lichtsäule. Jetzt richten Sie Ihre Aufmerksamkeit auf einen Schmerz in Ihrem Körper. Er kann körperlicher, emotionaler oder mentaler Natur sein. Lokalisieren Sie, wo dieser Schmerz in Ihrem Körper sitzt. Stellen Sie sich dann vor, wie Sie Ihren Blick nach innen wenden und zur Quelle Ihres Schmerzes reisen. »Sehen« Sie ihn mit Ihren inneren Augen. Wie erscheint er Ihnen? Welche Farbe hat er? Wie riecht er? Hat er eine bestimmte Beschaffenheit? Ist er heiß oder kalt, entzündet oder taub, nass oder trocken? Beschreiben Sie alles, was Sie über diesen Schmerz »sehen« können. Durch das »Sehen« wird Ihre Imagination wahrhaftiger.

Im »Sehen« wird Ihre Imagination dazu angeregt, etwas in Bezug auf das Gesehene zu unternehmen. Angenommen, Ihr Schmerz ist sehr rot, nass und entzündet. Wie können Sie dem Verlangen dieser Situation entsprechen? Improvisieren Sie, wie es Kinder tun! Zum Beispiel:

Eine Entzündung wegwischen

Atmen Sie drei Mal aus. Stellen Sie sich vor, Sie hätten einen weißen Wattebausch, mit dem Sie die rote, entzündete Farbe aufsaugen. Wenn alles aufgesaugt ist, nehmen Sie den Wattebausch und werfen Sie ihn über Ihre linke Schulter. Schwupps, ist alles weg! Wenn Sie sich den Bereich jetzt wieder anschauen, sieht alles klar und leicht aus. Der Schmerz ist weg. Atmen Sie aus und öffnen Sie Ihre Augen.

In dieser Übung erinnern Sie sich an Ihren Körper so, wie er in dem Entwurf Ihrer Imagination aussieht: klar, gesund, erfüllt von Licht.

»Remembering«[1]

Jetzt, da Sie wissen, dass, mit den Worten Blakes gesprochen, »der ewige Körper des Menschen« die Imagination ist, Gott selbst, der göttliche Körper, von dem wir (Mit-)Glieder sind, lockt es Sie da nicht, mehr als einen sterbenden Teil Ihrer selbst auferstehen zu lassen? Fühlen Sie sich vielleicht wie Isis getrieben, alle vierzehn Teile des zerteilten göttlichen Körpers einzusammeln und den ganzen, vollkommenen Körper, den uns die Imagination geschenkt hat, wieder zusammenzufügen bzw. zu er-*innern*? Oder fürchten Sie den Schmerz zu sehr, dass Sie Ihren »göttlichen« Körper lieber wieder einschlafen lassen?

Vielleicht ist es Ihnen ja möglich, den Schmerz weniger als eine Störung und vielmehr als einen Segen zu betrachten, als einen Weg zu unglaublichen neuen Einsichten, Möglichkeiten und zu neuem Leben. Können Sie sich vorstellen, jede Form der Störung als die Gelegenheit zum Sehen willkommen zu heißen, als Gelegenheit, in dem mangelhaften physischen Körper den vollkommenen Körper der Imagination zu entdecken?

Nur Sie allein können das tun, genauso wie nur Isis Osiris' Glieder alle finden und erkennen konnte. Jedes Mal, wenn Sie einen Schmerz, eine Störung erfahren, erscheint sie zuerst in Ihrem Körper, nicht in Ihrem Geist. Wenn er angegriffen wird, zieht sich der Körper zusammen, fuchtelt herum und bricht irgendwann zusammen. Das Gehirn aktiviert viel mehr Nervenzellen als sonst.

Kehren Sie also so schnell wie möglich zu dem genauen Ort des Schmerzes in Ihrem Körper zurück. Erforschen Sie den Schmerz, »sehen« Sie ihn und geben Sie ihm, was er braucht. Mit zunehmender Erfahrung werden Sie nicht nur Ihren Schmerz identifizieren können, bevor er Sie einschläfert und zu blindem Verhalten verführt, sondern Sie werden auch mehr von dem vollkommenen Körper erleuchten, von dem Blake spricht. Aber ist es möglich, den Körper ganz zu erleuchten?

1 »Remembering« ist das englische Wort für Erinnern. Es ist jedoch auch nahe verwandt mit dem Wort »Dismembering« = Zerstückeln. Insofern bedeutet es in diesem Zusammenhang sowohl Erinnern als auch Zusammenfügen. (»Member« = Mitglieder, Teile, auch Gliedmaßen oder Körperteile.) Anm. d. Übers.

Ruhelos suchte Isis nach den vierzehn Gliedern ihres Gatten und sie fand sie alle – bis auf eines. Der Phallus fehlte, das Glied der Erneuerung. Mit Hilfe ihrer Imagination und dem Wissen des Gottes Thot formte sie aus Gold einen perfekten Phallus. Das Gold repräsentiert dabei die Verbindung von Wissen und Kreativität, den Stein der Alchemisten.

Auf Osiris' erigiertem Glied reitend empfing sie Horus, das vollkommene Kind. Auch wir werden das vollkommene Kind in uns, unsere Imagination, zum Leben erwecken, wenn wir unseren physischen Körper eifrig und erfinderisch erforschen. Das ist nicht schwierig. Uns steht nichts im Weg außer der Trägheit. Schieben Sie die Trägheit nach links zur Seite und gehen Sie ans Werk.

Den Körper besuchen

Schließen Sie die Augen. Atmen Sie drei Mal aus und zählen Sie dabei von drei bis eins. Sehen Sie dabei die Zahlen klar und deutlich vor sich, zum Schluss die Eins, groß, gerade und hell. Entscheiden Sie sich, eines Ihrer Körper-(Mit)Glieder zu besuchen, zum Beispiel den Zeigefinger Ihrer rechten Hand. Wenden Sie Ihren Blick nach innen und stellen Sie sich vor, wie Ihre Wahrnehmung im Inneren Ihres Körpers den Arm entlang bis zu Ihrem Zeigefinger wandert. Jetzt schauen Sie sich also Ihren Finger von innen an. Was »sehen« Sie? Was spüren Sie? Ist es dort heiß, kühl oder kalt? Trocken oder nass? Dunkel oder hell? Gibt es Farben? Ist ein Bild damit verbunden (z.B. ein Tisch mit Stühlen in Ihrem Finger)? Atmen Sie einmal aus. Betrachten Sie weiter Ihren Finger von innen und achten Sie darauf, was Sie spüren. Entspricht es der gewohnten Wahrnehmung Ihres Fingers? Fühlt er sich vielleicht größer oder kleiner an, enger oder weiter? Fühlt er sich gleich dicht an oder wird er lichter? Durchsichtig? Öffnen Sie die Augen. Wie unterscheidet sich Ihre innere Wahrnehmung Ihres Fingers von Ihrer gewohnten äußeren Wahrnehmung?

Ich werde Ihnen nicht sagen, wie ich oder wie andere die Unterschiede wahrnehmen, denn ich will Ihr »Sehen« nicht beeinflussen. So soll es genügen, festzustellen, dass sich die innere Wahrnehmung radikal von der äußeren Wahrnehmung unterscheidet. Praktizieren

Sie diese Übung fleißig und besuchen Sie auf diese Weise jeden Körperteil. Machen Sie sich mit der Wirklichkeit Ihrer Körperteile vertraut. Schon bald werden Sie anfangen, den verklärten Körper der Imagination zu »sehen«.

Er leuchtet durch Ihr »Sehen«, er erstrahlt durch das Licht der nach innen gewandten Sinne, so wie der auferstandene Christus des Isenheimer Altars oder der Lichtkörper, der sich vor den Augen der eingeweihten Kabbalisten manifestieren soll. Indem Sie Ihren Körper auf diese Weise »sehen«, haben Sie die Dunkelheit durchdrungen, in die Sie der schwarze Ritter geworfen hat. Auf der Wildsau Ihrer dunkelsten Instinkte reitend sind Sie, wie der leuchtende Horus, bereit für die nächste Aufgabe.

Ihr nächster Schritt wird der Kampf mit Seth, Ihren Beschränkungen, sein. Jetzt, nachdem Sie Ihre Imagination geboren haben, steht Ihnen Ihre spielerische Kraft zur Verfügung. Ihre siebte Aufgabe besteht darin, die tausendundein verschiedenen Arten zu erkunden, auf die Sie Ihre Grenzen überschreiten können.

Ein kurzer Überblick über die Übungen des 6. Kapitels

Betrachtung eines körperlichen, emotionalen oder mentalen Schmerzes und seine Entfernung aus dem Körper (S. 133)

Atmen Sie drei Mal aus. Werden Sie sich eines Schmerzes in Ihrem Körper bewusst. Wenden Sie Ihren Blick nach innen und wandern Sie zu dem Ort des Schmerzes. Sehen Sie ihn. Wie sieht er aus, wie riecht er, welche Beschaffenheit hat er? Atmen Sie ein Mal aus. Gehen Sie mit dem Schmerz so um, wie er es erfordert. (Angenommen, es ist eine rote, nasse Entzündung, nehmen Sie einen Wattebausch, saugen Sie alles auf und werfen Sie ihn über Ihre linke Schulter. Atmen Sie ein Mal aus. Betrachten Sie nun die schmerz- und entzündungsfreie Stelle.)

Den Körper besuchen (S. 135)

Besuchen Sie als Erstes einen Ihrer Finger, danach jeden beliebigen Körperteil. Atmen Sie drei Mal aus. Wenden Sie den Blick nach innen und wandern Sie zu Ihrem Finger. Sie sind jetzt in Ihrem Finger und sehen sich um. Was sehen und spüren Sie dort? Achten Sie auf alle Unterschiede zwischen der äußeren und Ihrer inneren Wahrnehmung Ihres Körpers. Atmen Sie ein Mal aus. Öffnen Sie Ihre Augen.

SIEBEN

Lebens-Beschleunigungs-Übungen

»Die Tiefe des Anfangs, die Tiefe des Endes; die Tiefe des Guten, die Tiefe des Bösen; die Tiefe des Oben, die Tiefe des Unten; die Tiefe des Ostens, die Tiefe des Westens, die Tiefe des Nordens, die Tiefe des Südens. Der eine Herr, Gott und König herrscht über sie alle aus Seiner heiligen Stätte, bis in alle Ewigkeit.«

SEFER YETSIRA, 1,5

Wenn wir uns der Welt der Mythen objektiv nähern, begegnen wir einer Unzahl widersprüchlicher, weit hergeholter Geschichten, die unsere Gutgläubigkeit sehr auf die Probe stellen. Man nehme nur die griechischen Götter. Das mildeste Urteil, das ein rational denkender Mensch über sie fällen muss, ist, dass sie launenhaft sind.

Mit der spielerischen Verantwortungslosigkeit von Kindern inkarnieren sie in dem einen Moment als allmächtige, edle Unsterbliche und im nächsten als verlogene, eifersüchtige und rachsüchtige Individuen. Mit schwindelerregender Schnelligkeit tauchen sie auf und verschwinden, wechseln die Identität, spielen in unglaublich schrägen Geschichten mit und lassen sich nie dazu herab, ihr Verhalten zu erklären oder sich gar zu entschuldigen. Uns Sterblichen bleibt nichts anderes übrig, als ihre Tollheiten mit Gelassenheit hinzunehmen.

Zum Beispiel Hekate, die Mondgöttin. In der alten Zeit galt sie als die Verborgene, aber sie erscheint auch als Demeter, als die strahlende Göttin der Ernte und Mutter aller Lebewesen (die zunehmende Mondin) und als Demeters goldene Tochter, die mädchenhafte Göttin Persephone (die Neumondin).

Als Persephone von ihrem Onkel Hades (dem Gott der Unterwelt und der Toten) vergewaltigt und verschleppt wird (ebenso wie Demeter von Hades' Bruder Zeus, dem Gott der Oberwelt), wird Hekate zu »Persephones Schatten«, der passenden Gefährtin für die Herrin des Totenreichs (der abnehmenden Mondin).

Für die Alten war Hekate jedoch auch Artemis, die volle, leuchtende Mondin, die freie, wilde, ungebändigte Jungfrau, und zugleich auch Medusa, eine der drei Gorgonen. Medusas schönes Gesicht spiegelt wie die silberne Mondscheibe den Männern ihre ungemilderte Wahrheit, bei deren Anblick sie versteinern. Wie schon im 5. Kapitel erwähnt, muss man mit der Wahrheit behutsam umgehen, so wie Perseus, der sich mit seinem Schild vor dem direkten Anblick der Medusa schützte. (Als Perseus Medusa tötete, war er wahrscheinlich Hades, denn er trug eine Tarnkappe, doch in dem Namen Persephone bezieht sich Hekate auf Perseus, denn sie heißt »die von Perseus Getötete«.)

Vielleicht liegt es daran, dass Hekate als Demeter aus Kummer über den Verlust von Persephone die Erde verdorren lässt, dass sie auch als Nemesis angesprochen wird, als Göttin der Vergeltung. Mondin, Mutter, Tochter, Gattin? Mutter aller Lebewesen und Göttin des Totenreichs? Strahlende, freigiebige, grimmige, unerbittliche, rachsüchtige Unsterbliche und zugleich vergewaltigtes Mädchen? Wie passt das zusammen? Wer ist Hekate nun wirklich?

So emotional diese Geschichten auch sein mögen, so groß ist andererseits ihre Kraft, das rationale Denken zu untergraben. Wenn wir *rein* vernünftig mit ihnen umgehen wollen, wird uns das nur frustrieren. Sind Sie nun bereit, Ihr Urteil beiseite zu lassen und zu vertrauen, dass Sie die verborgene Bedeutung der Geschichten unter all den scheinbaren Widersprüchen wie ein funkelndes Juwel entdecken werden?

Vielleicht hilft Ihnen die folgende Analogie, diese Widersprüchlichkeiten zu überwinden. Stellen Sie sich eine rote Rose in einer Kristallvase vor. Aus Ihrer jetzigen Perspektive sehen Sie eine Seite der weit geöffneten Blüte. Die Blütenblätter beginnen am Rand schon leicht zu welken. Sie sehen auch zwei Blätter und den Ansatz eines dritten Blattes, das auf der anderen Seite der Vase hängt, sowie den starken Stiel mit drei Dornen. Nennen wir diese Seite »Demeter«.

Um die andere Seite der Rose zu sehen, müssen Sie die Vase drehen oder um sie herumgehen. Auf dieser Seite ist die Blüte noch nicht ganz geöffnet und Sie sehen nur ein Blatt. Nennen wir diese Seite »Persephone«.

Meinen Sie jetzt, nur weil Sie zwei Seiten der Rose gesehen haben, Sie hätten die ganze Rose gesehen? Nun, Sie müssten sie noch von links (Medusa) und rechts (Nemesis), von oben (Artemis) und unten (Hekate) betrachten, um alle Winkel und Perspektiven der Rose zu erfassen.

Doch die Essenz der Rose haben Sie damit immer noch nicht wahrgenommen. Plötzlich zieht ein Dufthauch durch den Raum und einen herrlichen Augenblick lang *erfahren* Sie Rose, Sie *sind* Rose! In diesem Augenblick fließen alle Aspekte der Göttin zusammen.

Jetzt kennen Sie sie wirklich, all ihre Manifestationen fließen nun in ihrem Sein zusammen, denn durch den Duft *leben* Sie ihre Ganzheit gleichermaßen *von innen heraus.* Alle Widersprüche lösen sich auf. Nur wenn Sie wieder *heraustreten*, werden die Widersprüche sichtbar.

Als wahren Kindern der Aufklärung wurde uns beigebracht und bringen wir unseren Kindern bei, *herauszutreten* und leider *draußen zu bleiben.* Unser Credo ist die Objektivität. Wir sind stolz darauf, unterscheiden, zerteilen und jeden Aspekt einer Angelegenheit einzeln untersuchen zu können.

Versuchen Sie all die verschiedenen Aspekte der Rose zu beschreiben, die Sie gerade gesehen haben. Das ist keine geringe Aufgabe. Sie könnten in acht Jahren immer noch damit beschäftigt sein. In dieser Zeit würden Sie natürlich zu einem Rosenfachmann werden und Ihre sorgfältigen Beobachtungen brächten allgemeinen Nutzen in Form von Duftstoffen, Heilmitteln, Farben, botanischen Erkenntnissen und dergleichen. Wir werden dann mehr über Rosen wissen als je zuvor. Doch es könnte sein, dass Sie selbst sich völlig in den Details verloren haben und die eigentliche Rose Ihnen entschwunden ist.

Es ist Zeit, dass wir uns daran erinnern, dass *Erfahrung als Erkenntnisweg* genauso kraftvoll, gültig und bedeutsam ist wie unsere Fähigkeit zum logischen Denken, um das höchste Ziel der Erkenntnis zu erreichen.

Vor dem Turmbau zu Babel: Eine Sprache

Es war einmal eine Zeit, nachdem die Sintflut die Welt von allen Bösen und Götzendienern gereinigt hatte, »da hatten alle Menschen die gleiche Sprache und waren gemeinsamen Sinns«[2]. Doch die Menschen waren nicht zufrieden. Aus Angst, diese friedvolle Einigkeit zu verlieren, bauten sie eine Stadt mit einem Turm, der bis zum Himmel reichen sollte. »... machen wir uns damit einen *Namen*, dann werden wir uns nicht über die ganze Erde zerstreuen.« (Genesis 11,4)

Sobald das Benennen ins Spiel kam, wurden die Menschen, die den Turm bauten, verwirrt, Sie begannen zu brabbeln (*Ba Bel* bedeutet »Verwirrung ist gekommen«) und ihr hohes Ziel – zu Gott zu gelangen – ging in der Vielfalt der verschiedenen Benennungen und Beschreibungen unter.

Was war diese geheimnisvolle erste Sprache? Ist sie tatsächlich seit grauer Vorzeit verschollen, genauso wie der Turm von Babel? Oder gibt es sie noch, wird sie vielleicht lediglich von den Nebeln unseres kollektiven Unterbewusstseins verschleiert?

Der Zusammenhang zwischen dem Benennen als der Ursache der Zerstreuung unserer Vorfahren (es waren die Nachfahren Schems, was »Name« bedeutet), legt die Vermutung nahe, dass sich diese Sprache radikal von dem unterschied, was wir heute unter Sprache verstehen, ja dass sie noch nicht einmal Worte verwendete.

Der Hinweis auf die gemeinsame Gesinnung oder das gemeinsame Ziel kann helfen. Was könnte damit gemeint sein? Nun, wonach sehnen wir uns alle? Natürlich danach, glücklich zu sein, in Güte, Liebe und Frieden zu leben. *Könnte unsere ursprüngliche gemeinsame Sprache eine Sprache des Herzens gewesen sein?*

2 In den deutschen Übersetzungen von Genesis 11,1 taucht der Begriff der gemeinsamen Gesinnung oder des gemeinsamen Ziels nicht auf, deshalb hier eine sinngemäße Übersetzung des engl. Bibeltextes. (Anm.d.Übers.)

Tore zur Sprache ohne Worte: Dichtung und Mythos

Wenn Sie nie zuvor eine Rose gesehen hätten, auf welche Weise kämen Sie einer Wahrnehmung ihres lebendigen Seins näher: Durch die Beschreibung eines botanischen Nachschlagewerks (die verschieden gefärbte, häufig duftende Blüte der dornigen Sträucher oder Kletterpflanzen der Gattung Rosa) oder durch die Beschreibung eines Dichters?

> Rose, oh reiner Widerspruch,
> Lust, niemandes Schlaf zu sein
> unter so viel Lidern.
>
> Rainer Maria Rilke

Unser Bedürfnis, eine Erfahrung zu zerteilen, beschreiben, einzuordnen und zu interpretieren ist heutzutage zur Krankheit geworden. Wenn uns zu viel Information zur Verfügung steht, verlieren wir in dem analysierenden Prozess des Geistes irgendwann die *eigentliche Bedeutung*. Sollten wir also all unsere analysierenden Fähigkeiten und all unsere erworbenen Verfeinerungen der Benennung aufgeben?

Natürlich nicht, aber, wie uns ein altes Märchen in Erinnerung ruft: Nicht die Zerteilung, sondern die Schönheit bricht den Bann, unter dem das Biest steht. Wir brauchen eine Alternative, eine Pause von der Trockenheit der Logik. Wie das Biest werden wir wieder Menschen, wenn uns die Schönheit berührt. Auch wir geben uns angesichts ihrer Lieblichkeit der Liebe hin.

Wie der bekannte Dichter und Mythologe Robert Bly sagt, bringt uns die Sprache des Dichters mit ihrer Gefühlsbetonung, ihren assoziativen Bildern und ihren Sprüngen dem Eigentlichen näher. »Je weiter sich ein Gedicht von seinen ursprünglichen weltlichen Umständen entfernt, ohne die Verbindung zu verlieren, desto gehaltvoller ist es.« Spielt der Dichter also ein gefährliches Spiel? Natürlich tut er das! Wer nichts wagt, der nichts gewinnt. Doch was, wenn die Verbindung abbricht und der Dichter die Grenzen der Glaubwürdigkeit überspannt und wir im Reich der Fantasie landen?

Kehren wir zu Rilkes Gedicht zurück. Spüren Sie das stille, aber erschütternde »Aha!« des Erkennens, wenn Sie seinen Inhalt ausloten?

Können Sie es hören? Das »Aha!« entsteht nicht nur aus dem *Lust, niemandes Schlaf zu sein, unter so vielen Lidern,* sondern aus etwas Wortlosem, Unfassbarem, jenseits der Bilder, in das uns die Worte des Dichters versetzen. Wie der Duft der Rose sind die Bilder des Dichters Wegweiser, die auf einen tieferen Inhalt hinweisen – nennen wir es die *Quelle* der Rose.

Der Geist der Rose erscheint aus der Quelle – das ist es, womit wir in Resonanz treten wie Saiten. Die Intensität dieser Resonanz – trauen wir uns, es zu sagen? – »informiert« uns vollständig. Wer kann nach dieser *Erfahrung* noch zurückgehen und die Rose in ihre spezifischen Eigenschaften zerlegen?

Hekate, unsere Gesandtin aus dem Reich der Mythen, zeigt uns genau das. Bei ihrem Erscheinen aus den göttlichen Tiefen der Erfahrung entfaltet ihr fruchtbarer Geist sich in einer Bildersprache, die uns an die des Dichters erinnert – nur rückwärts.

Hekate springt nicht wie der Dichter *hin* zur Quelle, sondern sie erhebt sich aus ihr *heraus* und offenbart uns – wie ein facettenreiches Juwel – die Bewegungen und Muster, in denen sich ihr Geist in dieser Welt entfaltet und manifestiert.

Vergleichen wir das, was sie zum Ausdruck bringt, mit der Sprache eines physischen Organismus, zum Beispiel der Zelle im Augenblick der Empfängnis. Die Begegnung von Eizelle und Samenzelle ist die Erschütterung, der Funke, die Erfahrung, die den Prozess der Entfaltung in Gang setzt. Stellen Sie sich vor, sie treten gegen einen Karton und sehen, wie seine ganzen Geheimnisse herauspurzeln. Durch die Erschütterung der Empfängnis scheint sich die erste Zelle völlig umzukrempeln und das Innere nach außen zu kehren. Sie offenbart ihre innere Essenz und entfaltet sich in einer strukturierten Bewegung: Die Zelle teilt sich in zwei Zellen, dann in vier, dann in Gruppen von vier und so weiter.

Dieses Geheimnis des Lebens finden wir zusammengefasst zum Beispiel in Hesekiels Vision und in vielen Texten der Kabbalisten. Jenen, die sie erkennen können, offenbart es sich auch auf den Tympana der großen Kathedralen. Dort sehen wir Christus, den Samen oder die erste Zelle, mit den vier Wesen aus Hesekiels Vision an seiner Seite – dem Stier, dem Löwen, dem Adler und dem Menschen – stellvertretend für die vier menschlichen Temperamente des Lymphatikers, Sanguinikers, Cholerikers und Melancholikers. Vier in eins. So wie Christus und seine vier symbolischen Begleiter uns in organischer Sprache unser körperliches Selbst vorführen, zeigt uns der Mythos von Hekate auf lebendige Weise die organische Sprache des emotionalen Weiblichen in jedem von uns.

Es liegt alles offen vor uns – in den Mythen der griechischen Götter, den Märchen, den heiligen Texten der Religionen, den rituellen Zeremonien und religiösen Ikonographien. Ihre Muster und Bewegungen, ihre Farben und Geschichten enthalten in kondensierter Form die Einzelheiten, nach denen wir so sehr suchen, um unsere Beobachtungen festzuhalten und zu benennen.

Wenn die Geheimnisse aus dem Karton gepurzelt sind – eine Landkarte mitsamt Topographie, ein Reiseplan und Hinweise auf die Gefahren –, haben wir eine weitere Möglichkeit, das Biest beim Schwanz zu packen und zurück zur Quelle zu finden.

Das Lesen der heiligen Sprache

Wie lernen wir, die heiligen Zeichen zu lesen, die uns zurück zur Quelle führen? Erinnern Sie sich an die Geschichte der vier Rabbiner, die ins Paradies gelangten? Wie haben sie das geschafft? Wenn wir diese Parabel aus dem Midrasch (frühen mündlich überlieferten Lehren zur Bibel) als einen kodierten Text betrachten, liefert uns das Wort »Paradies« (hebr. *Pardes* = Garten) den Schlüssel.

Um in den Garten zu gelangen, erzählen uns die rabbinischen Kommentatoren, mussten die vier Rabbiner durch vier Buchstaben gehen. Das Wort *Pardes* besteht in der hebräischen Schrift, die keine Vokale kennt, aus den Buchstaben PRDS. Diese vier Buchstaben repräsentieren vier Interpretationsebenen eines Textes.

Die erste Ebene P (*Pshat*) weist auf die *buchstäbliche* Bedeutung einer Geschichte oder eines Mythos hin. Hier folgen wir der *Logik* der Erzählung, in der sich jeder Satz auf selbstverständliche Weise aus dem vorherigen entwickelt. Auf dieser Ebene ist uns wichtig, dass der Verlauf des Textes einfach und klar ist.

»Als Persephone eines Tages über eine Wiese lief und Blumen pflückte, entfernte sie sich von ihrer Mutter und den Nymphen. Plötzlich öffnete sich die Erde und aus dem gähnenden Abgrund tauchte ein schwarzer Wagen auf, der von schwarzen Pferden gezogen wurde. An den Zügeln stand der grimmige Hades. Er schnappte sich das zu Tode erschrockene Mädchen, wendete den Wagen und kehrte wieder in den Untergrund hinab.« *(D'Aulaire's Buch der griechischen Mythen)*

Die Geschichte hat eine innere Logik und Bewegung, die uns faszinieren und uns erste Hinweise auf den Weg zurück zur Quelle geben. Um den tieferen Inhalt der Geschichte zu erkennen, braucht man nur der Erzählung zu folgen.

Die zweite Ebene R (*Remez*) weist auf die *allegorische* oder *strukturelle* Ebene der Geschichte hin. Auf dieser Ebene erkennen wir den Hintergrund: die Muster, die Ähnlichkeiten, Parallelen, Bildergruppen, Spiegelbilder, Umkehrungen und Bewegungen. Wir erkennen sie nur, wenn wir einen Schritt zurücktreten oder uns ein wenig emporheben – als betrachteten wir alles aus der Sicht der Sterne. Wie die Götter können wir von hier aus eine Übersicht über die Geschichte erstellen, wie eine Landkarte: Wir erkennen die Straßen, die Wendepunkte, die Spiralen und die Bewegungen der Wirbel, die uns letztendlich in das Herz der Geschichte ziehen.

Bei dem Fall Hekates aus dem Himmel und Persephones in die Unterwelt erkennen wir solche Parallelen: Mutter und Tochter werden beide vergewaltigt. Und Muster tauchen auf: Die Granatapfelsamen in Persephones Mund (derentwegen sie immer wieder in die Unterwelt zurückkehren muss) ähneln in ihrer gebärmutterähnlichen, ovalen Form der Höhle Hekates.

Die Bilder von Mond, Mutter, Tochter tauchen immer wieder auf. Durch ein Verständnis des Flusses und des Zusammenspiels dieser Muster fangen wir an, die Gesetze zu erahnen, die die Bewegungen der Imagination bestimmen. Wenn wir diese Gesetze erlernen, können wir zu aktiven Teilnehmern werden und unserer Bewegung zurück zur Quelle schöpferische Impulse und Anweisungen geben.

Die dritte Ebene D (*Drash*) wird oft mit *Interpretation* übersetzt. Eigentlich bedeutet *Drash* jedoch »fragen«. Fragen weist darauf hin, dass etwas fehlt, ein Bindeglied vielleicht, oder ein Verständnis einer Verbindung. Warum, zum Beispiel, »fallen« sowohl Hekate als auch Persephone?

Wenn Sie die Frage im Wachzustand mit einer standardisierten Antwort befriedigen wollen, die aus Ihrem Verstand oder einer äußeren Quelle stammt, landen Sie bei dem, was wir eine »Interpretation« nennen. Doch wir sind hier nicht an Interpretationen interessiert. *Drash* schenkt uns, was wir brauchen, wenn die Frage gestellt wird und, um einer angemessenen Antwort willen, eine Weile in Ruhe gelassen wird. Die Frage schwebt dann über der Leere wie ein Köder an einer langen Angelleine.

Auf der vierten Ebene S (*Sod*) geht es um die geheime Bedeutung, die Quelle. Wenn das Geheimnis erschüttert, stimuliert oder auf andere Weise erregt wird, überschlägt es sich und springt auf – wie ein schlüpfriger, glänzender Fisch – *und beißt an*! Es tut dies, weil wir gefragt haben. Es erscheint durch die Kraft der Frage, welche die Leere stimuliert – und erzeugt einen neuen Mythos.

Vor dem Hintergrund dieser Mythen wollen wir kurz unsere Vorstellung von Persephones Geschichte wiederholen. Die Geschichte (P) ist einfach die Erzählung, der Impuls (R) entsteht, wenn sich die Erde öffnet und der Träumer plötzlich wie Persephone am Rande eines gähnenden Abgrunds steht. Sein fragendes Selbst führt dann dazu, dass er in den Abgrund stürzt (D), und beim Aufschlagen auf den Grund erschüttert er die Quelle so sehr, dass sie aktiv wird (S) und die Imagination entzündet, um zu antworten.

Wie Persephone oder Rabbi Akiba (der einzige der vier Rabbis, der in den Paradiesgarten eindringen und ihn erfolgreich wieder verlassen konnte) hat der Träumer bei seiner Rückkehr eine völlig andere Konfiguration erfahren (D). Er taucht aus der Erfahrung als bereicherte und veränderte Person hervor (S).

Können wir wie Rabbi Akiba erfolgreich ein- und ausgehen? Können wir, statt uns von den Geschichten unseres Lebens *kontrollieren* zu lassen und passiv die Freuden, Schicksalsschläge und Lektionen abzuwarten, vorwärts schauen, lernen und uns darauf vorbereiten, immer mehr von den anstehenden Aufgaben zu übernehmen? Können wir den Prozess der Erweiterung und Transformation beschleunigen?

Und wenn dem so ist, wie können wir die Quelle aktivieren und unsere wiedergeborene Imagination entzünden, um das Wesen der kaum greifbaren, ursprünglichen, einen Sprache des Herzens wieder zu entdecken? *Wie können wir uns bewusst mit der Quelle verbinden?*

Eintauchen üben

Die Praxis, die ich hier beschreiben werde, wurde in einer langen Familientradition entwickelt, deren herausragendster Vertreter und vielleicht auch Urheber der provençalische Kabbalist des dreizehnten Jahrhunderts, Isaak der Blinde, war. In der heutigen Zeit tat es seine direkte Nachfahrin Colette Aboulker-Muscat ihren Ahnen an Erfindungsgeist gleich und revolutionierte deren Werk durch ihre eigenen, einzigartigen Beiträge.

Vor allem passte sie die Jahrhunderte lang bewährten Methoden den modernen Bedürfnissen an und formulierte sie so, dass sie Menschen aller Überzeugungen zugänglich sind. Die Wurzeln dieses Ansatzes bleiben natürlich jüdischer, sephardischer und mediterraner Art, doch die Gesetze sind für Anhänger aller heiligen Traditionen nachvollziehbar, einfach weil es universelle Gesetze der Imagination sind. Wir werden sie in ihrem jeweiligen Zusammenhang beschreiben, damit Sie die »Wissenschaft« verstehen, die in die »geführten Übungen« einfließt, die ich Ihnen ans Herz legen werde.

Um wirksam zu sein, müssen diese geführten Übungen die Gesetze der vier Ebenen PRDS anwenden.

Diese Gesetze sind äußerst präzise. Wie Sie vielleicht wissen, ist es heute sehr üblich geworden, Individuen oder Gruppen durch mentale, visuelle Bilder zu führen. Es wurden darüber sogar schon ernsthafte klinische Studien durchgeführt. In solchen Visualisationen kommt jedoch meist kaum etwas von der Kraft zum Einsatz, die ihnen möglich ist. Die meisten dieser Übungen bleiben auf der einfachen Pshat-Ebene, also dem buchstäblichen, oberflächlichen Verständnis der Dinge stehen.

Die Jesuiten zum Beispiel, einer der einflussreichsten Orden der Christenheit, praktizieren seit Jahrhunderten durch die spirituellen Exerzitien des Ordensgründers Ignatius von Loyola die Imitation

Jesu Christi auf der Pshat-Ebene. Es ist natürlich nichts gegen die Pshat-Ebene einzuwenden, aber um die schöpferische Imagination in ihrer ganzen Kraft zu nutzen, müssen auch andere Gesetze berücksichtigt werden.

Zum Start ist ein kleiner Anstoß oder eine kleine Erschütterung notwendig. Ohne eine gewisse innere Spannung können Sie keinen Zugang zu der Unmittelbarkeit der Quelle finden, und Ihre Visualisation führt nirgendwo hin. Dann haben Sie vielleicht eine angenehme, aber keine *transformierende* Erfahrung.

Die innere Spannung, die ich meine, dient Ihnen dazu, vollständig in die *sinnliche* Erfahrung der Übung einzutauchen. Wenn Sie in Ihrem Leben schon einmal intensive Liebe oder intensiven Kummer erlebt haben, wissen Sie, dass in solche Gefühle das *gesamte* Selbst einbezogen ist. Wenn Sie die Übung *verkörpern*, verändern Sie Ihre Beziehung zu sich selbst und zur Welt. Man kann also sagen, dass diese geführten Übungen, richtig ausgeführt, eine Art *Körper*sprache sind.

Ein Vergleich mit der Durchführung von Yoga-Übungen wird verdeutlichen, was ich meine. Eine Yoga-Schülerin muss sich die Haltung bewusst visuell vorstellen – zum Beispiel die Streckung der Wirbelsäule durch das Nach-unten-Drücken der Füße – während sie *spürt*, wie ihr Körper die Haltung einnimmt. Auf die gleiche Weise *spürt* der Praktizierende bei den geführten Übungen in seinem *Körper*, was geschieht, während er die Worte in kraftvolle Bilder umsetzt.

Tatsächlich ist Imagination die einzige Sprache, die der Körper wirklich versteht und auf die er antwortet. Die Gesetze von Körperübungen wie Yoga sind also die gleichen wie die von mentalen Imaginationsübungen. Und Sie brauchen nicht auf schwierige Lebenssituationen zu warten, um in dieser Richtung aktiv zu werden, sondern können, wie ein guter Sportler, das In-Bewegung-Sein üben, um Ihre Fähigkeit zu verbessern, irgendwelche Umstände zu verändern oder zu transformieren. Durch die geführten Übungen setzen Sie bewusst Ihre verschiedenen Körper in Bewegung (den physischen, den emotionalen, den mentalen und den spirituellen).

Anders als die Übungen im 5. Kapitel dauern die geführten Übungen jeweils nicht länger als eine Minute. Doch ähnlich wie jene Übungen finden sie ihre Erfüllung in der Art, wie sie uns auf erstaunliche Weise helfen, mit den Problemen des täglichen Lebens umzugehen. So wie die Umkehrung uns die Freiheit schenkt, in Situationen zu wählen, in denen wir uns sonst von unseren Gewohnheiten hätten bestimmen lassen, so befreien uns die geführten Übungen dazu, Veränderungen gelassen anzunehmen, wie drastisch sie auch sein mögen.

Wenn wir gelernt haben, uns mit der Quelle zu verbinden, bewegen wir uns geschmeidig und ohne Widerstände durch Erfahrungen, die wir sonst beinahe automatisch versucht hätten zu vermeiden oder zu verändern. Jetzt können wir aufwachen und unsere Erfahrung des Ausgerichtet-Seins stärken, so wie die Yoga-Schülerin ihre Haltungen übt, um ihren Körper dazu zu bringen, sich an seine natürliche Ausrichtung zu erinnern.

Wenn uns die Widrigkeiten des Lebens aus dem Gleichgewicht bringen, sind wir, wenn wir die Übungen durchgeführt haben, in einem inneren Wissen um unsere Ausrichtung und daher schnell in der Lage, sie wieder zu finden. Wir erden unsere Füße, strecken unsere Wirbelsäule und bringen uns gelassen wieder ins Gleichgewicht, ohne aus dem Takt zu kommen.

Bevor wir zu den geführten Übungen kommen, will ich kurz ein paar wichtige Dinge erwähnen, die Sie wissen sollten, wenn Sie damit anfangen. Sie sollten sich für diese Übungen immer einen ruhigen Platz und eine ungestörte Zeit aussuchen. Setzen Sie sich bequem auf einen Stuhl mit Armlehnen. Die Arme ruhen auf den Lehnen, die Beine stehen nebeneinander, nicht überkreuzt. Lesen Sie sich die Übung durch, schließen Sie dann die Augen, atmen Sie drei Mal langsam aus und zählen Sie dabei von drei bis eins. Stellen Sie sich die Zahlen dabei innerlich vor. Zuletzt sehen Sie die Zahl Eins hoch und hell wie eine hohe Lichtsäule vor sich (ohne Häkchen, Anm. d. Übers.). Dann fahren Sie damit fort, die Übung zu »spüren, sehen, fühlen und leben«. »Denken« Sie nicht über die Worte der Übung nach, sondern versuchen Sie lieber, Sie mit allen Sinnen imaginativ zu erfahren.

Sie sollten dafür mit einer 3D-Technicolor-Vorstellung belohnt werden.

Wenn Sie die Übung abgeschlossen haben, atmen Sie einmal aus und öffnen Sie die Augen. Wenn Sie gleich die nächste Übung anschließen, atmen Sie zu Beginn der nächsten Übung nur einmal aus, da Sie sich bereits in einem vertieften Zustand befinden. Wenn es zu einem Thema Übungen I und II gibt oder Übungen direkt nacheinander vorgestellt werden, sollten sie direkt hintereinander durchgeführt werden.

Denken Sie daran, dass die geführten Übungen banal erscheinen mögen, wenn man sie einfach so durchliest oder mental auseinander nimmt. Sie zu *erfahren* ist etwas ganz anderes.

Wenn Sie in dieser Übung ganz präsent sind, ist nicht nur Ihr Geist, sondern Ihr ganzes Wesen an dem Prozess beteiligt. Wie bereits gesagt, soll Sie die Übung in eine Bewegung stoßen, so wie uns ein gutes Gedicht durch sein Zusammenspiel der Worte aufrüttelt. Die Herausforderung liegt darin, diesen Anstoß, diese Erschütterung zu erzeugen. Deshalb sind die Übungen wohl durchdacht angelegt. Die Anwendung der Gesetze bürgt für ihre Wirksamkeit. Ich nenne das die *Strategie* der Übung.

Da Sie mit einem Buch arbeiten, habe ich einfache Übungen gewählt, die Sie gut alleine zuhause durchführen können. Wenn Sie sich aus irgendeinem Grund durch das, was Sie erfahren, verstört fühlen, zögern Sie nicht, sich helfen zu lassen. Alle Ihre Antworten auf diese Übungen sind potenziell explosiv, da die Übungen darauf abzielen, Ihr wahres Selbst zu enthüllen.

Im 3. Kapitel haben Sie erfahren, wie Sie mit Albträumen und schwierigen Traumbildern umgehen können. Hier funktioniert das genauso. Gehen Sie auf das ein, was das Bild als notwendig erscheinen lässt, und vor allem: Bleiben Sie *spielerisch* dabei!

Ich werde nicht auf alle Gesetze eingehen, die in den Übungen berücksichtigt werden, sondern mich an jene halten, die wir bereits im Zusammenhang mit dem Mythos von Persephone in diesem Kapitel erwähnt haben. Der Übersichtlichkeit halber ist jedem Gesetz eine Gruppe von Übungen zugeordnet, allerdings sind in den meisten Übungen dieses Kapitels die Gesetze aller vier Ebenen im Einsatz.

Das erste Gesetz

Pshat, die erzählerische Ebene, enthält das *Gesetz der Nachahmung*. Sind Sie überrascht? Nachahmung ist unsere erste konzentrierte Aktivität. Als Kleinkinder lernen wir alles, was wir wissen, durch das Nachahmen unserer Eltern und Geschwister. Später lernen wir auch durch die Geschichten, die uns erzählt werden. Wir ahmen nach, indem wir uns vorstellen, wir selbst seien der Prinz, der den Drachen tötet, oder die Schöne, die das Biest liebt. Wir empfinden die Angst, den Mut und den Triumph des Biests oder die knospende Liebe und das Mitgefühl der Schönen wie unsere eigenen Gefühle. Daraus lernen wir.

Dieser natürliche und notwendige Impuls versiegt wahrscheinlich nie. Ohne irgendein Vorbild, dem wir nacheifern können – sei es ein Lehrer, Star, Mentor, Held, Heiliger oder Gott, sei es positiv oder negativ –, wonach sollten wir dann streben? Wir setzen die Imagination ein, um Grenzen zu durchbrechen und in die Wirklichkeit der Person, die wir bewundern, einzutauchen.

Es gibt zwei Möglichkeiten, das Gesetz der Nachahmung anzuwenden: Wir können die Entwicklung der Geschichte verfolgen oder wir können zu dem anderen *werden*. Wie Sie wissen, sind Dinge wie Geschlecht, Rasse oder Glaubenszugehörigkeit im Bereich der Imagination ohne Bedeutung. Es ist ein fließender (und demokratischer) Zustand, in dem Sie sich leicht als Mann, Frau, Biest, Pflanze, Fels, Luft, Engel und so weiter sehen können.

Die Geschichte *Die Schöne und das Biest* lässt sich gut als Beispiel verwenden: Am Anfang verliert der Vater der Schönen sein ganzes Vermögen. Dann hört er, dass eines seiner Schiffe durchgekommen ist und bald im Hafen einlaufen wird. Bevor er dorthin reist, fragt er seine drei Töchter, welche Geschenke sie aus dem Gewinn der Waren haben möchten.

Die beiden älteren Schwestern bitten um Schmuck und schöne Kleider, während die Schöne, besorgt darum, dass die Waren *nicht* ankommen könnten, sagt, dass es in ihrem neuen Zuhause keine Rosen gäbe, dass sie ihr fehlen würden und dass sie sich nichts als eine Rose wünsche.

Als ihr Vater später, all seiner Hoffnungen beraubt, sich auf dem

Heimweg in einem Wald verirrt, stößt er auf das verlassene, verzauberte Schloss des Biests mit seinen schönen Gärten. Er findet eine einzelne Rose und pflückt sie, worauf sich das Biest in rasendem Zorn auf ihn stürzt.

Als Ausgleich für den Diebstahl der Rose verlangt das Biest eine der Töchter des Mannes. Da sie so gut ist wie schön, ist die Schöne die Einzige, die bereit ist, die Sicherheit ihres Vaterhauses als Opfer aufzugeben, um bei dem fremdartigen, schrecklichen Biest zu leben.

1. Geführte Übung (Nachahmung I)
Atmen Sie drei Mal aus. Stellen Sie sich vor, Sie müssten, wie die Schöne, Ihr Zuhause und den Schutz Ihrer Lieben verlassen. Was spüren und fühlen Sie?

2. Geführte Übung (Nachahmung II)
Atmen Sie einmal aus. Sehen Sie sich selbst als die Schöne, wie sie zum ersten Mal durch den merkwürdigen Garten des Biests wandert. Sie entdecken den Rosenstrauch. Atmen Sie einmal aus. Was fühlen und sehen Sie, wenn Sie an dem Strauch den Duft einer vollkommenen Rose wahrnehmen?

Die zweite Gruppe von Gesetzen

In *Remez*, der Struktur, liegen die vielen *Gesetze der Bewegung* verborgen. Wir beginnen mit jenen, die unter die Überschrift der *Richtungsgebundenheit* fallen. In der Geschichte *Die Schöne und das Biest* geht der Vater in die falsche Richtung, wodurch sich das Leben von ihm, seiner Tochter und des Biests für immer ändern. Ob man nach oben oder unten, nach rechts oder links, nach vorne oder hinten geht – immer entsteht ein anderes Ergebnis. Können wir das genauer erfassen?

Alle sechs Richtungen zu erkunden, versetzt einen Träumer nicht nur in die Lage, diese Möglichkeiten auszuprobieren, sondern auch ihre Eigenschaften zu entdecken. Angenommen, Sie stehen vor einer komplexen häuslichen Situation. Die Erkundung aller sechs Richtungen kann Ihnen helfen, die verschiedenen Dynamiken zu erkennen, die hier am Werk sind.

3. Geführte Übung (Richtungsgebundenheit)
Atmen Sie drei Mal aus. Spüren und sehen Sie, wie Sie als die Schöne zu Ihrem Vaterhaus zurückkehren, nachdem Sie lange fort waren. Welche Richtung schlagen Sie ein, um nach Hause zu gehen? (Rechts, links, geradeaus, rückwärts, oben oder unten?) Atmen Sie einmal aus. Was sehen Sie als Erstes, wenn Sie dort ankommen? Was fühlen Sie?

4. Geführte Übung (Vordringen I)
Atmen Sie einmal aus. Stellen Sie sich vor, Sie schauen als die Schöne in die Mitte der Rose. Können Sie den Duft wahrnehmen? Atmen Sie einmal aus. Was sehen Sie dort? Was geschieht?

Welche Eigenschaften haben die Richtungen? Wenn Sie weiter vordringen, eine Tür nach der anderen öffnen, können Sie vielleicht allmählich etwas Neues sehen und erfahren. (Zum Beispiel könnten Sie am Ende des Flurs eine weitere Tür öffnen und plötzlich in einem sonnendurchfluteten Garten stehen.) Immer weiter in eine gewählte Richtung vorzudringen, ist eine Strategie der Bewegung. Bedenken Sie, wie nützlich diese Strategie für jemanden sein kann, der mit einer völlig verzwickten Situation konfrontiert wird, auf die es keine Antwort zu geben scheint.

5. Geführte Übung (Vordringen II)
Atmen Sie einmal aus. Stellen Sie sich vor, Sie stehen vor einer verschlossenen Tür. Sie halten einen Schlüsselring voller Schlüssel in der Hand. Finden Sie den Schlüssel, der ins Schloss passt. Stecken Sie ihn hinein, drehen Sie ihn und öffnen Sie die Tür. Was sehen Sie? Was machen Sie? Atmen Sie einmal aus. Stehen Sie auf der Schwelle oder gehen Sie hinein?

Wenn die Strategie des Vordringens in eine Richtung das Muster nicht bricht, was machen Sie dann? Richtungen tauchen immer paarweise auf. »Hinunter« wirkt mit »Hinauf« zusammen (nach Persephones Fall steigt sie wieder auf) und »Rechts« wirkt mit »Links« zusammen.

Viele von uns ziehen eine Richtung der anderen vor. Angenommen, Sie sind ganz davon besessen, Ihre Zukunft aufzubauen und nehmen sich keine Zeit, zu reflektieren oder auf Ihr Leben zurückzuschauen. Dann ist Ihre Vorzugsrichtung Rechts. (Die Zukunft stellt sich im imaginativen Feld rechts dar.) Oder Sie streben immer danach, Ihren Körper zu verlassen und flüchten sich in Fantasiewelten oder Gedanken. Wenn Sie auf diese Weise gerne Ihren Unannehmlichkeiten und Verantwortlichkeiten entfliehen, ist Ihre Lieblingsrichtung Oben.

Beides sind Überlebenstechniken, die Sie wahrscheinlich in Ihrer Kindheit entwickelt haben und die Ihnen vielleicht nicht mehr dienlich sind. Ständig eine Richtung zu erkunden und die anderen zu vernachlässigen ist eine Verarmung. Um wahre Träumer zu werden, müssen wir alle Richtungen erforschen.

Angenommen, jemand reitet ständig auf seiner Vergangenheit herum, dann begibt er sich in die linke Seite seines imaginativen Feldes. Eine Übung, die diesen Menschen nach rechts bringt, in die Zukunft, kann eine so starke Bewegung erzeugen, dass sie diese Person von ihrer Fixierung auf die Vergangenheit wegreißt. (Durch die Erschütterung entfaltet sich in der Imagination dieser Person eine unerwartete neue Konfiguration, die sie so stark beeindruckt, dass es das zwanghafte Festhalten an der Vergangenheit schwächt oder auflöst.)

Die Wiederherstellung einer fließenden Bewegung in der Rechts-Links-Achse belebt die Fähigkeit wieder, sich in *alle* Richtungen bewegen zu können. Diese grundlegende Veränderungsstrategie bedeutet, sich umzudrehen und die andere Richtung einzuschlagen. (Wir haben dieses Konzept bereits als Tshuva – als Reue, Abwendung – erwähnt.) Wir wollen diesen Wendepunkt zum anderen Pol als das *Gesetz der Rückkehr* bezeichnen. Zurückkehren hilft, ein sich wiederholendes Muster aufzulösen, indem die andere Polarität erfahren wird.

6. Geführte Übung (Rückkehr)

Atmen Sie drei Mal aus. Visualisieren Sie jemanden, mit dem Sie zurzeit Schwierigkeiten haben. Stellen Sie sich vor, Sie gehen aus

Ihrem Körper heraus, hinüber zu jener Person und in deren Körper hinein. Wie fühlt es sich in diesem Körper an? Ist es geräumig oder eng? Dunkel oder hell? Ruhig oder erregt? Wie atmet, bewegt sich und denkt dieser Mensch? Atmen Sie einmal aus. Schauen Sie von diesem neuen Gesichtspunkt, von diesem Körper und diesem Gehirn aus zurück auf sich selbst. Wie sehen Sie sich durch die Augen dieser Person? Was spüren und fühlen Sie? Was sagen Sie zu Ihrem Selbst, das Ihnen gegenüber steht? Sagen Sie es, und hören Sie es in der Stimme jener Person. Atmen Sie einmal aus. Kehren Sie zu Ihrem eigenen Körper zurück und betrachten Sie die Person, die Sie gerade besucht haben. Haben sich Ihre Wahrnehmung und Ihre Gefühle gegenüber dieser Person verändert? Wenn ja, beschreiben Sie sich selbst diese Veränderung.

Diese Übung ähnelt der Übung der Umkehrung auf Seite 121. Doch statt nur in die Schuhe des anderen zu schlüpfen, haben Sie sich jetzt in den Körper des anderen versetzt. Die Wirkung der »Reue« oder »Abwendung« ist bei dieser Übung wahrscheinlich noch stärker.

7. Geführte Übung (Paarigkeit)
Atmen Sie drei Mal aus. Sehen und spüren Sie sich selbst als ausgewachsenen Baum. Spüren und sehen Sie Ihre Wurzeln, Ihren Stamm, die Zweige und Blätter. Atmen Sie einmal aus. Jetzt spüren und sehen Sie, wie sich die Blätter blitzschnell in die Zweige zurückschieben, die Zweige und Äste zurück in den Stamm, der Stamm zurück in die Wurzeln und alles zurück in den Samen. Atmen Sie einmal aus. Sehen und spüren Sie sich als den Samen. Hören Sie das Wispern Ihres eigenen Lebens. Was sagt es? Atmen Sie einmal aus. Jetzt wachsen Sie sehr schnell wieder und werden zu einem ausgewachsenen Baum.

Die Paarigkeit führt uns natürlicherweise dazu, das *Spiegeln* als ein weiteres Gesetz der Bewegung zu berücksichtigen. Das Spiegeln fügt dem Gesetz der Rückkehr eine weitere Wendung hinzu, denn der Spiegel wirft uns unser umgekehrtes Bild zurück. Anders gesagt: Das Bild wird umgekehrt. Das bewirkt, dass wir sehen – dass zu uns zurückkehrt –, was wir sonst nicht sehen würden oder könnten.

Weil wir diese andere Sichtweise nicht gewohnt sind, verfallen wir in Bewegung. Egal ob wir erschrocken sind, überrascht, erfreut oder betrübt – keiner von uns bleibt angesichts seines eigenen Bildes unberührt. Wenn Sie sich mit sich selbst nicht wohl fühlen und wissen wollen, warum, kann Ihnen ein Blick in den Spiegel weiterhelfen. Ist das nicht der erste Schritt, um sich zu korrigieren?

Spiegeln bedeutet nicht nur, in einen physischen oder vorgestellten Spiegel zu schauen. Wann immer wir damit beschäftigt sind, zu schauen, wird ein umgekehrtes Bild zu uns zurückprojiziert. So funktionieren unsere Augen. Wenn wir in die imaginative Welt schauen oder nachts träumen, zeigen uns die Traumbilder unser inneres Wesen, so wie uns ein Video zeigt, wie wir gehen oder reden, was wir sonst nicht sehen könnten.

Es gibt im Sehen eine zentrifugale Bewegung, die eine zentripetale Antwort anzieht. Angenommen, jemand ist so sehr damit beschäftigt, Geld zu verdienen und weiterzukommen, dass er vergisst, was richtig und falsch ist. Seine Traumbilder (die Umkehrung des Sehens am Tage) werden ihm jene vergessenen Anteile zeigen, häufig auf nach-tragende, albtraumartige Weise. (»Wie kannst du uns vergessen?«, scheinen die Traumbilder zu fragen.)

Das gleiche Gesetz kommt nicht nur in nächtlichen Träumen zur Anwendung, sondern *immer,* wenn wir nach innen schauen. Wenn wir unsere Übungen machen, bewirkt bereits die einfache Tatsache, dass wir nach innen schauen, dass wir eine umgekehrte imaginative Antwort erhalten werden. Darin liegen die Überraschung und die Wirksamkeit. Dieses Gesetz wirkt auch im täglichen Leben.

Das erinnert mich an einen Freund, der in der U-Bahn immer eine Pistole dabei hat. Warum? »Weil es hier so viele aggressive Menschen gibt.« Was wäre, wenn er seine Pistole zuhause lassen würde? Würde er dann immer noch so vielen aggressiven Menschen begegnen? Seine Angst – die sich darin äußert, dass er die Pistole bei sich hat – erzeugt die zentripetale Antwort: Angst zieht Aggressivität an.

Mit Hilfe der Spiegelungs-Strategie können wir verstehen, wie wir unsere eigene Wirklichkeit erschaffen. Gleichzeitig zeigt sie uns, welche Veränderungen wir in Gang setzen müssen.

8. Geführte Übung (Spiegelung)
Atmen Sie drei Mal aus. Stellen Sie sich vor, Sie schauen sich in einem Spiegel an. Wie sehen Sie sich? Was haben Sie an? Welchen Ausdruck haben Sie? Wie fühlen Sie sich dabei, sich selbst im Spiegel zu sehen?

Das Spiegeln führt uns zu der Idee, zwei völlig gegensätzliche Bilder als erschreckenden Kontrast nebeneinander zu stellen, zum Beispiel die Schöne und das Biest. Das ist das *Gesetz der Gegensätze.* Der »Schreck« ermöglicht es, der in dem Gegensatz (wie Entweder-Oder, Gut und Böse, Schönheit und Hässlichkeit) blockierten Bewegung zu »explodieren« und eine neue, fließende Konfiguration zu bilden. Anders gesagt: Eine neue Erkenntnis hat stattgefunden und das Träumen ist wieder heil.

9. Geführte Übung (Gegensätze)
Atmen Sie einmal aus. Stellen Sie sich vor, Sie wären gleichzeitig die Schöne und das Biest. Was passiert? Was fühlen Sie?

Auf Bilderhäufungen zu achten, ist eine weitere Art, die Tiefen auszuloten. Zum Beispiel sagt der Mythos, Hekate, Persephone und Demeter seien alle ein und dieselbe. Es soll uns etwas mitgeteilt werden, aber was?

Angenommen, in Ihrem Alltag entsteht eine Situation, in der drei verschiedene Ideen Sie am Rock zupfen und nicht locker lassen. Warum sind sie da? Sie scheinen nicht zusammenzugehören, doch sie tauchen in Ihren Gedanken immer wieder im Zusammenhang mit derselben Situation oder dem gleichen Thema auf. Was tun?

Wenn wir der Imagination erlauben, verschiedene Tendenzen, Richtungen, Möglichkeiten gleichzeitig aufrechtzuerhalten, entspringt dieser Spannung eine neue Bewegung. So wird der Fluss wiederhergestellt. Wir nennen dies das *Gesetz der Häufung.*

10. Geführte Übung (Häufung)
Atmen Sie einmal aus. Sehen Sie Hekate, das Weibliche, Persephone, das Mädchen und Demeter, die Mutter, als drei Eck-

punkte eines Dreiecks. Atmen Sie einmal aus. Schauen Sie in die Mitte des Dreiecks. Was sehen Sie?

Was ist, wenn Sie das Gefühl haben, zwei Menschen gleichzeitig zu sein? Gerade noch sind Sie nett und angepasst und im nächsten Augenblick sind Sie unkontrolliert und wütend. Wie lernen Sie, diese verschiedenen Aspekte Ihrer selbst in ein Ganzes zusammenzufügen? Wie lösen Sie den Widerspruch zwischen diesen beiden Neigungen?

Ich hoffe, die vorausgegangenen Übungen haben gezeigt, dass es in der Traumwelt möglich ist, blitzartig von einem Punkt zum anderen zu springen. Sie erlaubt es uns, alle beliebigen Formen anzunehmen. Uns von einem ins andere zu verwandeln und verschiedene Alternativen zu erfahren, verleiht uns die Wendigkeit, anpassungsfähig zu sein und uns geschwind und anmutig zu verändern. Wie gesagt: Diese Übungen sind transformierend. Hier können Sie die Wandlungsfähigkeit und Formbarkeit Ihrer Imagination nicht nur für Bewegungen einsetzen, sondern für unmittelbare Transformationen.

11. Geführte Übung (Wandlungsfähigkeit I)
Atmen Sie drei Mal aus. Sehen Sie die hässliche Seite Ihrer selbst, das Biest. Atmen Sie einmal aus. Stellen Sie sich vor, Sie seien die Schöne, die Ihre hässliche Seite streichelt. Was geschieht?

12. Geführte Übung (Wandlungsfähigkeit II)
Atmen Sie einmal aus. Stellen Sie sich vor, Sie gehen in einen Garten voller Tiere. Stellen Sie sich vor, Sie begeben sich in den Körper einer Eidechse; atmen Sie einmal aus; dann eines Pfaus; atmen Sie einmal aus; dann eines Vogels.

Das dritte Gesetz: Das offene Ergebnis

Auf der Ebene von *Drash,* (der Frage), finden wir das *Gesetz des offenen Ergebnisses.* Wenn wir eine Frage stellen und gleich zur Antwort übergehen, lassen wir die Frage nicht über der Leere schweben. Wir haben nicht *zugehört.*

Wenn wir das Ergebnis offen lassen, eröffnen wir einen Raum, in dem eine Antwort auftauchen kann. Es ist ein Innehalten, eine Pause. In diesem Innehalten liegt nicht nur das Geheimnis der Selbsterkenntnis, sondern das Geheimnis aller Heilung. In der Pause kann sich die Antwort entwickeln. Wenn wir das Ergebnis offen lassen, wird die Quelle angeregt und die Imagination kann sich kreativ entfalten. (Eine andere Situation ergibt sich, wenn eine »Leitfrage« gestellt wird. Dabei zieht der Träumer unweigerlich voreingenommene Schlussfolgerungen. Dies ist nur akzeptabel und sogar ratsam, wenn es in der Übung darum geht, etwas Spezifisches zu heilen und man weiß, dass sie ein bestimmtes Ergebnis auslösen kann.)

Das vierte Gesetz: Unmittelbarkeit

Auf der vierten Ebene *Sod*, der Ebene der Quelle, geht es um das *Gesetz der Unmittelbarkeit.* Sie erinnern sich, wie die Quelle durch die Frage *anspringt.* Alle geführten Übungen müssen kurz sein. Wie wir in diesem Kapitel bereits gesehen haben, brauchen wir für die Kontaktaufnahme mit der Quelle ein gewisses Überraschungsmoment. Wenn wir den Überraschungseffekt schwächen, indem wir den Prozess hinziehen, unterminieren wir die notwendige Spontaneität und Frische des Prozesses. Die Antwort muss rasch kommen. Ihre Entfaltung dauert weniger als eine Minute. Wie Sie wissen, bedeutet der Zugang zur Quelle einen Zugang zum Herzen der Dinge, zum Fühlen.

Die imaginative Antwort ist holographisch. Sie existiert in der Sprache des Träumens. Im ersten Bild liegt die ganze Wahrheit. Wenn Sie zögern, weil Sie das Bild nicht mögen, geraten Sie vielleicht in Versuchung, es durch ein anderes zu ersetzen, das Ihnen besser gefällt. Doch wie wollen Sie je lernen, sich auf Ihre Imagination zu konzentrieren, wenn Sie schon ganz am Anfang ihre Gültigkeit in Frage stellen?

Denken Sie auch daran, dass Zögerlichkeit das Fantasieren fördert. Glauben Sie dem, was Sie als Erstes sehen, wie unangenehm oder merkwürdig es Ihnen auch vorkommen mag. Unmittelbarkeit ist eine Strategie für Transformation. Nur so können Sie zu einem echten Träumer werden.

13. Geführte Übung (Unmittelbarkeit)
Atmen Sie drei Mal aus. Stellen Sie sich vor, Sie schauen durch eine Lupe auf ein Wort, welches auf einem alten Pergament steht, das Sie gerade gefunden haben. Was lesen Sie?

Ich habe Ihnen jetzt ein paar der grundlegenden Strategien gezeigt, die in einem Träumer Bewegung hervorrufen. Ich schlage Ihnen vor, die geführten Übungen zu Ihrer inneren Entwicklung zu nutzen. (Im Anhang 1 finden Sie eine weitere Übungsreihe.) Falls nicht anders erwähnt, reicht es, die Übungen einmal zu machen. Wenn Sie sie noch ein weiteres Mal machen wollen, warten Sie mindestens drei Monate, um den Überraschungseffekt zu erhalten.

Sie sind jetzt bereit für Ihre achte Aufgabe: Die Erkundung der grundlegenden Absicht Ihres Seins. Bevor Sie weiterlesen, sollten Sie jedoch mit allen vorherigen Aufgaben sicher und vertraut sein. Ohne sie können Sie nicht weitermachen. Sie sind die Basis für die zweite Hälfte der Arbeit: ein fokussierter Träumer und Meister des Lebensplans zu werden.

Ein kurzer Überblick über die Übungen des 7. Kapitels

Nachahmung I (S. 152)

Atmen Sie drei Mal aus. Stellen Sie sich vor, Sie müssen wie die Schöne aus dem Märchen *Die Schöne und das Biest* Ihr Zuhause und den Schutz jener, die Sie lieben, verlassen. Was spüren und fühlen Sie?

Nachahmung II (S. 152)

Atmen Sie einmal aus. Sehen Sie sich selbst als die Schöne, die zum ersten Mal durch den merkwürdigen Garten des Biests wandert. Sie entdecken seinen Rosenstrauch. Atmen Sie einmal aus. Was sehen und fühlen Sie, wenn Sie den Duft der einen vollkommenen Rose an dem Strauch wahrnehmen?

Richtungsgebundenheit (S. 153)

Atmen Sie drei Mal aus. Spüren, sehen und fühlen Sie sich selbst als die Schöne, die nach langer Abwesenheit in ihr Vaterhaus zurückkehrt. Welche Richtung schlagen Sie ein, um nach Hause zu gehen? (Rechts, links, geradeaus, zurück, oben, unten?) Atmen Sie einmal aus. Was sehen Sie als Erstes, wenn Sie an Ihrem Vaterhaus ankommen? Was fühlen Sie?

Vordringen I (S. 153)

Atmen Sie einmal aus. Stellen Sie sich vor, Sie sind die Schöne, die in die Mitte der Rose schaut. Können Sie den Duft wahrnehmen? Atmen Sie einmal aus. Was sehen Sie dort? Was geschieht?

Vordringen II (S. 153)

Atmen Sie einmal aus. Stellen Sie sich vor, Sie stehen vor einer verschlossenen Tür, in der Hand einen Schlüsselring voller Schlüssel. Finden Sie den passenden Schlüssel. Stecken Sie ihn ins Schloss, drehen Sie ihn und öffnen Sie die Tür. Was sehen Sie? Was tun Sie? Atmen Sie einmal aus. Stehen Sie auf der Schwelle oder treten Sie durch die Tür?

Rückkehr (S. 154)

Atmen Sie drei Mal aus. Visualisieren Sie jemanden, mit dem Sie zurzeit Schwierigkeiten haben. Stellen Sie sich vor, Sie verlassen Ihren Körper, gehen hinüber zu der Person und begeben sich in deren Körper. Wie fühlt es sich im Körper dieser Person an? Ist es geräumig oder eng? Dunkel oder hell? Ruhig oder erregt? Wie atmet, bewegt sich und denkt dieser Mensch? Atmen Sie einmal aus. Schauen Sie aus dem Körper und dem Gehirn dieses Menschen zurück auf sich selbst. Wie sehen Sie sich durch die Augen dieser Person? Was spüren und fühlen Sie? Was sagen Sie zu Ihrem gegenüberstehenden Selbst? Sprechen Sie es aus und hören Sie es in der Stimme jener Person. Atmen Sie einmal aus. Kehren Sie zu Ihrem eigenen Körper zurück und schauen Sie auf die Person, die Sie gerade besucht haben. Haben sich Ihre Wahrnehmung von dieser Person und Ihre Gefühle ihr gegenüber verändert? Wenn ja, beschreiben Sie sich selbst diese Veränderung.

Paarigkeit (S. 155)

Atmen Sie drei Mal aus. Sehen und spüren Sie sich als einen ausgewachsenen Baum. Spüren und sehen Sie Ihre Wurzeln, Ihren Stamm, die Äste, Zweige und Blätter. Atmen Sie einmal aus. Jetzt spüren und sehen Sie, wie sich die Blätter blitzschnell in die Zweige zurückschieben, die Zweige und Äste schieben sich zurück in den Stamm, der Stamm zieht sich in die Wurzeln zurück und alles schrumpft zurück in den Samen. Atmen Sie einmal aus. Sehen und spüren Sie sich selbst als den Samen. Hören Sie das Wispern Ihres eigenen Lebens. Was sagt es? Atmen Sie einmal aus. Jetzt wachsen Sie sehr schnell wieder zu einem ausgewachsenen Baum heran.

Spiegelung (S. 157)

Atmen Sie drei Mal aus. Stellen Sie sich vor, Sie betrachten sich selbst im Spiegel. Wie sehen Sie sich? Was haben Sie an? Welchen Ausdruck haben Sie im Gesicht? Wie fühlen Sie sich, wenn Sie sich so im Spiegel sehen?

Gegensätze (S. 157)

Atmen Sie einmal aus. Stellen Sie sich vor, Sie seien gleichzeitig die Schöne und das Biest. Was geschieht? Was fühlen Sie?

Häufungen (S. 157)

Atmen Sie einmal aus. Sehen Sie Hekate, das Weibliche, Persephone, das Mädchen, und Demeter, die Mutter, als drei Eckpunkte eines Dreiecks. Atmen Sie einmal aus. Schauen Sie in die Mitte des Dreiecks. Was sehen Sie?

Wandlungsfähigkeit I (S. 158)

Atmen Sie drei Mal aus. Sehen Sie Ihre hässliche Seite, das Biest in Ihnen. Atmen Sie noch einmal aus. Stellen Sie sich vor, Sie sind die Schöne, die Ihre hässliche Seite streichelt. Was geschieht?

Wandlungsfähigkeit II (S. 158)

Atmen Sie einmal aus. Stellen Sie sich vor, Sie betreten einen Garten voller Tiere. Stellen Sie sich vor, Sie begeben sich in den Körper einer Eidechse. Atmen Sie einmal aus. Dann in den Körper eines Pfaus. Atmen Sie einmal aus. Dann in den Körper eines Vogels.

Unmittelbarkeit (S. 160)

Atmen Sie drei Mal aus. Stellen Sie sich vor, Sie betrachten durch eine Lupe ein Wort in einem alten Pergament, das Sie eben entdeckt haben. Was lesen Sie da?

Im Anhang 1 finden Sie eine weitere Übungsreihe dieser Art. Machen Sie alle Übungen einer Reihe direkt hintereinander.

ACHT

Absicht und Träumen

»Die Vision, die er hat, handelt von späteren Tagen, er weissagt für ferne Zeiten.«

HESEKIEL 12,27

Es war einmal in der heiligen Stadt Jerusalem, wo Wunder so natürlich geschehen wie ein Schmetterling auf einer Blüte landet, da lebte dort ein arabischer Junge namens Nabulsi. Er war vielleicht vierzehn Jahre alt und hatte weder Familie noch ein Zuhause. Er trug alles, was er besaß, auf seinem Rücken, und in der Tasche hatte er eine einzige Münze, um sich ein Abendessen zu kaufen. Dies war nicht die einzige verlorene Seele, die durch die Altstadt wanderte – es gab viele wie ihn –, aber ohne dass er es ahnte, schwebte an diesem Tag der Geist Gottes über ihm.

Ihm fiel ein Glänzen ins Auge. Das Sonnenlicht spiegelte sich in einem Gegenstand, der neben anderen Trödelwaren auf einem Teppich ausgebreitet war. Er sah genauer hin. Es war ein Türklopfer.

Plötzlich hatte er eine Vision von dem Türklopfer an einer Tür! Und hinter der Tür erschien ein Haus, und hinter dem Haus, als sei es durchsichtig, ein weiterer Türklopfer an einer Tür eines weiteren Hauses, und dahinter noch ein Türklopfer, eine Tür und ein Haus und so weiter, so weit der Blick des Jungen reichte. Der Türklopfer war schön und er mochte ihn, doch es war die Vision, die ihm den Atem verschlug. Eine Vision kann einem die ganze Vernunft lahmlegen. Er kaufte den Türklopfer mit der Münze, mit der er sein Abendessen bezahlen wollte.

Es fing mit der Vision von vielen Türen und Häusern an und

führte zu einer Tat: Nabulsi kaufte den Türklopfer. War das verrückt oder mutig? An diesem Abend schlief der Junge hungrig ein. Er kauerte in einer Hausecke und drückte den schweren Türklopfer an seine Brust. Ist das das Ende der Geschichte? Oder wurde durch die Fusion von Vision und Tat eine Bewegung in Gang gesetzt, die erst nachlassen würde, wenn sich der Kreis schloss, wenn sich der Traum in die Wirklichkeit übersetzte?

Ist eine »Vision« eine prophetische Botschaft, von den Göttern gesandt? Oder eine Blaupause unserer inneren Struktur, die, wenn sie sich entfaltet, den wahren Sinn unseres Seins enthüllt? Und wird Nabulsi ihre Verheißung umsetzen können und die Bestimmung verfolgen, die sie verkündet? Worin besteht die Kraft einer Vision, die einen Menschen dazu bringen kann, trotz aller Widerstände seinen Traum zu verwirklichen?

Nicht jeder von uns wird mit einer so starken Vision gesegnet wie dieser Junge. Wie man sehen wird, hat ihn der Geist erhellt und er ließ sich darauf ein. Wenn wir keine so klare Vision haben, heißt das, wir gehen leer aus? Oder bleibt uns dann unser höherer Daseins-Sinn verborgen? Oder wurde uns eine Vision geschenkt, aber wir haben sie ignoriert oder zurückgewiesen; wir ließen uns lieber ablenken, als uns darauf einzulassen, unverwandt einen Traum zu verfolgen? Dürfen wir darauf hoffen, dass wir irgendwann eine Vision unseres wahren Lebenssinns haben werden und dass diese Vision so stark sein wird, dass sie uns handeln lässt?

Absicht beginnt mit einer Vision

»Am Anfang schuf Gott Himmel und Erde« (Genesis 1,1). Woraus hat Er sie und alle Wunder der Schöpfung erschaffen? »Creatio ex nihilo«: Aus Nichts? »Nein«, sagt der Midrasch. Gott schaute und sah »Buchstaben, geschrieben in schwarzem Feuer auf weißes Feuer«. Aber wie konnte es Feuer geben, bevor die Welt erschaffen war?

Welches Feuer könnte das sein, außer dem brennenden Hochgefühl Gottes, der sich selbst sieht? Alles, was in Ihm war, Sein Traum Seiner Selbst, entzündete die Schöpfung. Und Er sah, »dass es gut war« (Genesis 1, 31). Seine Begeisterung für das, was Er sah, war der Antrieb, der die Manifestation der Welt bewirkte. Diesen Elan schenkte er auch uns (da wir nach Seinem Bilde erschaffen wurden) und schenkte uns damit das Wissen darum, selbst zu manifestieren, Mit-Schöpfer in Seinem Plan zu sein. *Mit-Schöpfer mit Gott?* Was für ein magisches Denken! Welch gefährliche Verrücktheit!

Eine Stimme sagt: »Schau nach innen und das Feuer deines Schauens wird deine Träume in die Manifestation treiben.« Schön und gut, nur dass die fürsorgliche Mutter auch zu ihrem Kind sagt: »Verträume nicht dein Leben. Träumen führt zu nichts.« Wer hat Recht? Natürlich beide. Ich will erklären, warum.

Am Anfang, *Bereshit*, ist der Samen. Ohne Vergangenheit oder Zukunft ist er ganz der Augenblick, die Erschütterung der Offenbarung. Die Entwicklung des Samens dauert sechs Tage (sechs Traumbewegungen?), und am siebten Tag ruht der Samen in seiner glorreichen Entfaltung, ein Baum des Lebens. Doch noch immer gibt es keine Manifestation. Diese findet in der zweiten Phase der Schöpfung statt, wenn die Ordnung umgekehrt wird. Dann erschafft Gott »Erde und Himmel« (Genesis 2,4) im Gegensatz zu »Himmel und Erde« (Genesis 1,1).

In Genesis 2,7 nimmt Gott dann Erde und bildet daraus Adam. Mit dieser praktischen Geste bringt er Seinen Traum in die physische Manifestation, ähnlich wie Nabulsis Kauf des Türklopfers auf einer sehr viel bescheideneren Ebene *seinen* Traum zur Verwirklichung bringt.

Reicht das? Natürlich nicht! Die Welt der Manifestation existiert in Zeit und Raum. Den Türklopfer zu kaufen oder Adam zu formen ist noch nicht die ganze Geschichte. Da sich der Traum in der physischen Welt manifestieren soll, stellen Zeit und Raum ihre eigenen Bedingungen an die Entfaltung und bringen eigene Notwendigkeiten ein. Nachdem Gott Adam erschaffen hatte, meinte Gott vorausschauend: »Es ist nicht gut, dass der Mensch allein bleibt. Ich will ihm eine Hilfe machen, die ihm entspricht.« (Genesis 2,18). Und er erschuf Eva und führte sie zu Adam.

Den gleichen physischen Notwendigkeiten entsprechend steht Nabulsi nun, da er sich auf den Türklopfer eingelassen hat, vor der Notwendigkeit, seinen Schatz irgendwo unterzubringen, bis zu dem Tage, an dem er das Haus kaufen kann, an dessen Tür er sein kostbares Gut hängen kann. Seine Vision treibt ihn dazu, mit mehr Einsatz eine gute Arbeit zu finden, um seinem Ziel näherzukommen. Er ist nicht länger ein hoffnungsloser Junge, sondern ein neuer Mann, der in seinem Herzen, Geist und Körper ein brennendes Ziel hat – eine Absicht oder *Kavanah*, wie es auf Hebräisch heißt.

Weil wir in einer einschränkenden physischen Wirklichkeit leben, wird Nabulsis Kavanah immer wieder auf die Probe gestellt werden. Was wird er tun, wenn man ihm eine gut bezahlte Arbeit als Schäfer in Galiläa anbietet, bei der er ein Dach über dem Kopf und gutes Essen bekommt? Dann wäre er weit weg von der Stadt, wo, wie er weiß, sein Traum stattfinden wird. Wird er zulassen, dass seine unmittelbaren Bedürfnisse und Wünsche ihn von der Verfolgung seiner Vision abbringen, von der er innerlich weiß, dass in ihr sein wahrer Lebenssinn verborgen liegt?

Wie er entscheidet, aber noch viel mehr wie er nach seinen Entscheidungen handelt, wird bestimmen, ob er ein zweckmäßiges, von seinem Willen bestimmtes Leben haben wird, oder ein Leben voller Sinn und Bedeutung. Seine Vision war eine Verkündigung. Jetzt muss er ihr nachkommen. Sie will gelebt werden.

Der Unterschied zwischen Kavanah und Willen

Und wenn der Junge die Gelegenheit nicht beim Schopf ergriffen hätte? Wenn er aus Ängstlichkeit der Offenbarung nicht gefolgt wäre? Wenn er den Türklopfer nicht gekauft hätte? Dann wäre er wie der Knecht in dem Gleichnis von Jesus, der die drei Münzen seines Herrn nimmt und vergräbt, um sie sicher aufzubewahren. So können sich die Münzen nicht vervielfältigen.

Doch die Vision dessen, was hätte sein können, würde ihn verfolgen, wie eine Seele ohne Wurzeln. An diesem Punkt hätte die Mutter Recht, die sagt: »Verträume nicht dein Leben!« Denn wenn wir uns nicht darum bemühen, unseren Traum zu verwirklichen, verkehrt er sich in eine Fantasie, ein unbewegtes Spiel der Imagination, ein Bedauern.

Welche Ziele kann die Mutter dem Kind statt seiner eigenen anbieten? Finanzielle Sicherheit, soziale Anerkennung, eine gute Ehe,

Beliebtheit, Doktorwürden, Berühmtheit, alles, wovon sie selbst einmal geträumt hat. Diese Ziele sind völlig gerechtfertigt – bis auf einen Punkt. Es sind die Ziele von jemand anderem. Sie beziehen ihren Antrieb aus dem Träumen, Wünschen und den Ängsten der Mutter. Das Kind mag ihnen auch nachstreben, weil es ehrgeizig, neidisch oder leicht beeinflussbar ist oder weil es gerne die Bedürfnisse der Mutter befriedigen möchte. Doch diese Ziele kommen von *außen,* durch einen mentalen Prozess der Auswahl oder Berechnung.

Weil diese geschäftigen Träume (die wir und unsere Lieben fleißig fördern können) aus dem klebrigen Reich der Emotionen und Reaktionen stammen, leben sie nicht von dem reinen Feuer der Kavanah, sondern von einem minderwertigen Feuer. Nicht die reine, alles umfassende Flamme der Sinnhaftigkeit trägt uns, sondern ein verzehrendes Feuer, das zu nichts führt. Wir fühlen uns getrieben, die Umwelt zu kontrollieren, ihr unseren Willen aufzunötigen und wollen unser Ziel erzwingen, bevor wir uns daran halten können. Oder wir brechen zusammen, fühlen uns unfähig und verzweifelt.

So oder so ist es ein Prozess ohne Anmut und Leichtigkeit.

Da wir mit »re-aktiver« Energie arbeiten (siehe Abb. 5, S. 75) können wir Widerstände auf dem Weg zu dem von uns berechneten Ziel nur durch *Kraft* überwinden.

Warum soll das schlecht sein? Besser mutwillig als apathisch, lieber erfolgreich als erfolglos. Doch wie viele erfolgreiche Menschen, die in *unseren* Augen alles haben, wovon wir träumen, nehmen Drogen oder bringen sich um, weil ihr Leben in *ihren* Augen ein Fehlschlag oder zumindest bedeutungslos ist? Wie kann man deren Verzweiflung erklären? Offensichtlich waren ihre Träume falsche Träume, die von Wut, Ehrgeiz, Groll, Neid oder Feigheit beseelt waren – Emotionen, die uns wie die Furien der griechischen Mythologie in den Wahnsinn treiben können.

Stellen Sie sich vor, Sie sind ein Spieler im amerikanischen Football. Sie haben den Ball, arbeiten sich kämpferisch durch die gegnerische Abwehr durch und machen einen Touchdown. Alle jubeln, als Sie die Ziellinie überqueren, und Sie fühlen sich zu Recht umjubelt und voller Stolz! Sie haben gerade Ihren Willen eingesetzt, um durch einen harten Widerstand durchzubrechen, und Sie waren erfolgreich.

Jetzt stellen Sie sich die Szene noch einmal anders vor: Sie haben gerade den Ball ergattert und dann passiert es! So wie es auch Nabulsi »passiert« ist, tauchen Sie plötzlich in die Quelle ein. Sie »sehen«, wie Sie völlig mühelos den Touchdown machen. Wie durch Zauberhand verstummt das Stadion, alles scheint weit weg, die Gegner und Sie selbst mitsamt Ihrer Mannschaft, alle scheinen sich wie in Zeitlupe zu bewegen. Erstaunt nehmen Sie die Leichtigkeit und den Fluss Ihrer Bewegungen wahr.

Alles geschieht, als hätten Sie Zeit bis in alle Ewigkeit, doch in dem Augenblick, wo Sie »sehen«, wie Sie den Touchdown machen, sind Sie auch schon da, wie in der Traumzeit. In der Sportwelt heißt dieses Phänomen »the Zone«. Sportler, die diesen Zustand erfahren haben, vergessen ihn nie. Sie haben das Göttliche in Aktion »gesehen«: eine echte Vision, die ihre Beschränkungen in einen Erfolg verwandelt hat.

Echte Visionen entstammen der Quelle. Die von einer echten Vision angetriebene Kavanah erzeugt diesen Ausnahmezustand, der auch als »Flow« bezeichnet wird. Wenn die Absicht aus der Quelle stammt und man seiner Kavanah folgt, wird alles fließend und leicht. Wenn es kompliziert und schwierig wird, hat Ihr Träumen seine Spur verloren. Dann wollen Sie mit Kraft etwas herbeiführen, was nicht sein soll. Es kann sehr anstrengend sein, seinen Willen auf diese Weise durchzusetzen.

Der Regenbogen der Gefühle

Was ist dann eine echte Vision? Wir wissen, seit Adam und Eva aus dem Garten Eden vertrieben wurden, müssen wir uns abmühen, um den im Boden verborgenen Schatz zu heben. Wir erfahren es jeden Tag. Wir bemühen uns in unserer Arbeit, wir eilen, um uns um die Kinder oder unsere alten Eltern zu kümmern, wir mühen uns ab, um in Schwierigkeiten geratene Beziehungen aufrechtzuerhalten, wir versuchen es mit ganzer Willenskraft und beißen die Zähne zusammen, um in einer schwierigen Welt den Kopf über Wasser zu halten.

Wie könnten wir es auch anders machen, wenn uns doch keine echte Vision vergönnt ist? Nicht jeder von uns hat so ein Glück wie

Nabulsi. Aber Moment mal! Da möchte ich einhaken. Ich höre Sie schon schimpfen: Warum er und nicht ich? Warum hat er es leicht und ich so schwer? Warum ist er begeistert und ich erschöpft? Nur wenn Sie herausfinden, was eine echte Vision ist, können Sie sich diese Fragen beantworten. Aber woher wissen wir, dass es sie überhaupt gibt?

In alten Märchen hören wir von einem Schatz, der am Ende des Regenbogens vergraben liegt. Er ist unser Erbe, wenn wir uns trauen, es zu beanspruchen. Doch wir können das Gold, den Stein der Weisen, die Quelle nur erreichen, wenn wir alle unsere geschäftigen Träume hinter uns lassen und es wagen, den siebenfaltigen Weg des Regenbogens zu gehen.

Der Regenbogen

Atmen Sie drei Mal aus. Stellen Sie sich vor, Sie erklimmen einen großen Regenbogen. Tummeln Sie sich spielerisch in jeder der sieben Farben – Rot, Orange, Gelb, Grün, Blau, Indigoblau und Violett. Spüren Sie, wie jede Farbe in Ihrem Körper andere Empfindungen und ein anderes Gefühl auslöst. Gehen Sie bis zum Ende des Regenbogens und finden Sie den Schatz, der an seinem Fuß vergraben liegt.

Wenn wir am anderen Ende des Regenbogens die Erde wieder berühren, kommen wir in den »Flow«, in die Sphäre der Quelle, deren Mysterium und Stärke alles übersteigt, was wir uns vorstellen können. Aus ihrem sanften, starken Licht erstrahlen all die Farben unserer Gefühle. Sie erinnern sich: Gefühle sind etwas anderes als Emotionen. Emotionen sind Reaktionen auf blockierte Wünsche, Erwartungen, Ansprüche und dergleichen. (Um Ihre Erinnerung aufzufrischen, blättern Sie zu Abb. 5, S. 75) Wenn wir *reagieren*, sind wir im Widerstand, wir üben Druck aus oder entziehen uns und setzen unseren Willen ein.

Aber wenn wir *fühlen* (Liebe, Mitgefühl, Schönheit, Stärke, Großartigkeit, Mut, Freude, Gnade, Gerechtigkeit etc.), strahlen wir in alle Richtungen Licht und Wärme aus, wie ein Topf voll Gold oder wie die Sonne am Himmel. Wir glühen und werden im wahrsten Sinn des Wortes zu Stars (= Sternen).

Der Schatz am Ende des Regenbogens ist ein Erbe, das nicht nur den Nabulsis dieser Welt zusteht, sondern uns allen. Ja! Das sind auch Sie und ich, jeder Bettler und Edelmann, schwarz, weiß oder bunt. Die Quelle, das reine Licht, unterscheidet nicht. Noch ist keine Form aus ihr hervorgegangen oder hat sich durch unsere eigene Entscheidung manifestiert. Wie Joseph, der Träumer aus der Bibel, sind wir alle Lieblingssöhne und -töchter, und unser Vater – der göttliche Geist, der uns Leben einhaucht – kleidet uns in einen bunten Rock. (Ich verwende hier das Beispiel Josephs, weil das männliche Geschlecht den aktiven Teil in uns repräsentiert. Joseph bedeutet auf Hebräisch »Hinzugefügt«.)

Wir müssen all unsere geschäftigen Träume verwerfen, wenn wir unser Erbe antreten wollen: Die Vision, die unserer angeborenen Gabe der Imagination »hinzugefügt« wird.

Nur der große Traum nährt die Absicht

Joseph war ein junger Mann, wie Merlin und wie die kleinen Helfer der »sehenden« Welt. Er war in seine eigene Schönheit verliebt, was uns nicht wundern sollte, denn die Traumwelt ist für Träumer so verführerisch. Er hatte einen Traum, den er seinen Brüdern erzählte.

»Siehe, wir banden Garben auf dem Felde, und meine Garbe richtete sich auf und stand, aber eure Garben stellten sich ringsumher und neigten sich vor meiner Garbe.« (Genesis 37,7)

Wie konnte es Joseph entgehen, welche Wirkung diese Worte auf seine Brüder haben musste? War er so eitel oder so naiv? Nein, wie alle kleinen Helfer der Traumwelt war Joseph einfach unschuldig. Und zwar so sehr, dass er, um sicherzustellen, dass ihn seine Brüder gehört hatten, ihnen noch einen zweiten Traum mit dem gleichen Muster erzählte, und damit deren Groll gegen ihn noch vertiefte.

»Ich habe noch einen Traum gehabt; siehe, die Sonne und der Mond und elf Sterne neigten sich vor mir.« (Genesis 37,9) Josephs Brüder waren verständlicherweise zornig und beschimpften ihn. Josephs Vater wies ihn zurecht, denn Joseph hatte ihn und seine Söhne unnötig provoziert. Doch Josephs Vater »behielt diese Worte«. Warum?

Erkennen Sie das Muster? Joseph ist die Nabe, während seine Brüder, sein Vater (Sonne) und seine Mutter (Mond) die Speichen des Rades sind. Dies ist ein »Fühl«-Traum! Er hat eine Ausstrahlung, die auf alle Beteiligten wirkt. Weder Josephs Vater noch seine Brüder konnten den Traum je vergessen.

Ein derartig strahlender Traum hinterlässt einen unauslöschlichen Eindruck, nicht nur bei dem Träumer, sondern bei allen, die ihn hören. Er brennt unvergesslich in unserer Erinnerung. Er setzt eine neue Vision in Gang und hält sie in Bewegung, bis sich die Vision vervollständigt, indem sie ihre Botschaft in der physischen Welt manifestiert. Wenn sie Frucht getragen hat, geht sie in die Welt unserer kostbarsten Erinnerungen ein, oder aber in die Welt der Märchen, Mythen und Legenden.

Wenn die Quelle angezapft wurde und ihre grundlegende und wahre Struktur in einem nächtlichen Traum offenbart hat, nennen wir das einen »Großen Traum«, im Unterschied zu den geschäftigen Träumen. Wenn sich das Gleiche während des Tages ereignet, wie bei jenem jungen Araber, nennen wir es eine »prophetische Vision«.

Der Große Traum und die prophetische Vision sind die beiden einzigen Arten des Träumens, die eine Absicht erzeugen. Durch ihre Nähe zum Brennpunkt der Quelle, wo nur Gefühle überleben und gedeihen können, bilden sie die Antriebskraft für die Bewegung der Kavanah.

Risse in der Vision

Mitten am Tag plötzlich eine starke Vision zu haben ist ja gut und schön, vor allem, wenn das Ereignis so überwältigend ist, dass wir geneigt sind, es für echt zu halten. Aber ein nächtlicher Traum? Offenbar hielt Joseph seinen Traum für so bedeutend, dass er jedem davon erzählen musste!

Genau genommen hatte er den Traum in zwei verschiedenen Versionen. Und obwohl er den Unmut seiner Brüder riskierte, erzählte er ihn auch noch zweimal! Wer sind jene Brüder, die Joseph gleichzeitig hassen und beneiden? Inzwischen wissen Sie es sicherlich. Sie sind die anderen Teile, die reaktiven Emotionen in Joseph, die der Vision

Widerstand leisten. Sie sind die Bewegungen unserer Erde, unseres natürlichen Lebensraums, des Körpers: unsere Instinkte und unser Verlangen, unsere gewaltsamen Reaktionen und verwirrten Gefühle, unsere schlechten Gewohnheiten, die sich von der Kavanah nicht vertreiben lassen wollen.

Dies sind die Übeltäter, die uns wie die wilden Tiere den bunten Rock zerreißen und geschäftige Träume ausbrüten. Sie wollen nicht, dass wir etwas mit dem Großen Traum zu tun haben. Angesichts solcher Widersacher gab sich sogar der weise Joseph beinahe geschlagen. Die Brüder zerrissen seinen Rock und warfen ihn in eine Schlangengrube. Als ihnen das nicht genug erschien, verkauften sie ihn an die Ismaeliten.

Wie sollen wir denn unseren Großen Traum erkennen? Wie können wir merken, dass wir bereits von ihm berührt wurden? Oder dass wir ihn aus uns herauslocken müssen?

Was kennzeichnet Große Träume? Ihre klassische Struktur, klare Farben, ihre Dichte, Schönheit, Wirkung und Schlichtheit. Große Träume sind wie gute Gedichte – wir trauen ihnen. Oder wie gute Liebhaber: stark, anschmiegsam, anregend. Sie sind wie Richtstrahlen, die uns den Weg leuchten und uns führen und die wir nie vergessen können.

Doch wie die Brüder versuchen wir, sie zu zerstören, ohne zu wissen, dass sie unzerstörbar sind. Wir können sie begraben, unterdrücken, in Stücke hacken, doch sie leuchten immer wieder auf, wenn wir es am wenigsten erwarten. Wenn Sie meinen, noch keinen Großen Traum gehabt zu haben, irren Sie sich wahrscheinlich. Die Quelle in uns hört nie auf zu leuchten. Hier ist eine Möglichkeit, sich zu erinnern:

Erste Erinnerung

Atmen Sie drei Mal aus. Kehren Sie durch Ihre Vergangenheit zurück zu Ihrer ersten glücklichen Erinnerung. Rufen Sie sie so lebendig wie möglich wieder in Ihr Bewusstsein, mit allen magischen Einzelheiten und Schattierungen. Atmen Sie einmal aus. Während Sie durch Ihre Vergangenheit wieder in den jetzigen Augenblick zurückwandern, achten Sie darauf, wie diese erste Erinnerung Ihre Inspiration genährt und Ihr Leben vorangebracht hat.

Wenn Sie eine erste glückliche Erinnerung nicht so leicht finden können, probieren Sie folgende Übung:

Erkennen Sie Ihre endgültige Kavanah

Atmen Sie drei Mal aus. Stellen Sie sich vor, Sie sehen sich selbst am Ende Ihres Lebens. Welche Art Mensch steht da vor Ihnen? Schauen Sie ihm in die Augen und erkennen Sie dort, was er erreicht hat, welche Eigenschaften und welche Essenz er verkörpert. Atmen Sie einmal aus. Erkennen Sie, was diesen Menschen dazu gebracht hat, so zu werden, wie er ist. Erkennen Sie in dieser Antriebskraft die Kavanah, nach der Sie suchen. Geben Sie Ihrer Kavanah wenn möglich einen Namen.

Es ist nicht wichtig, ob es sich bei Ihrer ersten Erinnerung um eine echte Erinnerung oder eine Erinnerung an etwas, was Ihnen erzählt wurde, oder eine Situation, die vielleicht gar nicht wirklich stattgefunden hat, handelt. In jedem dieser Fälle kann sich daraus Ihr persönlicher Mythos ergeben, der eine bedeutende Wirkung auf Sie hat. Beide Übungen – die Erinnerung an Ihre erste, starke glückliche »Erinnerung« und das Vorspringen an den Zeitpunkt, an dem Ihr Leben enden wird – werden Ihnen durch den grundlegenden Sinn Ihres Daseins eine Erneuerung bescheren. Machen Sie beide Übungen. Denken Sie daran, dass die Vision, mit all der in ihr enthaltenen Intensität und Reichhaltigkeit, die Triebkraft der Kavanah bildet.

Aber reicht eine einzige Vision, um uns in Gang zu halten? Selbst wenn wir uns zutrauen, unseren grundlegenden Sinn erkannt zu haben, der wie eine Brücke all unser Handeln verbindet, brauchen wir immer wieder Hinweise, die uns daran erinnern. Vielleicht brauchen wir auch noch konkretere Anweisungen.

Wie kann man die Reise in einzelne Schritte aufteilen und unter dem gemeinsamen Dach des grundlegenden Sinns für jeden Reiseabschnitt eine spezifische Kavanah entwickeln? Dies wird Ihre neunte Aufgabe sein.

Ein kurzer Überblick über die Übungen des 8. Kapitels

Der Regenbogen: Kontakt zur Quelle (S. 170)

Atmen Sie drei Mal aus. Erklimmen Sie den Regenbogen, spielen Sie im Geiste mit jeder einzelnen Farbe und achten Sie auf die Gefühle, die jede Farbe hervorruft. Benennen Sie sie. Atmen Sie einmal aus. Gehen Sie bis ans Ende des Regenbogens und finden Sie den Schatz, der an seinem Ende vergraben liegt.

Erste Erinnerung: Erinnerung an einen Großen Traum (S. 173)

Atmen Sie drei Mal aus. Kehren Sie zu Ihrer ersten glücklichen Erinnerung zurück. Atmen Sie einmal aus. Kehren Sie durch Ihre Vergangenheit wieder zur Gegenwart zurück und achten Sie darauf, wie diese erste Erinnerung Ihre Inspiration genährt und Ihr Leben vorangebracht hat.

Erkennen Sie Ihre endgültige Kavanah (S.174)

Atmen Sie drei Mal aus. Sehen Sie sich am Ende Ihres Lebens. Welche Art von Mensch steht Ihnen da gegenüber? Erkennen Sie Ihre Qualitäten und was Sie dazu gebracht hat, so zu werden. Erkennen Sie in dieser Antriebskraft die Kavanah (Absicht), nach der Sie suchen, und benennen Sie sie.

NEUN

Der Wachtraum

»Die (jüdischen) Weisen sagten zu Alexander: ›Dies ist der Augapfel eines Menschenwesens. Er ist nie zufrieden.‹«

TALMUD, TAMID 32B

Selbst wenn wir unseren wahren Lebenssinn, unseren Prinzen oder unsere Prinzessin des Lichts gefunden haben, kommt es nur selten vor, dass wir dann glücklich leben bis an unser Ende, ohne auch nur einen Augenblick der Schwierigkeiten. Diese Art von Happy End gibt es nur im Märchen. Und wenn es auch traurig stimmt, ist es vielleicht ganz gut so, denn genau der Umgang mit Schwierigkeiten hilft uns, gesund zu bleiben und uns zu vervollkommnen.

An einem gewissen Punkt unserer Reise werden wir unzweifelhaft an einen gordischen Knoten kommen, ein scheinbar unlösbares Problem, und wenn wir den Zielen unseres Bewusstseins treu bleiben wollen, müssen wir versuchen, ihn zu entwirren oder zu zerlegen. Wenn der Intellekt auf ein Problem trifft, geht er es mit gefletschten Zähnen und einer Kahlschlag-Strategie an, die vieles nur noch schlimmer macht. Der Knoten löst sich nicht, die Antwort kommt nicht: Der Schriftsteller hat eine Schreibblockade, der Liebhaber will sich nicht einlassen, der Student kann sich für kein Fach entscheiden, es entsteht eine Patt-Situation, aus der es keinen Ausweg zu geben scheint.

Doch inzwischen wissen Sie, dass Ihr Geist auf zwei Weisen funktioniert: die logische und die imaginative. Wenn die eine nicht hilft, kann man es ja mal mit der anderen probieren, oder?

Haben Sie je Tango getanzt? Es ist ein faszinierendes Geben und Nehmen, voller Blicke wie Dolchstöße und wirbelnder Beine, eine formalisierte Annäherung und Entwindung. Die beiden Partner verschmelzen und trennen sich, er führt, sie verführt. In ihrem fließenden Hin und Her gibt es ein Muster, das Sie hoffentlich inzwischen erkennen, da es genau der Art entspricht, wie Ihr Bewusstsein und Ihr Unterbewusstsein zusammenwirken, in einer Bewegung, die alte Muster in neue, lebendige Arten des Seins umwandelt. Wann und wie können wir diesen Tanz beginnen?

Vom Umgang mit Ambivalenz

Wenn die Dinge nicht so gut laufen, wie wir es gerne hätten, neigen wir dazu, über das erfolgreiche Leben anderer Leute zu fantasieren. Wir beneiden sie um die Leichtigkeit ihrer Fortschritte, ohne uns klarzumachen, dass auch sie durch Hochs und Tiefs gegangen sind. Niemand von uns entgeht der unerbittlichen Ordnung der Dinge. In den Worten des Predigers Salomo 3,4: »Es gibt eine Zeit zum Lachen und eine Zeit zum Weinen.«

Der einzige wirkliche Unterschied zwischen Ihnen und jenen, die Sie beneiden, ist ein unterschiedliches Timing. Wie der Phönix haben diese sich schon aus ihrer Asche erhoben, während Sie bislang noch nicht dazu in der Lage waren. Selbst wenn Sie über den unermesslich kostbaren Schatz der Kenntnis Ihres Lebenssinns verfügen, müssen Sie sich immer noch damit abmühen, diesen Lebenssinn auch zu *verwirklichen*.

Abgesehen davon können Sie sicher sein, dass Sie im Laufe der Reise mit den Unwägbarkeiten, Irrationalitäten und Ungerechtigkeiten des Lebens konfrontiert werden. Vielleicht meinen Sie auch, in Ihrem Leben versagt zu haben, weil Sie im Moment nicht mehr weiterkommen, weil Sie das Ende einer Stufe erreicht haben und nun nicht sicher sind, wie Sie weitermachen sollen.

Hiobs Name ist zum Inbegriff des menschlichen Ringens und Leidens geworden, doch wenn man sich die ganze Geschichte durchliest, entdeckt man, dass der von Gott für Hiob vorgesehene Lebenssinn darin bestand, ein glücklicher Mann zu sein, gesegnet mit Weisheit, Gesundheit, Frauen, Kindern, Land und Herden.

Hat Hiobs bewusster Geist ihm in seinen schweren Zeiten geholfen? Keine Logik dieser Welt konnte den Schrecken über den Tod seiner Söhne und Töchter auslöschen. Zu Anfang sagt Hiob: »Mit Gott zu rechten ist mein Wunsch.« (Hiob 13,3) Doch als seine Leiden weitergehen, gibt es keine wohl bedachten Argumente mehr, die seinen herzzerreißenden Klagen antworten könnten.

Unsere Drangsal mag nicht so dramatisch sein wie bei Hiob, aber wir alle geraten irgendwann in ausweglose Situationen, Sackgassen, Einöden, Augenblicke der Leerheit oder vielleicht auch nur in jene sanfte, ungerichtete Depression, aus der uns keine Logik heraushilft. Wir können unsere Situation ausführlich beschreiben, sind aber unfähig, sie aufzulösen. Wir zögern, weichen aus, winden uns und suhlen uns in unserer Ambivalenz.

Je krampfhafter wir versuchen, unsere Probleme mit Hilfe der Logik zu lösen, ohne das lose Ende zu finden, das uns einen Ansatz bieten könnte, desto unlösbarer scheinen sie zu werden, desto mehr werden sie zum gordischen Knoten. Wir arbeiten uns daran ab, in diesem Knoten einen Sinn zu finden und versinken dabei immer tiefer im Morast der Unentschiedenheit. Wie kommen wir da wieder heraus?

Orakel und Paradoxien

Wenden wir uns der Geschichte von Alexander dem Großen und dem ursprünglichen gordischen Knoten zu. Sie beginnt mit einem alten Streitwagen, der jahrhundertelang in dem Tempel von Zeus Basileus auf der Akropolis von Gordion, der alten Hauptstadt Phrygiens, in der Mitte Anatoliens ruhte. Die Legende berichtet, dass Gordios, der Vater des mythischen Königs Midas, in diesem Streitwagen von Mazedonien nach Anatolien gekommen war. Seine Ankunft erfüllte die Prophezeiung einer Seherin und er wurde zum König der Phryger erkoren.

Zum Dank weihte Gordios seinen Streitwagen dem Zeus. Er brachte ihn in den Tempel und verband die Deichsel mit einem ungeheuren Knoten mit dem Zugjoch. Später entspann sich darum eine Prophezeiung: Wer diesen merkwürdigen Knoten zu lösen wisse, werde über ganz Persien herrschen.

Alexander der Große kam im zweiten Jahr seines berühmten

Feldzugs gegen das Perserreich nach Gordion. (Dies war drei Jahre nachdem das Orakel von Delphi vorausgesagt hatte, dass der neue, zwanzig Jahre alte König von Mazedonien auf dem Schlachtfeld unbesiegbar sein werde.) Bis dahin hatte Alexander diese berühmte Prophezeiung erfüllt, aber danach begannen sich die Umstände gegen ihn zu wenden.

Er hatte kaum noch Geld, seine Truppen zu bezahlen, und ein neuer, energischer Kommandant der persischen Streitkräfte in Kleinasien, ein griechischer Söldner namens Memnon von Rhodos, errang Sieg um Sieg, indem er im Rücken der mazedonischen Hauptstreitmacht kämpfte. Es schien so, als würde Alexander in Kürze überwunden sein und es vielleicht das Beste wäre, umzukehren und zurück nach Griechenland zu gehen. Doch dann hätte das Orakel von Delphi unrecht gehabt.

Der riesige Strang verknoteter Baumrinde an der Kreuzung der anatolischen Handelswege wurde für Alexander zu einer wunderbaren Metapher für einen eigenen blockierten Zustand an diesem Kreuzweg seiner Karriere. Sollte er den Knoten mitsamt seiner spektakulären Prophezeiung ignorieren und mit seinen Soldaten nach Griechenland zurückkehren? Das wäre vernünftig. Oder sollte er sich der Herausforderung stellen – mit einer radikalen Geste, vor der die meisten von uns zurückschrecken würden – und sich an dem Knoten versuchen?

Wir können uns vorstellen, wie sich, als Alexander und seine Gefährten zum Tempel gingen, eine Menschenmenge bildete, die ihnen folgte. Vor all den erwartungsvollen Blicken müht sich Alexander redlich, doch erfolglos ab, das Gewirr der verschlungenen Stränge aufzulösen. Nach langem, erfolglosem Mühen gerät die gewohnte Selbstsicherheit des jungen Königs langsam ins Wanken. Schließlich gibt er auf. Den Worten Arrians, Alexanders Chronisten, zufolge, stand er eine Weile still und nachdenklich da, aber er wusste nicht, wie er den Knoten lösen könnte.

Stellen Sie sich die Veränderung vor: Ein Eroberer, erfüllt von ungestümem Heldenmut, gibt die treibende Kraft seines Bewusstseins auf. Er entscheidet sich, seine kritische Stimme ruhigzustellen, sein Ego zu bescheiden und sich der Furcht vor dem Nichtwissen auszusetzen. Seine Größe bestand darin, dass er den Mut hatte, die

Pattsituation anzuerkennen: Sein bewusster Geist weiß hier keine Lösung. Es muss also etwas »anderes« geschehen.

Das Unbehagen annehmen

Atmen Sie drei Mal aus. Stellen Sie sich vor, Sie sind wie Alexander und trauen sich, Ihre Ambivalenz, Unruhe oder Leerheit auszuhalten und zu fühlen. Atmen Sie einmal aus. Erlauben Sie sich, durch das oberflächliche Problem hindurchzutauchen in einen offenen Raum. Beschreiben Sie den Raum und wie Sie sich darin bewegen. Was zieht Sie an?

Wenn das Bewusstsein sein Versagen anerkennt und aufhört zu versuchen, das Problem zu lösen, entsteht ein Raum, in dem die Emotionen wahrgenommen werden können. Das bedeutet nicht, dass das Bewusstsein einschläft. Es tritt vielmehr zur Seite und nimmt eine Beobachterposition ein.

Es entschließt sich, sein instinktives Urteilen auszusetzen und besänftigt seinen natürlichen Trieb, eine Lösung zu finden. Man kann dieses Manöver des Bewusstseins als Trick betrachten, mit dem es sich selbst überlistet, um aus dem Weg zu treten, so wie beim Tango à deux der Mann aus dem Weg geht, um seine Partnerin glänzen zu lassen.

Versuchen Sie es einmal: Sie werden merken, dass Sie Ihre Ambivalenz nicht mehr so stört, wenn Sie sich nicht weiter unter Druck setzen, etwas leisten zu müssen. Lassen Sie die Emotionen zu, die aufsteigen, und achten Sie Ihre Erfahrung, auch wenn sie Ihnen etwa sagt »Ich fühle mich frustriert und gedemütigt« oder »Ich liebe zwei Frauen« oder einfach »Ich habe keine Ahnung«. Das ermöglicht Ihnen, in die Erfahrung einzutauchen, in das Reich des Unterbewusstseins, in dem scheinbar gegensätzliche Tendenzen gleichzeitig möglich sind. Aus diesem Kessel der Paradoxien kann dann »etwas anderes« auftauchen.

Bewegungen des Unterbewusstseins

Unbehindert von den Einschränkungen des Zu-Fuß-Gehens, der Logik und der Linearität, kann sich Ihr Geist jetzt frei entfalten: Er kann springen, Purzelbäume schlagen, assoziieren, erfinden, komponieren oder auflösen, ganz nach Belieben. Der sibyllinische Aspekt Ihrer selbst »explodiert« geradezu in die Bewegung, so wie ein Kind nach Schulschluss. Nach dem ersten Chaos nimmt diese Bewegung ein Muster an, eine Richtung: Das Kind stürzt erst aus dem Gebäude, dreht sich ein paar Mal im Kreis, rennt ziellos umher und verschwindet dann hüpfend zwischen den Bäumen im Wald.

Was tut der alexandrinische Teil Ihres Geistes in einer solchen Situation? Er schaut mit wachsendem Staunen zu.

> Ich fühle, dass mein Boot festsitzt,
> Dort unten in der Tiefe
> An etwas sehr Großem.
> Und nichts geschieht! Nichts ... Stille ... Wellen ...
> Nichts geschieht! Oder ist schon alles geschehen,
> Und wir stehen jetzt, ruhig, im neuen Leben?
>
> »Oceans«, Juan Ramon Jimenez

Ein neues Leben taucht auf, fantastisch anders als die alte, dumpfe Tretmühle der Rationalität. Das Boot sitzt auf Grund, oh, schwebende Anmut! Und das Kind? Es ist jetzt tief im Wald, bückt sich, um an einer Blume zu riechen, plaudert mit einem Eichhörnchen und badet in einem Flecken Sonnenlicht. Die Vögel zwitschern, die Bäume rauschen, das Kind singt.

Seltsamerweise können Sie nun beide Bewusstseinszustände gleichzeitig erleben. Im Bewusstsein sind Sie erstaunt über die neuen Muster und Richtungen, die sich vor Ihnen auftun, *und* im Unterbewusstsein spielen Sie fröhlich im Wald! Beobachter und Teilnehmer zugleich, alles in einem – ein Paradox? Ja, aber genau darum geht es im Bereich der Erfahrung! Zwei Aspekte Ihrer selbst können friedlich gleichzeitig existieren. Ist es das nicht wert, sich Ihren Ängsten vor dem Unbekannten zu stellen?

Löst sich dadurch das Problem? Der Dichter sagt, »alles ist schon geschehen«. Doch er ist ja nur ein Dichter, notorisch unpraktisch, soll man ihm glauben? Alexander muss immer noch den Gordischen Knoten lösen. Hören wir uns das Ende der Geschichte an.

Alexander steht noch immer auf dem Platz vor dem Knoten. Aus der Menge der Zuschauer kommen Rufe der Ermutigung und Gemurmel. Arrian, der Chronist, schreibt über das, was als Nächstes geschieht: »Ich kann dazu nichts mit Sicherheit sagen.«

Vielleicht weiß der Dichter mehr. Wenn wir uns die Freiheit nehmen, uns vorzustellen, was mit Alexander geschah, können wir vermuten, dass er innerlich durch das Feld des Rationalen in das Reich des Fühlens eintaucht. Er hat das schon einmal getan, am Anfang seiner großartigen Karriere, als er in Delphi in die dunkle Höhle der Pythia hinabstieg, um sich im Orakel selbst zu begegnen.

In diesem inneren Heiligtum wird Alexander daran erinnert, dass er unbesiegbar ist, wie es ihm die Pythia gesagt hat. Hier ist er sich ganz sicher, was sein Lebenssinn ist. Das berührt jene Emotion, die Alexander antreibt: die Leidenschaft, seinen Lebenssinn zu erfüllen. Statt rational zu erkennen, wie er den Knoten lösen kann, »sieht« er, *von welcher Absicht* er erfüllt sein muss. Jenseits des kalten Feuers der Vernunft entsteht aus dem heißen Feuer der Ambition ein einfacher, klarer Weg.

Wir wissen zwar nicht, welche Vision oder Stimme Alexander an dieser Stelle zuteil wurde, aber wir wissen, dass er irgendwann den Kopf hob, und mit dem Ruf »Kommt es darauf an, *wie* ich ihn löse?« sein Schwert zieht und mit einem mächtigen Schlag den Gordischen Knoten zerteilt. Das Gewirr fällt auseinander und der Weg nach Asien ist frei. Keiner seiner Vorgänger, die sich an dem Knoten versucht hatten, war auf diese Idee gekommen. Das Unterbewusstsein hat etwas Revolutionäres!

Nachdem er den Gordischen Knoten entzweigeschlagen hatte, schaute Alexander nicht mehr zurück. Nur Wochen später erreichte ihn die Nachricht, sein Feind Memnon sei krank geworden und gestorben. Im November errang die mazedonische Armee am Fluss Pinarus nahe der Nordostküste des Mittelmeers einen Sieg gegen die Perser. Dieser Sieg erlaubte es Alexander, die persische Flotte zu entmachten, indem er die Häfen besetzte. Es bedeutete auch, dass ihm nun, angefangen mit Ägypten, die gesamten Schatztruhen des Ostens offen standen.

Die Entwirrung von Schauen und Träumen

Vielleicht fragen Sie sich, was wohl der Unterschied zwischen dem orakelhaften »Wachtraum«, den wir bei Alexander vermutet haben, und den geführten Übungen Ihrer siebten Aufgabe sei. Sie erinnern sich daran, dass die geführten Übungen immer mit einer klar umrissenen Induktion beginnen? Nun, hier gilt das Gegenteil: Ein Haufen von Verstrickungen scheint weder Anfang noch Ende zu haben, man fühlt sich in einer Entweder-oder-Situation gefangen, das Unbehagen ist unspezifisch, es herrscht Leere, Verzweiflung oder einfach ein Gefühl von »Was nun«?

Hier ist die Frage: *Was ist* die Frage? Der Wachtraum bietet keinen präzisen, zielsicheren Zugang zur Quelle, die wir in den Übungen praktiziert haben, sondern er ist eine Erkundung des imaginativen Feldes ohne klares Ziel.

Doch wie können wir das Ziel erkunden, wenn wir die Steuerung durch unseren Willen ruhiggestellt haben? Wir haben es hier mit einem Phänomen zu tun, das des Nachdenkens wert ist: Wie unsere Tango-Partner können unsere beiden Bewusstseinsebenen nicht isoliert voneinander funktionieren, ohne solche Verknotungen zu erzeugen. Sie brauchen einander, um ihre jeweilige natürliche Aktivität umzukehren: Das Bewusstsein muss zurücktreten und zuschauen, und das verborgene Unterbewusstsein muss sich zeigen.

Nennen wir es eine Feedback-Schleife: Das »Schauen« des Bewusstseins aktiviert die »Entfaltung« des Unterbewusstseins. Ohne das Auge des Bewusstseins bliebe das Unterbewusstsein nicht nur verborgen, sondern unbewegt und verworren.

Ja, es gibt einen unterbewussten Gordischen Knoten, der in unseren Ausführungen bislang noch nicht in Erscheinung getreten ist. Doch wenn wir hinschauen, beginnt das imaginative Feld sich zu bewegen, zu entfalten, Gestalt anzunehmen – wie eine Blüte, die sich in der Wärme der Sonne öffnet. Wie in Kapitel 1 erklärt, nennen die Chaos-Forscher dieses Phänomen »seltsame Attraktoren«.

Genau danach suchen wir: Wir wollen die »Ordnung«, die aus dem Chaos entsteht, als beobachtende Teilnehmer in ihrer Ganzheit erfahren. Wenn wir zur Seite treten, setzen wir eine »chaotische« Explosion des Unterbewusstseins frei, während *durch* unser Schauen (wie in einer Feedback-Schleife) eine regulierende Bewegung entsteht. Dies ist die »Ordnung«, die das »Schauen« (das immer nach einer Ordnung sucht) aus dem Unterbewusstsein hervorlockt. Das ist das neue Leben, das Ihren Gordischen Knoten wirksam durchtrennen wird.

Den Wachtraum üben

Fühlen Sie sich wegen irgendetwas im Konflikt? Stecken Sie in Schwierigkeiten? Sind Sie unsicher, was Sie als Nächstes tun sollen? Sind Sie vielleicht einfach neugierig, wer Sie sind? Folgendes können Sie tun:

Wachtraum

Atmen Sie drei Mal aus. Stellen Sie sich vor, Sie stehen auf einer Wiese. Beginnen Sie damit, alles zu sehen und zu spüren: die Wiese, das Gras, die Blumen, Insekten, Bäume, Tiere, Menschen und Gebäude. Schauen Sie zum Himmel auf. Wie sieht er aus? Wo steht die Sonne im Verhältnis zu Ihnen? Welche Tageszeit ist es? Spüren Sie alles so direkt wie möglich: den Duft des Grases, der Blumen, die Wärme der Sonne, den Wind, falls es welchen gibt. Lauschen Sie auf die Insekten, die Tiere, die Stimmen, den Wind. Falls es etwas zu schmecken gibt, tun Sie auch dies. Das Wichtige dabei ist, so bewussst in Ihrem sinnlichen Körper zu sein wie möglich. Atmen Sie einmal aus. Schauen Sie sich um: Wovon fühlen Sie sich angezogen? Wollen Sie dorthin gehen? Erlauben Sie sich, sich so zu bewegen, wie Sie mögen. Es geht nur darum, dem zu folgen und das zu tun, was Sie spüren und sehen. Atmen Sie einmal aus. Folgen Sie der Bewegung (denken Sie daran, dass Sie sowohl zuschauen als auch teilnehmen), wo immer die

Bewegung Sie hinführt. Wenn die Bewegung Sie auf den Hügel führt, gehen Sie dorthin, wenn die Bewegung Sie zu einer Hütte führt, dann folgen Sie ihr. Sie erkunden einfach alles. Wenn Sie sich fürchten, weichen Sie zurück, klettern Sie auf einen Baum, finden Sie Verstärkung oder halten Sie einfach an. Aber verlassen Sie nicht die Erkundung, kehren Sie so lange zu ihr zurück, bis Sie wie der Dichter sagen können: »Alles ist schon geschehen« und »Ich stehe jetzt ruhig in einem neuen Leben«. Sie werden wissen, wann es geschieht, denn Sie werden sich zufrieden fühlen und bereit sein, die Erfahrung zu beenden. Atmen Sie einmal aus. Öffnen Sie die Augen und denken Sie daran, sich zu erden. Ihre Sohlen stehen fest auf dem Boden und Sie spüren Ihren Körper auf dem Stuhl.

Was tun Sie mit dem, was Sie gerade erfahren haben? Erzählen Sie es sich selbst rückwärts. Schreiben Sie es dann sofort vorwärts in Ihr Wachtraum-Buch auf. (Dies sollte ein eigenes Buch oder ein Hefter sein, der nur diesem Zweck dient.) Versuchen Sie nicht, das Gesehene zu interpretieren. Leben Sie einfach mit den Bildern. Diese haben eine Art Ladung, denn wie die Worte einer sibyllinischen Prophezeiung haben sie die Kraft, Sie zu motivieren. Haben Sie Geduld. Vielleicht lösen Sie den Gordischen Knoten nicht so »schnittig« wie Alexander – vielleicht aber doch.

Die Gordischen Knoten des Unterbewusstseins

Sollten wir leugnen, dass es auch im Unterbewusstsein Gordische Knoten gibt? Diese kurzen, unerwarteten Ausbrüche des Unterbewusstseins, jene erschreckenden, irritierenden oder erfrischend frechen Assoziationen, zum Beispiel Ihrem Chef die Füße abzuhacken, Ihr Kind in den Teich zu werfen, sich einem Zungenkuss mit dem Mann Ihrer besten Freundin hinzugeben oder aber die beklemmende Vorstellung von Dolchstößen in Ihr Herz – was tun wir mit solchen Bildern? Oder mit wiederkehrenden Traumbildern, die uns mit ungelösten, manchmal beunruhigenden Fragen zurücklassen?

Wenn wir uns nicht um sie kümmern, entwickeln sie sich bald zu unseren ganz eigenen Gordischen Knoten. Wir können sie auch verdrängte Gefühle nennen, wie es die Freudianer tun würden, aber ich »sehe« sie lieber als vernachlässigte Blumen, die ihre Köpfe hängen lassen. Daraus kann in kurzer Zeit ein verdorrter Garten, ein Ödland werden. Aber wie gehen wir richtig mit unseren vernachlässigten Blumen um? Wir wässern sie mit unserem »Sehen«, wir schauen sie an.

Der Umgang mit vernachlässigten Traumbildern

Atmen Sie drei Mal aus. Kehren Sie zu Ihrem Traumbild zurück (ob es in der Nacht oder am Tag aufgetaucht ist) und beobachten sie es. Erlauben Sie ihm, sich zu bewegen, zu entfalten, eine Form anzunehmen oder sich zu verwandeln, wie es will. Wenn es unbewegt bleibt, sprechen Sie mit ihm, berühren Sie es oder nehmen Sie etwas weg. (Nehmen Sie zum Beispiel einer Gestalt den Hut ab oder berühren Sie sie mit dem Finger.) Schauen Sie weiter zu, bis sich das Traumbild vollendet anfühlt. Sorgen Sie sich nicht darum, woran Sie erkennen, ob es vollendet ist, Sie werden es schon merken.

Es gibt also zwei Arten, den Wachtraum zu initiieren: Entweder Sie beginnen mit einem offenen Raum oder mit einem aktuellen Traumbild, das Sie erkunden möchten. In beiden Fällen liegt der Erkundung ein Unbehagen zugrunde, das vom Bewusstsein nicht aufgelöst werden kann. Unternehmen Sie solche Erkundungen nicht zu oft, aber wann immer Sie sie brauchen. Auch so üben Sie den Tango der zwei Bewusstseinsebenen. Vielleicht fällt es Ihnen leichter, all dies mit einem Wachtraum-Therapeuten zu üben, aber wenn Sie spielerisch bleiben und das Ergebnis offen lassen, können Sie auch allein auf Entdeckungsfahrt gehen. Genießen Sie Ihre Erkundungen: Diese können Ihnen einiges über Sie selbst offenbaren.

An dieser Stelle des Spiels ist klar, dass Sie entschlossen sind, die Wahrheit zu sehen. Der Wachtraum hilft Ihnen nicht nur dabei, sondern offenbart Ihnen auch die verborgenen Schätze, den unendlichen Erfindungsreichtum und die Fülle Ihres inneren Wesens. Auf diese Weise mit den Inhalten Ihres inneren Füllhorns überschüttet zu werden, kann schon einen Gordischen Knoten in Ihnen lösen, es kann

Ihnen Ihren ureigenen »Weg nach Asien« frei machen, damit Sie weiterziehen und sich größeren, besseren Aufgaben stellen können.

Plötzlich hat die graue Welt Ihres Lebens bunte Schattierungen bekommen, erstaunliche Formen angenommen und unerwartete Wendungen gezeigt – der Garten erblüht! Sie sind zum vollendeten Tangotänzer geworden. Sie verändern sich bis zu einem ganz neuen Menschen. Sind Sie jetzt bereit und stark genug, sich die traurige Vergangenheit anzuschauen, den immer noch verwahrlosten Garten? Bedenken Sie nur, was geschehen könnte, wenn Sie die Vergangenheit mit Ihrem neuen Reichtum überschütten. Vielleicht verwandelt auch die Vergangenheit sich unter dem Licht Ihres zugewandten Sehens in »etwas anderes«. Sind Sie bereit, die Vergangenheit zu verändern? Dies wird Ihre zehnte Aufgabe sein.

Ein kurzer Überblick über die Übungen des 9. Kapitels

Das Unbehagen annehmen (S. 180)

Atmen Sie drei Mal aus. Trauen Sie sich, Ihre Ambivalenz, Unruhe oder Leerheit anzunehmen und zu fühlen. Atmen Sie einmal aus. Erlauben Sie sich, durch das Problem hindurch in einen offenen Raum einzutauchen. Beschreiben Sie den Raum und wie Sie sich darin bewegen. Wovon fühlen Sie sich angezogen?

Wachtraum: Erkundung Ihres Unterbewusstseins (S. 184)

Atmen Sie drei Mal aus. Stellen Sie sich vor, Sie stehen auf einer Wiese. Sehen und spüren Sie alles, was es dort gibt. Atmen Sie einmal aus. Schauen Sie sich um. Was zieht Sie an? Folgen Sie der Bewegung, wo immer diese Sie hinführt. Erkunden Sie alles, bis Sie sich zufrieden fühlen und bereit sind, die Übung zu beenden. Atmen Sie einmal aus. Öffnen Sie die Augen. Erzählen Sie sich selbst den Wachtraum rückwärts, mit offenen Augen. Erden Sie sich, indem Sie Ihre Sohlen fest auf dem Boden aufstellen und Ihren Körper spüren, der sicher auf dem Stuhl sitzt.

Umgang mit vernachlässigten Traumbildern (S.186)

Atmen Sie drei Mal aus. Kehren Sie zu einem Traumbild (aus der Nacht oder vom Tag) zurück und sehen Sie zu, wie es sich bewegt und sich zu neuen Konfigurationen entfaltet, bis Sie ein Gefühl der Vollständigkeit haben. Wenn sich das Bild nicht bewegt, sprechen Sie es an, berühren Sie es oder nehmen Sie etwas von dem Traumbild fort.

ZEHN

Die Vergangenheit verändern

»Denk daran: Als du in Ägypten Sklave warst, hat dich der Herr, dein Gott, mit starker Hand und hoch erhobenem Arm dort herausgeführt.«

DEUTERONOMIUM 5,15

Glauben Sie, dass wir uns an unsere Vergangenheit erinnern können? Schauen Sie zurück. Wahrscheinlich erinnern Sie sich an die Höhen und Tiefen, die Freuden und Leiden Ihres Lebens auf ähnliche Art, wie ein Gärtner in seinem blühenden Garten vor allem die schönsten Blüten und die, in *seinen* Augen, ärgerlichsten Unkräuter wahrnimmt. Wenn er durch seinen Garten wandert, wird er darüber hinaus hier und dort ein Blatt, eine Wuchsform oder einen besonderen Ausblick bemerken.

Genauso verhält es sich mit unserem Gedächtnis. Es sondert aus. Glücklich verweilt es bei den großen Freuden, staunt über wundersame Ereignisse, speichert ein paar bedeutungslose Details, doch wenn Sie genau darauf achten, werden Sie merken, dass die meisten Erinnerungen unglücklicher Art sind.

Leider hakt sich unsere Erinnerung hieran am meisten fest. Sicher halten wir auch an der Erinnerung an verlorenes Glück fest, aber es ist das Gefühl von Bedauern und Verlust, das uns dazu bewegt, uns bei dieser Erinnerung aufzuhalten, nicht das Glück. *Wir halten am stärksten am Unglücklichsein fest.* Wie Tolstoi sagt: »Alle glücklichen Familien ähneln einander, aber jede unglückliche Familie ist es auf ihre ganz eigene Art.«

Das Glück kennt keine Geschichte. Wir bevorzugen das Drama,

die Tragödien, den Schmerz. Wir fühlen uns zum so genannten *miel de la douleur* (»dem Honig des Leidens«) hingezogen wie die Schweine zum Trog. Was ist am Schmerz so anziehend? Könnte es sein, dass ein gegenwärtiger Teil von uns immer noch im Morast der Vergangenheit steckt? Tatsächlich stecken wir nicht in dem vergangenen Morast, denn den gibt es nicht mehr, sondern in dem *Bild* des vergangenen Morasts und setzen die dazugehörigen Emotionen immer weiter fort. Dieser gegenwärtige Teil von uns schmerzt immer noch und ruft um Hilfe.

Die Zeit ist zyklisch, aber sie erscheint uns linear. Wir haben einen Anfang und ein Ende. Wir sind dazu verdammt, zu sterben. Wenn wir älter werden, haben die meisten von uns leider das Gefühl, als türme sich ein immer größer werdender Müllberg hinter ihnen auf. Die Zukunft erscheint beängstigend und die Vergangenheit droht uns zu zerstören. Wo können wir uns noch verstecken? Wir können unserer Zukunft nicht entkommen.

Können wir unserer Vergangenheit entkommen?

Die Vertreibung aus dem Garten Eden

Nachdem die Menschen erschaffen wurden, wird in der Bibel von ihnen als Erstes eine Geschichte der verlorenen Unschuld erzählt. Das ist auch die erste »Geschichte« unserer persönlichen Vergangenheit. Ist es unser Schicksal, in Adams und Evas Fußstapfen zu treten? Selbst im Garten Eden, wo alles im Überfluss vorhanden war – »Von allen Bäumen des Gartens darfst du essen« – gab es eine Einschränkung: »doch vom Baum der Erkenntnis von Gut und Böse darfst du nicht essen; denn sobald du davon isst, wirst du sterben.« (Genesis 2,16-17)

Erinnern Sie sich noch, wie Ihre Mutter sagte: »Du kannst in meiner Küche alles machen, was du willst, aber komm nicht zu nahe an den Herd!«? Das war natürlich eine Regel, die Ihre Mutter aus Liebe aufgestellt hat. Genauso hat Gott *Seine* Regel aus Liebe für die Menschheit aufgestellt.

Und da ist Eva – ein vollkommenes, harmonisches, klares Wesen; hier sind Sie, ein frisches, unschuldiges Kind. Was geschieht? Das hebräische Wort für »Schlange« lautet *Nachash*, was auch »Verführer«, »Zauberer« bedeutet. Was sagt die Schlange, um Eva zu überreden? »Ihr werdet wie Gott und erkennt Gut und Böse« (Genesis 3,5), wenn ihr von dem Baume esst.

Und genauso will Eva ja sein, *wie Gott*. Als Sie jung waren, wollten Sie so sein wie Ihre Mutter, und genau wie sie mit dem Herd umgehen können. Der Drang zum Nacheifern ist ein sehr überzeugendes und verführerisches Argument, wenn man jung und unerfahren ist. Doch um Gefahren zu vermeiden, ist Gehorsam nötig.

Was passiert als Nächstes? Sie verbrennen sich. Es tut weh. Warum tut es Ihnen weh und nicht Ihrer Mutter? Die Unschuld ist verletzt. Plötzlich fühlen Sie sich anders, schlecht, ausgestoßen und wie Eva aus dem Garten Ihrer Einheit vertrieben, getrennt von dem Wesen, das Sie lieben und dem Sie vertrauen. *Trennung ist die erste Verwundung.*

Um das Ganze noch schlimmer zu machen, sind Sie verwirrt. Wie kann etwas für Ihre Mutter *gut* sein und für Sie *schlecht*? Sie verstehen es nicht, gut oder böse, genauso wenig wie Eva es verstand, als Sie von der Frucht aß, die diese verwirrende Mischung aus Gutem und Bösem enthielt. So verdauen Sie die verbotene Frucht und bemühen sich, gut und böse auseinander zu halten.

Vermischung

Paradoxerweise bewirkt die Trennung genau das Gegenteil: eine Vermischung. Sie erinnern sich an Ihre geschäftigen Träume voller Unruhe und Verlangen, doch auch mit ein paar guten Augenblicken? Sie sind geschäftig, weil sie vermischt sind. Es gibt ein bisschen Gutes und ein bisschen Schlechtes in ihnen. Und Sie tun sich schwer, beides auseinander zu halten.

Kehren Sie zu den schmerzlichen Ereignissen zurück, an die Sie sich erinnern: Sie haben Ihren Vater geliebt, aber Sie nahmen sich gegen seinen Willen seine Kamera (damit Sie sein konnten »wie er«). Die Kamera ging kaputt. Sie waren ungehorsam, die Sache ging schief und er bestrafte Sie. Ergebnis: Sie sind voller Angst. (»Es tut mir so leid, ich wollte das nicht! Bitte glaube mir!«) Aber Sie fürchten sich auch vor den Konsequenzen. (»Wie wird er mich bestrafen?«) Sie lieben ihn und er bestraft Sie.

Wie kann er Ihnen das antun? Ihre Unschuld ist tief verwundet. Wie sollen Sie diese inneren Widersprüche klären? Vielleicht sind Sie heute noch verwirrt. Wenn dem so ist, leben Sie in einem schlechten Traum.

Wir gehen jetzt zu der zweiten Geschichte der Bibel weiter. Da wird die Sache noch schlimmer. Adam und Eva wurden aus dem Garten Eden vertrieben und ihre Söhne Kain und Abel bringen Gott Opfer dar. Nachdem die Opfer dargebracht wurden, wird deutlich, dass Gott Adam lieber mag als Kain.

Warum ist das so? Warum zieht Gott Abel vor? Das erscheint Kain gegenüber so ungerecht: Er darf nicht im Garten Eden leben, wegen etwas, was seine *Eltern* getan haben, und das ärgert ihn. Weil er ärgerlich auf Gott ist, bringt er sein Opfer nur halbherzig dar. Gott stellt klar, dass Ihm solche Halbherzigkeit nicht gefällt, und das kommt bei Kain nicht gut an. »Da überlief es Kain ganz heiß und sein Blick senkte sich.« (Genesis 4,5).

Er findet für seine Verärgerung keine Lösung und seine Frustration baut sich immer weiter auf. Schließlich nimmt er einen Stein, wirft ihn nach seinem Bruder und tötet ihn.

Dies ist kein geschäftiger Traum mehr, es ist ein Albtraum! »Rastlos und ruhelos wirst du auf der Erde sein.« (Genesis 4,12) Wenn uns etwas Ähnliches widerführe, würden wir dann nicht auch um unsere Sicherheit fürchten, uns verbergen wollen, ziellos wandernd keine Ruhe mehr finden? Sind das nicht genau die Gefühle, die durch Albträume ausgelöst werden?

Später verwechselt ein Nachkomme Kains namens Lamech den ruhelosen Kain mit einem Tier und tötet ihn. Blind vor Schuldgefühl erschlägt Lamech auch seinen eigenen Sohn, der ihn auf die Fährte geführt hatte. »Ja, einen Mann erschlage ich für eine Wunde und einen Knaben für eine Strieme.« (Genesis 4,23)

In diesen Geschichten können wir sehen, wie der ursprüngliche Schmerz der Trennung (durch Evas unschuldigen Ungehorsam) *Angst und Sorge* erzeugte, die zu Kains *Ärger und Frustration* (und mörderischer Wut) führte, was wiederum die Grundlage für Lamechs Tragödie war, der (durch einen Unfall und daher unschuldig) seinen eigenen Sohn tötete, (wofür seine Frauen ihn bestraften, indem sie sich von ihm zurückzogen), was wiederum weitere *Schuldgefühle* und *Groll* erzeugte.

Angenommen, Sie sind so wütend auf Ihren Vater, dass Sie ihn am liebsten umbringen würden. Sie denken sich alle möglichen Geschichten aus, wie Sie das tun könnten. Wenn ihm dann etwas passiert, fühlen Sie sich entsetzlich schuldig. Diese Schuldgefühle töten Ihre Spontaneität, Ihren »Sohn«. Der Fluss Ihrer Kreativität kommt ins Stocken und Ihre »Frauen« (d.h. Ihre Imagination) versagt Ihnen ihren Trost. Dadurch entsteht Groll, der das ganze Durcheinander wie ein verstopfter Abfluss immer wieder hochkommen lässt. Das wird dann ein wiederkehrender Traum!

Angst und Sorge, Ärger und Frustration, Schuld und Groll; das sind die furchtbaren Mischungen, die aus der ursprünglichen Wunde der Trennung immer wieder aufsteigen. Sie führen dazu, dass wir uns vor der Gegenwart des Geliebten verbergen (»... versteckten sich Adam und seine Frau vor Gott, dem HaSchem, unter den Bäumen des Gartens«, Genesis 3,8), um uns zu bedecken – und schon bald sind wir auch vor uns selbst verborgen! Wir missachten unseren Schmerz und entwickeln komplizierte Deck-Geschichten, um ihn vor anderen und vor uns selbst zu verstecken. Unser derart tief vergrabener Schmerz verursacht uns jedoch unendliches Leiden.

Gut und Böse unterscheiden

Colette verbat ihren Schülern das Wort »Verwirrung«. Es war allerdings nicht zu leugnen, dass wir oft verwirrt, durcheinander, unruhig, unglücklich und in uns verfahren waren. Schließlich waren wir deswegen zu ihr gekommen. War ihr Verbot nur eine weitere Verwundung unserer Unschuld?

Wir leben offensichtlich in einer Welt, in der alles voneinander getrennt ist und gleichzeitig alles aneinander hängt, das Reine und das Unreine. Wie sollen wir, in dieser Welt lebend, diese verwirrende Vermischung von Gut und Böse auseinander sortieren, die in der Welt und unserer Erfahrung von ihr enthalten ist? Anders gesagt:

Wie können wir unterscheiden, was *koscher* (zum Verzehr geeignet) und was *taref* (unrein) ist?

Colette half uns und prüfte uns, indem sie uns aufforderte, genau zu beschreiben, woraus unsere ureigene Mischung an (verwirrten) Emotionen bestand. Genauso half und prüfte Aphrodite ihre Schwiegertochter Psyche, als sie die junge Frau aufforderte, das Korn zu sortieren, mit dem Ceres ihre unzähligen Schweine fütterte, bevor Psyche zu ihrem Gatten Eros zurückkehren durfte.

Die guten von den schlechten Körnern trennen

Atmen Sie drei Mal aus. Stellen Sie sich vor, Sie sitzen vor einem großen Berg Getreidekörner, die Sie sortieren sollen. Sie sollen die guten und die schlechten Körner voneinander trennen und auf zwei Haufen schichten. Wie bewältigen Sie diese Aufgabe?

Wie erfolgreich waren Sie? Psyche erhielt Unterstützung durch ihren Gatten Eros, der sich genauso nach ihr sehnte wie sie nach ihm. Er befahl ein paar Ameisen, ihr bei der unmöglichen Aufgabe zu helfen. Ameisen sind geduldige, äußerst fleißige Wesen, die niemals ruhen. Wie Sie vielleicht schon erraten haben, ist ihre Arbeit auch niemals ganz erledigt.

Wie hoch entwickelt, spirituell und erhaben wir auch sein mögen, es werden sich immer wieder fremde Emotionen in unsere Beziehungen einschleichen und versuchen, uns zu sabotieren. Sollten wir darüber verzweifeln und die scheinbar unmögliche Aufgabe, unsere negativen Emotionen zu identifizieren und zu transformieren, aufgeben? Oder sollten wir durchhalten wie die disziplinierten, fleißigen Ameisen?

Überlegen Sie nur, was geschähe, wenn Sie *nicht* durchhalten. Ihre gespeicherten Ängste und Frustrationen vermodern dann in Ihnen wie in einem Haus, das nie gelüftet oder gereinigt wird. Es kommt immer wieder etwas hinzu, bis es ganz unmöglich wird, in diesem Haus zu leben. Ungelöste Emotionen und verworrenes Verlangen durchkreuzen unser Denken, setzen uns unter Druck, verleiden uns die Gegenwart und trüben unsere Vision der Zukunft. Wird es dann nicht irgendwann Zeit, etwas dagegen zu unternehmen?

Die Wirkung von Emotionen aus der Vergangenheit

Bevor wir uns an die Arbeit machen, die Vergangenheit zu sortieren und zu korrigieren, möchte ich mich mit einigen der täuschend machtvollen Kräfte befassen, mit denen wir zu tun haben, wenn wir uns einer Vergangenheit zuwenden, die uns im Nacken sitzt.

Ich will Ihnen erklären, warum wir so viele bewusste und unbewusste Widerstände dagegen aufbauen, tief vergrabenen Schmerz loszulassen. Angenommen, Sie wurden als kleines Kind von einem trunksüchtigen Vater verlassen und von einer verängstigten, immer besorgten Mutter aufgezogen, die Sie ständig ausschimpfte. Meinen Sie, Sie würden aufwachsen und all das *Gute* im Leben erkennen?

Nein. Vielmehr wird Ihr Körper wahrscheinlich aus Angst vor weiterem Verlassenwerden chronisch angespannt sein und sich gegen Ängstlichkeit und Übergriffe wappnen. Das war vielleicht eine passende emotionale Haltung gegenüber der Welt, die Sie als Kind erfahren haben, doch diese instinktive psychische Abwehr wird Sie nie wirklich schützen.

Zum einen macht es Sie anfälliger dafür, dass Menschen, die ähnlich wie damals Ihre Eltern Aggressivität, Alkoholismus oder Instabilität zeigen, bestimmte automatische Reaktionen bei Ihnen auslösen. *Ihre hohe Empfindlichkeit solchen Menschen gegenüber beruht darauf, dass Sie in ihnen etwas finden, woran Sie gewöhnt sind, was Sie wiedererkennen.*

Sie fühlen sich zu dem Vertrauten so stark hingezogen, dass Sie zunächst vergessen, wie viel Zurückweisung und Demütigung Sie von solchen Menschen erfahren haben. »Diesmal wird es anders sein«, sagen Sie sich, und bevor Sie sich recht versehen, stecken Sie wieder in dem schlechten Traum, in dem zu leben Sie so gut gelernt haben.

Es ist schwer, aus diesem schlechten Traum aufzuwachen, denn die Vergangenheit hat Sie gelehrt, dass dieser schlechte Traum die einzige »Wirklichkeit« ist, die es für Sie gibt. Und durch das Gesetz der »seltsamen Attraktoren« (siehe 1. Kapitel) erleben Sie Ihren schlechten Traum immer und immer wieder: Jeder Mann oder jede Frau, mit dem oder der Sie sich auf eine enge Beziehung einlassen, verlässt Sie.

Es wird Zeiten geben, in denen Ihnen dieses undankbare Muster so sehr auf die Nerven geht, dass Sie beschließen, etwas dagegen zu unternehmen. Doch wenn das dazu führt, dass sich tatsächlich in Ihrem Leben etwas verändert, werden Sie eine unangenehme Entdeckung machen, die Ihren neuen Lebensansatz höchstwahrscheinlich erst einmal wieder quietschend ausbremsen wird.

Ich spreche von der großen, oft nicht ausreichend gewürdigten Angst vor dem Unbekannten. Zusammen mit dem schwerkraftähnlichen Druck unserer frühen Entwicklungsjahre macht es uns diese Angst äußerst schwierig, die Spur, in die wir durch unseren schlechten Traum geraten sind, zu verlassen. Wie kann man sich für etwas Neues öffnen, für etwas anderes als das, was man immer für eine Tatsache gehalten hat, nämlich dass das Leben schwer ist, dass Armut eben dazugehört und Einsamkeit unser Schicksal ist. Das Leben hat es Ihnen schließlich immer wieder bewiesen.

Wenn ich Ihnen sagen würde, dass es auch anders sein kann, würden Sie mir nicht glauben. Vielleicht wären Sie sogar beleidigt, weil Sie meinen, ich würde das Leid nicht achten, das Ihrer Unschuld widerfahren ist. Und doch sage ich Ihnen genau das: Sie *können* diese Muster Ihres Lebens verändern.

Sie sind so weit gekommen. Sie wissen jetzt, dass Sie der Mit-Schöpfer Ihres Lebens sind. Mit Hilfe dieses Wissens können Sie jetzt erkennen, dass Sie, wenn Sie sich auf einen Traum des Verlassenwerdens einlassen, unausweichlich die entsprechende Ergänzung in Ihr Leben holen: eine Person, die Sie verlassen wird.

Wir alle tun das. Wir zwingen der Welt unsere Traum-»Geschichten« auf, und sie verhalten sich wie hungrige Münder, die gestopft werden wollen. Wenn ich ein Handschuh bin, wird eine Hand kommen und mich ausfüllen. Wenn ich eine dunkle Höhle bin, wird ein Tier kommen und sich in mir verkriechen. Nur wenn ich mich ausstrecke und meine höhlenartige Haltung aufgebe, kann sich meine »Geschichte« verändern.

Wenn ich mich tatsächlich ausstrecke, ist die Höhle plötzlich verschwunden und das Tier kann nirgendwo mehr hinein. Entweder verändert es seine »Geschichte«, damit sie zu meiner neuen Konfiguration passt, und transformiert seine tierähnliche Haltung, oder es zieht los, um eine andere Höhle zu finden.

Trauen Sie sich, Ihre »Geschichte« zu verändern? Das Gefühl des Verlassenwerdens aufzugeben? Sich dem Unbekannten zu stellen, damit eine neue Konfiguration auftauchen kann? Sie haben es mit Ihren nächtlichen Träumen bereits getan. Warum versuchen Sie es nicht auch mit Ihrer Vergangenheit?

Der erste Schritt: Den Schmerz anerkennen

Die erste Wunde war die Trennung. Man kann es auch Zurückweisung oder »Frustration« nennen. Sie wurden tief enttäuscht, die Erfüllung Ihrer Sehnsucht, Eins zu sein mit Ihrer Mutter, mit Gott, wurde Ihnen versagt. Betrachten Sie noch einmal die Diagramme im 2. Kapitel. Wenn Ihre Instinkte zurückgewiesen, »gestoppt« oder ausgebremst werden, wenn Sie von der Erfüllung Ihres tiefsten Verlangens getrennt werden, wird die ungenutzte Energie (die darauf abzielt, Ihr Verlangen zu *erfüllen*) umgeleitet und aktiviert stattdessen Ihre Reaktionen (die Emotionen von Angst und Ärger, siehe Abb. 3). Wenn Angst und Ärger ihrerseits nicht zum Ausdruck kommen dürfen, stagnieren sie in einem trüben Tümpel der Emotionen, werden ruhelos, irren ziellos umher und verwandeln sich in Besorgnis, Frustration, Schuld und Groll (Abb. 4).

So entstehen bald mehr »*fleurs du mal*« – Enttäuschung, Niedergeschlagenheit, Hoffnungslosigkeit, Verzweiflung, Feigheit, Faulheit, Dummheit und Ignoranz betreten die Bühne. Wie können wir in dieser Situation noch einen Schmerz anerkennen, dessen Farben in einem großen Tümpel schlammigen Wassers verschwommen sind? Wie kann man das sortieren?

Im 5. Kapitel haben wir bereits das jüdische Konzept von Tshuva, der Rückkehr, vorgestellt. Sie möchten gerne in jenen Zustand der Harmonie zurückkehren, in dem Ihre Energien leicht und lebendig fließen, doch bevor das möglich ist, müssen Sie zur Quelle Ihres Schmerzes zurückkehren. Und das können Sie folgendermaßen tun:

Umkehrung von Angst und Besorgnis

Atmen Sie drei Mal aus. Kehren Sie zu dem ersten Mal zurück, wo Sie Angst, Ängstlichkeit oder Besorgnis empfanden. Wie alt sind Sie? Um welches Ereignis handelt es sich? Wo findet es statt? Wer ist daran beteiligt? Lassen Sie den Schmerz so zu, wie Sie ihn damals empfunden haben. Scheuen Sie ihn nicht. Erkennen Sie den Schmerz an. Fügen Sie ihm kein weiteres Leid zu, indem Sie sich wieder von ihm trennen. Fühlen Sie ihn ganz. Atmen Sie einmal aus. Gehen Sie weiter zum nächsten Ereignis, bei dem Sie in Ihrem Leben Angst, Ängstlichkeit oder Besorgnis empfunden haben. Fahren Sie in dieser Weise fort und versuchen Sie, sich an so viele Ereignisse zu erinnern, wie Ihnen im Augenblick einfallen, bei denen Sie Furcht, Ängstlichkeit oder Besorgnis empfunden haben. Durchforsten Sie so Ihre ganze Vergangenheit, bis Sie in der Gegenwart ankommen.

Spüren Sie Ihren Schmerz! Sie können einem leidenden Kind nicht helfen, indem Sie ihm sagen, es soll aufhören, zu weinen! Zuerst müssen Sie es trösten. Wenn Sie es nicht trösten, hört es vielleicht Ihnen zuliebe auf, zu weinen, aber Sie werden nicht *Eins* mit ihm sein. Es wird immer noch sehr viel Getrenntheit da sein.

Irgendwann werden Sie meinen, die Krise sei vorüber, da die Tränen nicht mehr fließen. Doch seine Tränen haben nur aufgehört, weil sie *kristallisiert* sind. Nach einer Weile lebt das Kind in einem »Raum der Tränen«. Ihre Aufgabe ist es, *Ihre* kristallisierten Tränen zu finden und sie fließen zu lassen. Wenn Ihre Tränen fließen, kann der Fluss zum Meer zurückkehren und Ihre *Tshuva* hat begonnen.

Tikkun und Läuterung

Wo ist der erste Ozean? Im Mutterleib, wo wir alle angefangen haben, in Gottes klaren Wassern, auf denen der Garten ruhte. »Und es ging aus von Eden ein Strom, den Garten zu bewässern« (Genesis 2,10). Um an diesen vollkommenen Ort zurückzukehren, müssen Sie Ihren Schmerz mit dem Strom Ihrer Tränen fortfließen lassen, in freudiger Erwartung von Tshuva. Die Resonanz des Schmerzes, die »Geschichte«, muss von Ihnen beseitigt werden.

Die Juden haben ein weiteres Konzept namens *Tikkun*. Tikkun bedeutet »Richtigstellung« oder »Korrektur«. Sie können jetzt anfangen, Ihre Vergangenheit zu korrigieren.

Tikkun-Übung

Atmen Sie drei Mal aus. Stellen Sie sich vor, Sie haben einen starken Reisigbesen. Für alle Fälle rüsten Sie sich auch noch mit einem kräftigen Gartenschlauch und einem Messer aus. Jetzt gehen Sie zu all den inneren Orten zurück, die Sie in der letzten Übung besucht haben. Kehren Sie an jedem Ort alle Resonanz mit Furcht, Ängstlichkeit und Besorgnis nach links weg. Wenn das nicht ausreicht und Sie sich immer noch in den Bann geschlagen fühlen, setzen Sie den Schlauch ein. Wenn nötig, schneiden Sie die Resonanz mit dem Messer aus. Wenn Menschen beteiligt sind, mit denen Sie nichts mehr zu tun haben wollen, kehren Sie auch die aus. Denken Sie daran, immer alles nach links zu kehren. Fahren Sie fort, bis Sie bei jener ersten Erinnerung an den Schmerz angelangt sind. Nachdem Sie auch hier die Resonanz entfernt haben, kehren Sie in den Leib Ihrer Mutter zurück. Wenn Ihnen das nicht angenehm ist, baden Sie in Gottes klaren Wassern auf dieser Erde. Sie sind wieder Sein vollkommenes Kind. Sie können jetzt wiedergeboren werden, korrigiert, erneuert, vervollkommnet.

Sie haben sich für heute so weit geläutert, wie es eben ging. Morgen werden Sie dies wiederholen und den Tag danach auch. Aus den trüben Wassern werden immer mehr Erinnerungen aufsteigen, immer mehr Details. Und Sie trennen die guten von den schlechten.

Die Verankerung in der neuen Vergangenheit

Die Rückkehr ist erst vollständig, wenn Sie Ihr neues Selbst zurück in die Welt, in den gegenwärtigen Augenblick gebracht haben. Wir befinden uns zwar immer im gegenwärtigen Augenblick, aber wir sind oft nicht in ihm präsent. Wie könnten wir auch wirklich präsent sein, wenn uns ein ganzer Berg von Furcht, Ängstlichkeit und Besorgnis drückt, der nach unserer Aufmerksamkeit verlangt? Jetzt können Sie den Garten Eden betreten – und wie Rabbi Akiba von dort zum gegenwärtigen Augenblick zurückkehren, wo Sie so aus dem Vollen leben können, wie es Ihre neue Freiheit zulässt.

Eine neue Vergangenheit, eine neue Gegenwart

Atmen Sie einmal aus. Stellen Sie sich vor, Sie werden neu geboren und sind vollkommen. Sehen Sie sich selbst an all den Orten der schwierigen Ereignisse Ihrer Vergangenheit, die Sie zuvor erkannt haben. Doch jetzt sind Sie frei von aller Resonanz. Die Tatsachen ändern sich nicht, aber Sie stehen nicht mehr unter ihrem Bann. Sie gehen ungehindert hindurch, frei, und somit eine neue Vergangenheit erschaffend. Gehen Sie so durch alle Situationen, bis Sie in der neuen Gegenwart ankommen. Leben Sie diese Gegenwart voll und ganz.

Die neue Zukunft

Jetzt sind Ihre Vergangenheit und Ihre Gegenwart neu. Doch was ist mit der Zukunft? Die alte »Geschichte« ist weg. Die Tatsachen bleiben natürlich bestehen, aber Sie sehen sie anders, Sie empfinden Sie anders. Sie sind nicht länger Opfer, kein unschuldig unterdrücktes Individuum. Befreit von den emotionalen Verwicklungen kann sich Ihre »Geschichte« entspannen und in eine bis dahin unbekannte Tiefe des Fühlens sinken.

Vielleicht verlieren Sie etwas von dem Antrieb und der Geradlinigkeit Ihrer Geschichte, doch wahrscheinlich empfinden Sie eine neue Lichtheit, ein Gefühl der Zeitlosigkeit, das wir oft mit glücklichen Augenblicken assoziieren. Plötzlich hat die Vision Ihrer Zukunft Flügel bekommen! Sie können sich zu einer neuen, revolutionären Perspektive von ihr aufschwingen. Aber denken Sie daran: Nichts erzwingen! Dies ist kein Prozess, der vom Willen gesteuert wird. Lassen Sie sich wieder von Ihrem Träumen den Weg zeigen.

Eine neue Zukunft

Atmen Sie einmal aus. Sehen Sie sich selbst in Ihrer neuen Zukunft. Sehen Sie sich in einem Monat. Wie sehen Sie aus? Wo sind Sie? Sind Sie allein oder mit anderen? Was tun Sie? Wie fühlen Sie sich? Atmen Sie einmal aus. Sehen Sie sich in drei Monaten. Wie sehen Sie dann aus? Atmen Sie einmal aus. In einem Jahr – atmen Sie einmal aus – in fünf Jahren – atmen Sie einmal aus. Kehren Sie zu Ihrer neuen Gegenwart zurück, spüren Sie sich in Ihrem neuen Leben, in dem Ihre neue Vergangenheit und Ihre neue Zukunft Sie fest in Ihrer neuen Gegenwart verankern.

Lassen Sie sich genügend Zeit bei diesen Übungen. Sie heißen »Umkehrung der Vergangenheit«. Praktizieren Sie die Übungen drei Wochen lang täglich und machen Sie dann eine Woche lang Pause. Wenn Sie spüren, dass Sie immer noch nicht alle Ihre Erinnerungen von Furcht, Besorgnis und Ängstlichkeit erschöpft haben, beginnen Sie eine weitere Übungsreihe (drei Wochen, eine Woche Pause) oder machen Sie mit *Ärger und Frustration* weiter. (Sie können später jederzeit zu *Angst und Besorgnis* zurückkehren.)

Geben Sie nicht auf, ehe Sie alle Erinnerungen an *Ärger und Frustration* erschöpft haben. Es mag Monate oder gar Jahre dauern. Warum auch nicht? Schließlich haben diese Erinnerungen sich jahrelang aufgebaut. Dann machen Sie mit *Schuldgefühlen und Groll* weiter.

Vielleicht stellen Sie fest, dass Schuldgefühle und Groll eher Ihr Thema sind als *Angst und Besorgnis.* Sie können die Reihenfolge frei wählen, nur hören Sie erst auf damit, wenn all Ihr vergangener Schmerz erschöpft ist.

Zum Umgang mit der unmittelbaren Vergangenheit

Nachdem Sie jetzt die Vergangenheit geklärt haben, werden Sie zulassen, dass sich neue Schmerzen ansammeln? Sie haben in der Vergangenheit das Gute vom Schlechten getrennt. Jetzt müssen Sie lernen, es im jeweiligen Augenblick zu tun. Es gibt zwei einfache Übungen dafür. Probieren Sie es zuerst mit der ersten, weil sie, wenn Sie einmal vertraut damit sind, auch mit offenen Augen leicht durchzuführen ist, ohne dass jemand merkt, was Sie tun.

Das schwarze Dreieck

Atmen Sie aus und sehen Sie Ihren Schmerz beim Ausströmen des Atems als schwarzen Rauch, der sich in Form eines schwarzen

Dreiecks vor Ihnen sammelt. Atmen Sie immer weiter schwarzen Rauch aus, bis Ihr Atem lichter und zuletzt durchsichtig wird. Atmen Sie jetzt einmal stark in das Dreieck hinein aus und zerbrechen Sie es damit in tausend Stücke. Atmen Sie ein zweites Mal aus und sehen Sie, wie sich die Stücke auflösen. Atmen Sie ein drittes Mal aus und sehen Sie, dass die Luft vor Ihnen wieder völlig klar ist. Atmen Sie aus und öffnen Sie Ihre Augen.

Wenn Sie eine noch schnellere Reinigung brauchen, können Sie innerlich sehen, wie Sie drei Mal schwarzen Rauch ausatmen und mit ihm alles, was Sie stört.

Hier ist noch eine schnelle Übung, um mit der unmittelbaren Vergangenheit umzugehen.

Totes Laub auskehren

Atmen Sie drei Mal aus. Sie stehen auf einer Veranda vor der Eingangstür einer alten, ländlichen Hütte. Der ganze Boden ist mit totem Laub bedeckt. Mit einem kräftigen Reisigbesen kehren Sie die Blätter zu einem Haufen zusammen und fegen mit einem Ausatmen und einem kräftigen Schwung des Besens den ganzen Haufen nach links von der Veranda. Atmen Sie aus und öffnen Sie die Augen.

Damit meine Schüler daran denken, diese Übung zu machen, schenke ich jedem einen kleinen Miniaturbesen, den Sie auf Ihrem Schreibtisch oder zuhause ständig im Blick haben. Es ist so leicht, zu vergessen und uns wieder von unseren »Geschichten« einfangen zu lassen. Die erschreckende Stimme, das furchterregende Bild, die schuldhafte Haltung, all das will »gesehen« und anerkannt werden – um dann die Resonanz nach links auszukehren.

Wenn Sie das ausdauernd praktizieren, werden sich Ihre alten Resonanzen auflösen. Wenn Sie es vergessen, werden Sie in Ihre alten Muster zurückfallen, weil in der Traumwelt nichts statisch bleibt – genauso wie uns die Schwerkraft nach unten zieht, wenn wir nicht üben, aufrecht zu stehen. Entweder Sie wählen das Gute, oder Sie fallen in die Verwirrung zurück. Wenn Sie das Gute wählen, kann für Sie ein neues Leben beginnen. Werden Sie sich dafür entscheiden?

Die Vergangenheit zu klären war eine mühsame Aufgabe. Vergewissern Sie sich, dass Sie jede einzelne Erinnerung, an die Sie herankommen, gründlich betrachtet haben, denn Ihre nächste Aufgabe wird die schwierigste: Die Verankerung in dem neuen Leben, für das Sie sich entschieden haben. Sind Sie bereit, ein *Baal Tshuva* zu werden, ein Meister der Rückkehr oder der Antwort? Sind Sie bereit, Ihren Lebensplan zu vervollkommnen? Das wird Ihre elfte Aufgabe sein.

Ein kurzer Überblick über die Übungen des 10. Kapitels

Die guten von den schlechten Körnern trennen: Verwirrung auflösen (S. 194)

Atmen Sie drei Mal aus. Stellen Sie sich vor, Sie stehen vor einem riesigen Haufen Getreidekörnern, die Sie sortieren sollen. Es geht darum, die guten von den schlechten Körnern zu trennen und auf zwei Haufen zu schichten. Wie bewältigen Sie diese Aufgabe?

Umkehrung von Angst und Besorgnis (oder von Ärger und Frustration oder von Schuldgefühlen und Groll) (S. 197)

Um die Vergangenheit zu klären und zu verändern, praktizieren Sie die Umkehrung mit jedem der drei folgenden Emotions-Paare (die Reihenfolge spielt dabei keine Rolle): a) Angst und Besorgnis, b) Ärger und Frustration, c) Schuldgefühle und Groll. Atmen Sie drei Mal aus. Kehren Sie zum ersten Mal zurück, wo Sie Angst oder Besorgnis empfunden haben. Was für ein Ereignis war das? Wo sitzt es in Ihrem Körper? Wer war daran beteiligt? Spüren Sie den emotionalen Schmerz. Atmen Sie einmal aus. Gehen Sie weiter zu dem nächsten Ereignis, bei dem Sie Ihrer Erinnerung nach Angst oder Besorgnis empfunden haben (oder Ärger und Frustration oder Schuldgefühle und Groll). Fahren Sie so fort und erinnern Sie sich an so viele Ereignisse mit Angst und Besorgnis, wie Ihnen heute einfallen, bis Sie in der Gegenwart ankommen.

Tikkun-Übung (S. 199)

Atmen Sie drei Mal aus. Stellen Sie sich vor, Sie haben einen kräftigen Reisigbesen. Gehen Sie zu all den emotionalen Orten zurück, die Sie gerade besucht haben, und kehren Sie all die Resonanz mit Angst und Besorgnis aus, die Sie dort vorfinden. Wenn Menschen daran beteiligt sind, die Sie nicht mehr in Ihrem Leben haben wollen, kehren Sie auch diese mit aus. Wenn das Kehren nicht ausreicht, setzen Sie einen kräftigen Wasserstrahl aus dem Gartenschlauch oder ein Messer ein. Wandern Sie auf diese Weise rückwärts durch alle Ereignisse, in denen Sie Angst und Besorgnis empfunden haben, bis Sie bei Ihrer ersten Erinnerung angelangt sind. Wenn Sie auch dort alle Resonanz entfernt haben, kehren Sie in den Leib Ihrer Mutter zurück oder baden Sie in Gottes klaren Wassern auf dieser Erde.

Eine neue Vergangenheit, eine neue Gegenwart (S. 200)

Atmen Sie einmal aus. Stellen Sie sich vor, Sie werden neu geboren und sind vollkommen. Sie besuchen noch einmal all die Situationen, in denen Sie die alten Resonanzen ausgekehrt haben. Sie durchwandern sie frei und unbehindert und erschaffen Ihre neue Vergangenheit, bis Sie in Ihrer neuen Gegenwart ankommen.

Eine neue Zukunft (S. 200)

Atmen Sie einmal aus. Sehen Sie sich selbst in Ihrer neuen Zukunft. Sehen Sie sich in einem Monat. Wie sehen Sie aus? Wo sind Sie? Sind Sie allein oder mit anderen zusammen? Was tun Sie? Was fühlen Sie? Sehen Sie sich in drei Monaten. Wie sehen Sie aus?

Wo sind Sie? Atmen Sie einmal aus. Sehen Sie sich in einem Jahr. Wie sehen Sie aus? Wo sind Sie? Atmen Sie einmal aus. Sehen Sie sich in fünf Jahren. Wie sehen Sie aus? Wo sind Sie? Atmen Sie einmal aus. Kehren Sie zu Ihrer neuen Gegenwart zurück, spüren Sie sich in Ihrem neuen Leben, in dem Ihre neue Vergangenheit und Ihre neue Zukunft Sie fest in Ihrer neuen Gegenwart verankern.

Das schwarze Dreieck: Um keine negativen Reste anzusammeln, lernen Sie, Schmerzen in dem Augenblick zu klären, wo sie entstehen (S. 201)

Atmen Sie aus und sehen Sie Ihren Atem als schwarzen Rauch ausströmen, der sich vor Ihnen in Form eines Dreiecks sammelt. Atmen Sie weiter schwarzen Rauch aus, bis Ihr Atem klarer wird und zuletzt durchsichtig. Atmen Sie jetzt einmal stark in das Dreieck hinein und brechen Sie es in tausend Stücke. Atmen Sie ein zweites Mal aus und sehen Sie, wie sich die Stücke auflösen. Atmen Sie ein drittes Mal aus und sehen Sie, wie die Luft vor Ihnen wieder völlig klar ist. Atmen Sie aus und öffnen Sie die Augen.

Totes Laub auskehren (S. 202)

Atmen Sie drei Mal aus. Sie stehen auf der Veranda vor der Tür einer alten, ländlichen Hütte. Der Boden ist mit totem Laub bedeckt.

Mit einem kräftigen Reisigbesen kehren sie die Blätter auf einen Haufen und mit einem tiefen Ausatmen kehren Sie den ganzen Haufen nach links von der Veranda herunter. Atmen Sie aus und öffnen Sie die Augen.

ELF

Das Meisterspiel: Den Lebensplan vervollkommnen

»Wer ist ein Held? Der seine Neigungen besiegt.«

ABOT 4,1

»Denn so spricht der Herr, der Heilige Israels: Nur in Umkehr und Ruhe liegt eure Rettung, nur Stille und Vertrauen verleihen euch Kraft.«

JESAJA 30,15

Es gibt die alte kabbalistische Überzeugung, wenn die Juden in aller Welt nur ein einziges Mal den Sabbat (den Ruhetag) wirklich einhalten würden, so käme der Messias und mit ihm Frieden und Harmonie in unser verzweifeltes, leidvolles Leben. Können wir, solange die Juden das nicht schaffen, unseren »inneren Messias« in diese Welt bringen? *Können wir uns zu Liebe und Güte aufschwingen, statt in Antriebslosigkeit und fruchtlosem Verlangen zu verharren?*

Sie haben gelernt, Ihre Ansprüche, Erwartungen, Bedürfnisse und Ihr Verlangen zu identifizieren und Ihre Reaktionen zu erkennen. Werden Sie zulassen, von ihnen beherrscht zu werden? Oder werden Sie von dem großartigen Stop!-Spiel der Juden lernen (dem Sabbat), werden Sie Ihre Traumarbeit perfektionieren, indem Sie Ihre Emotionen schon beim Auftauchen erwischen, um ihre Energie in eine »bessere« Richtung zu leiten? Können Sie sich vorstellen, Emotionen in Gefühle zu verwandeln – Ärger in Liebe, Angst in Mut, Schuldgefühle in Freiheit?

Der Höhepunkt Ihres Lebenswerks als Träumer ist es, den Himmel auf Erden zu visualisieren und zu verwirklichen. Wenn die Güte, Liebe und Harmonie des Himmels aus Ihrem Herzen in die Welt strahlen, berühren und verwandeln sie nicht nur Ihr eigenes Leben, sondern das Leben von allen, denen Sie begegnen. Als echter Träumer und echte Träumerin haben Sie Ihrer Traumenergie eine Richtung gegeben und können zu einem der vielen Leuchtfeuer werden, die dazu beitragen, diese Welt zu einem besseren Ort zu machen.

Die Verwandlung von Angst in Triumph

Goliath war ein beeindruckender, erfahrener Krieger. Er war seit seiner Jugend Soldat (I Samuel 17,33), maß »sechs Ellen und eine Spanne« und war gekleidet in einen Schuppenpanzer und in bronzene Beinschienen. Allein sein Speer wog sechshundert Eisenschekel. Als die Israeliten diesen Giganten der Philister erblickten, »hatten sie alle große Angst vor ihm und flohen« (I Samuel 17,24). Genauso erscheint uns die Angst in unseren Traumbildern, wenn sie sich zum ersten Mal offenbart – als gigantisches Ungeheuer, bereit, uns zu demütigen, wegzupusten, niederzuschmettern.

Jede Ihrer Emotionen erscheint in ihrem eigenen, albtraumartigen Gewand: Ein feuerspuckender Drache, eine alte Hexe, ein giftgrüner Klumpen kann Ihren Ärger, Ihre Gehässigkeit oder Ihre Trägheit verkörpern. Oft vergessen wir jedoch, dass Emotionen nichts als Energie sind (siehe 2. Kapitel), die unter der einen oder anderen Maske verborgen erscheint. Es liegt bei Ihnen, mit Hilfe Ihres Träumer-Zauberstabs diese furchterregenden Bilder zu verwandeln.

Sie haben gelernt, mit Ihrem Tages-Bewusstsein in Ihre Träume zurückzukehren, um sich den schrecklichen Bildern zu stellen, die sich in Ihren nächtlichen Träumen gezeigt haben. Sie haben jedoch noch nicht gelernt, Ihre Emotionen zu erwischen und zu verwandeln, wenn sie sich *am Tage* zeigen. Ihre Emotionen scheinen immer noch gefährlich, abstoßend, bestürzend zu sein, selbst für Sie, die Sie damit leben. Werden Sie wie die Männer Israels »große Angst« haben, unwillig und unfähig sein, sich Ihren eigenen monströsen Emotionen zu stellen?

Goliath stellt eiskalt die Bedingungen, die für den Kampf mit ihm gelten: »Wenn er mich im Kampf erschlagen kann, wollen wir eure

Knechte sein. Wenn ich ihm aber überlegen bin und ihn erschlage, dann sollt ihr unsere Knechte sein und uns dienen.« (I Samuel 17,9)

Nur David, der Kleinste, Bescheidenste und Jüngste im israelitischen Heer, ist bereit, Goliaths Herausforderung anzunehmen. König Saul will ihm seine eigene Rüstung geben, doch der zarte David will sich auf nichts einlassen, was ihm nicht vertraut ist, und legt die Rüstung des Königs wieder ab. Er will sich auf kein Kräftemessen mit dem Giganten einlassen, denn das würde er sicher verlieren. Er will Goliath vielmehr überlisten.

Auf dem Schlachtfeld spricht David zu Goliath: »Du kommst zu mir mit Schwert, Speer und Sichelschwert, ich aber komme zu dir im Namen des Herrn der Heere, des Gottes der Schlachtreihen Israels, den du verhöhnt hast. ... Alle Welt soll erkennen, dass Israel einen Gott hat.« (I Samuel 17, 45–46).

Eine einfache Schleuder, mit der die Schäfer ihre Herden schützen, war Davids einzige Waffe. Mit einem sicher zwischen Goliaths Augen platzierten Stein fällte er den Hünen, und in diesem Augenblick verwandelte sich die Angst in Triumph. Die eben noch so furchtsamen Israeliten erhoben sich wie ein Mann und überwältigten die Philister.

Nur ein Augenblick ist nötig, eine Verschiebung der Sichtweise, und aus der Angst, dem Ungeheuer, wird ein Diener unserer Kavanah. Denn wie David sagt: »Gilt es hier nicht eine Sache zu verteidigen?«[3] Die Herrlichkeit des lebendigen Gottes Israels war Davids »Sache«. Wie alle großen Träumer wandte er seinen Blick auf die Herrlichkeit seines Gottes und war so fähig, seine Energie zu verwandeln. Plötzlich gab es einen Kanal, eine Leitung, und durch sie konnte die Energie, die durch die Angst hervorgerufen wurde, dort hinfließen, wo sie am hilfreichsten war: zur Verteidigung seines Gottes.

Stellen Sie sich das Feuer von Davids Emotionen als elektrische Ladung vor: Elektrizität kann höchst gefährlich sein, aber gut geleitet kann sie eine ganze Stadt erleuchten. Diese Kanalisierung von Energie war Davids Kavanah. Die erleuchtete Stadt ist das, was wir »Fühlen« nennen.

3 Freie Übersetzung aus dem Englischen. Die Autorin zitiert hier aus I Samuel 17,29, was in der Einheitsübersetzung lautet: »Ich habe doch nur gefragt.« Anm.d.Übers.

Warum das Fühlen? *Was ist der Unterschied zwischen Emotionen und Gefühlen?* Wir haben es schon erwähnt, aber ich will diese Frage hier noch etwas vertiefen. Im Allgemeinen wird wenig Unterschied zwischen Emotionen und Gefühlen gemacht, doch wenn Sie genau hinschauen, werden Sie einen schwerwiegenden Unterschied entdecken. Schließen Sie die Augen und schauen Sie hin:

Die Unterscheidung zwischen Emotionen und Gefühlen
Atmen Sie drei Mal aus. Spüren Sie die Bewegung von Ärger in sich und beschreiben Sie diese Empfindung. Atmen Sie einmal aus. Spüren Sie, wie der Ärger sich in einem einzigen, konzentrierten Stoß nach außen bewegen will. Nehmen Sie Ihre Hand und wischen Sie den Ärger nach links aus Ihrem Körper. Atmen Sie nochmals aus. Jetzt spüren Sie die Bewegung der Liebe und beschreiben Sie diese Bewegung. Atmen Sie einmal aus. Spüren Sie, wie die Liebe Ihr ganzes Wesen durchdringt und umhüllt, bevor sie in alle *Richtungen gleichmäßig ausstrahlt. Bleiben Sie in dem Gefühl der Liebe und sehen Sie sich als einen leuchtenden Stern, der das Licht der Liebe in alle Richtungen strahlt.*

Wie im 2. Kapitel beschrieben, ist Emotion eine *nach außen gerichtete Bewegung*, ein elektrischer Funke, der durch etwas Äußeres ausgelöst wurde. Das Fühlen dagegen ist ein *Seinszustand.* So wie die Elektrizität, die ein Gefäß gefunden hat – zum Beispiel eine Glühbirne –, dieses erfüllt und erleuchtet, so erstrahlt auch das Fühlen aus uns heraus in alle Richtungen. Deswegen scheinen auch Verliebte von innen heraus zu leuchten.

Wenn Sie diesen Unterschied zwischen Gefühlen und Emotionen verstanden haben, können Sie sicher erkennen, dass Emotionen nichts Schlechtes sind, was man unterdrücken oder wofür man sich schuldig fühlen sollte. Sie dienen uns vielmehr, sie sind unser Auslöser, den wir dringend brauchen. *Wir brauchen die Flamme der Emotionen, um das Feuer des Fühlens zu entfachen.*

Doch wenn wir uns nicht gleich um die Flamme (unserer Emotionen) kümmern und uns nicht bewusst sind, wofür wir sie einsetzen wollen (um das Feuer zu entzünden), kann daraus leicht ein Flächenbrand werden. Unbeherrschte Emotionen lösten im israelitischen Heer Panik aus. In ihrer Angst konnten sie sich nichts anderes vorstellen, als zu fliehen, was zur Niederlage geführt hätte.

Doch David, das Kind, der Träumer, der Geliebte, nutzte die Emotion der Angst, um sich zu etwas Höherem aufzuschwingen. Und wenn auch wir lernen, aus alten Tyrannen willige Diener zu machen, wenn wir lernen, unsere Emotionen in Gefühle zu verwandeln, werden wir wie David zum König über unsere Emotionen gekrönt werden. *So distanzieren wir uns also von unseren Angstträumen – von unseren Albträumen, unseren geschäftigen Träumen und von den wiederkehrenden Träumen, die uns dazu verleiten, Diener unseres niederen Seins zu werden –, doch wie können wir gleichzeitig unsere Seelen in diesem großartigen Traum des Königtums verankern?*

Identifizieren Sie Ihre häufigste Emotion

Ein Freund sagte einst zu mir: »Die Menschen sind so lange Tiere, wie sie nur reagieren. Sie werden erst zu wahren Menschen, wenn sie lernen, zu antworten.«

Antworten in diesem Sinne bedeutet, Gefühle zu verwandeln. Wie können wir lernen, auf diese Weise zu antworten?

Identifizieren Sie Ihre häufigste Emotion

Der erste Schritt besteht darin, sich Ihrer Reaktionen bewusst zu werden. Wie Sie wissen, wird durch Ihre Reaktion auf einen äußeren Reiz eine Emotion entzündet. Wenn Sie Ihre Hausaufgaben gemacht haben (siehe 2. Kapitel), führen Sie ein kleines Notizbuch, in dem Sie eine Woche lang all Ihre Emotionen aufgelistet haben. Betrachten Sie diese Liste. Sie werden schnell entdecken, welche Emotion am häufigsten auftritt.

Angenommen, es ist der Ärger, dann ist Ärger die Emotion, auf die Sie sich in diesem Monat konzentrieren werden. Versuchen Sie nicht, an mehr als einer Emotion gleichzeitig zu arbeiten, Sie werden schon mit einer reichlich zu tun haben. Sie werden sehen, sobald Sie sich auf eine bestimmte Emotion konzentrieren, verhält sie sich wie ein in die Ecke gedrängtes, bedrohtes Raubtier. Bevor Sie sichs versehen, fängt sie an zu toben, wie Goliath, der aus den hinteren Reihen der Philister anfing, die Israeliten zu verhöhnen und aufzustacheln.

Wenn Sie anfangen, mit Ihrem Ärger zu arbeiten, wird er wütender, sprunghafter und gewaltsamer werden. Ich sage Ihnen das, damit Sie vorbereitet sind und sich nicht so leicht erschrecken lassen. Wenn der Ärger dann ausbricht, können Sie sagen: »Kein Grund zur Sorge. Das war zu erwarten.«

Damit die Arbeit wirksam bleibt, beschäftigen Sie sich immer nur eine begrenzte Zeit mit einer Emotion. Das ermöglicht Ihnen einen besseren Fokus und Sie können Ihre Energien effektiver auf Ihr Ziel ausrichten. Wie geht es dann weiter, wenn Sie die Emotion gewählt haben, mit der Sie arbeiten wollen?

Die Emotion erwischen, wenn sie auftaucht

Emotionen sind keine Gedanken. Sie sind Erfahrungen. Wenn Sie Ärger spüren, ist Ihr ganzer Körper beteiligt. Ihr Herz schlägt schneller, das Blut steigt Ihnen ins Gesicht, Sie werden ganz bleich oder Ihre Beine zittern. Bei jedem zeigt sich der Ärger auf unterschiedliche Weise.

Wissen Sie, wie sich Ärger in Ihrem Körper zeigt? Wenn Sie seine körperlichen Anzeichen noch nicht erkannt haben, erwischen Sie ihn vielleicht nicht, wenn er auftaucht. Ist das nicht erstaunlich? Ärger ist so eine explosive Emotion, dass man meint, man müsste ihn sofort wahrnehmen. Doch dem ist nicht immer so.

Zum Beispiel kann es sein, dass Sie sich auf einer Party ganz gut amüsieren, aber als Sie nach Hause gehen, spüren Sie, wie Ärger in Ihnen aufsteigt. Sie merken, dass der Ärger schon den ganzen Abend lang irgendwie da war, aber Sie haben nicht darauf geachtet. Also haben Sie erst einmal keine Ahnung, *warum* Sie verärgert sind.

Wenn Sie die Umkehrung anwenden, um den genauen Grund für Ihr Unbehagen zu erkennen, erinnern Sie sich vielleicht an eine hässliche Bemerkung einer Freundin. Doch weil Sie den Ärger nicht erkannt haben, als er entstand, hat er sie jetzt wie eine Welle überrollt und überflutet. Zu diesem Zeitpunkt haben Sie keine andere Wahl, als geduldig abzuwarten, bis er sich wieder verzieht. Hoffentlich ist die Welle klein und Sie gehen nicht darin unter, verharren nicht darin und brauchen nicht allzu lange, um den Ärger wieder aus Ihrem System zu vertreiben.

Wäre es nicht besser gewesen, den Ärger gleich zu erwischen, als er seinen »hässlichen« Kopf emporreckte? Dann wären Sie vielleicht noch in der Lage gewesen, etwas zu ändern. Aber wir alle scheinen gerne *à retardement zu leben, wie die Franzosen sagen, »mit einer gewissen Verzögerung«, statt einfach im gegenwärtigen Augenblick zu sein.*

Wenn Sie wissen, wie sich eine Emotion auf körperlicher Ebene in Ihnen entfaltet, kann es Ihnen helfen, sie in dem Augenblick zu erkennen, in dem sie auftaucht. Das geht folgendermaßen:

Eine Emotion sofort erkennen

Atmen Sie dreimal aus. Stellen Sie sich vor, Sie sind äußerst ärgerlich. Wenn es Ihnen hilft, sich dafür an eine bestimmte Situation aus der Vergangenheit zu erinnern, tun Sie das. Beschreiben Sie sich selbst alle körperlichen Erscheinungen, die mit der Emotion des Ärgers einhergehen. Wo spüren Sie den Ärger im Körper? Welche Farbe hat er? Wie fühlt er sich an – vielleicht drückend, zusammenziehend, auflösend, schwächend, verknotet? Finden Sie die richtigen Worte, um Ihre Empfindungen zu beschreiben. Wenn Sie sie zutreffend erfasst haben, wischen Sie diese Empfindungen nach links aus Ihrem Körper. Atmen Sie aus und öffnen Sie Ihre Augen.

Spurwechsel

Wozu dient es, sich ganz bewusst zu sein, was in Ihnen passiert, *wenn* es passiert? Stellen Sie sich vor, Sie sind in dem Schnellzug Ihres Lebens nicht der Passagier, sondern der Weichensteller in der Schaltzentrale. Sie merken schon, das ist ein Traum-Manöver. Während Sie mit dem Zug durch die Gegend rasen, bedenken Sie aus der Sicht des Weichenstellers auch seine Richtung.

Sie sind der Meister der Schaltzentrale. Wenn Sie genau hinschauen, werden Sie sehen, dass sich Ihr Zug auf einer Spur namens »Ärger« bewegt. Weil das die gewohnte Strecke Ihres Zugs ist, haben

Sie noch nicht bemerkt, dass Sie die Spur *wechseln* können. Ihr Zug kann genauso schnell in eine andere Richtung fahren. Sie brauchen nur den Schalter umzulegen.

Doch es gibt nur einen bestimmten Zeitpunkt, zu dem Sie den Schalter umlegen können: kurz bevor der Zug die Abzweigung erreicht. Aber wie wollen Sie das spontan entscheiden, wenn Sie keine Ahnung haben, *wo* der Zug hinfahren soll? Anders gesagt: *Sie müssen sich vorbereiten und wie der Weichensteller neue mögliche Ziele im Sinn haben.*

Stellen Sie sich vor, Sie schicken Ihren Zug zu dem Ziel »Liebe«. Nur mit einer starken Kavanah, mit der starken Traum-Fähigkeit, etwas anderes zu »sehen«, als Sie gewohnt sind, können Sie diesen Spurwechsel rechtzeitig einleiten. Wenn nicht, wird der Zug einfach auf seiner gewohnten Spur weiterfahren und Sie müssen einen anderen Zug abwarten.

Wie bei jeder funktionierenden Schalttafel muss der Schalter (das neue Ziel) beschriftet werden. Ich habe ihn »Liebe« genannt, um Ihnen ein Beispiel zu geben. Aber Sie sollten diese Entscheidung nicht dem Zufall überlassen, sondern ein Ziel wählen, das Ihren Bedürfnissen entspricht. Bitten Sie Ihren Traumkörper um Hilfe.

Die Benennung des Schalters

Atmen Sie drei Mal aus. Stellen Sie sich, ausgehend von der Empfindung des Ärgers, den Sie gerade durchlebt haben, die genau entgegengesetzte Empfindung vor. Wo befindet sie sich in Ihrem Körper? Welche Farbe hat sie? Wie fühlt sie sich an? Wie Erweiterung, Ausdehnung, Kribbeln, Leichtigkeit etc.? Benennen Sie diese Empfindung so, wie es sich für Sie richtig anfühlt, z.B. als Liebe, Frieden, Harmonie, Gleichgewicht, Ruhe. Ihr Träumen wird es Ihnen sagen. Atmen Sie aus und öffnen Sie Ihre Augen.

Denken Sie daran, wir können eine Emotion nicht loswerden, ohne sie durch etwas anderes zu ersetzen, genauso wie wir eine schlechte Gewohnheit nicht ablegen können, ohne sie durch eine bessere zu ersetzen. Deswegen versagen so viele Leute bei ihren Bemühungen, mit dem Rauchen, übermäßigen Essen, mit ihren aufbrausenden Reaktionen und anderen schlechten Gewohnheiten aufzuhören.

Wenn es eine leere Stelle gibt, müssen Sie etwas Besseres erträumen oder die Leere wird sich wieder mit dem alten Traum füllen und Sie landen erneut da, wo Sie angefangen haben. Man kann in diesem Prozess nicht neutral bleiben. Wie Goliath klar gesagt hat, geht es darum, wie ein Krieger zu kämpfen, wenn man seine Emotionen meistern will, sonst wird man von ihnen übermannt und wird ihr Sklave.

Nur wenn Sie das Gefühl identifiziert und benannt haben, das den Ärger erfassen kann, können Sie die Spur befahren, die Ihre Energie an Ihr neues Ziel bringt.

Das neue Ziel

Kurz nachdem Potiphar, der Hauptmann der ägyptischen Garde, Joseph gekauft hatte, bemerkte er, was für ein außergewöhnlicher Mensch sein neuer Sklave war. Leider reagierte Potiphars Weib, eine verführerische, entschlossene und unbarmherzige Frau, auf ihre eigene Weise auf Josephs herausragende Qualitäten. Wie eine schlechte Gewohnheit erschien sie Tag für Tag bei dem als Oberaufseher eingeteilten Sklaven Ihres Gatten und flüsterte: »Lege dich zu mir!« (Genesis 39,7)

Können Sie sich Josephs Gefühle vorstellen? Er muss voll widerstreitender Emotionen gewesen sein, voller Angst, Ärger, Groll und, den talmudischen Weisen zufolge, auch voll Verlangen. Eines Tages schien er sein Schicksal geradezu herauszufordern, denn er betrat Potiphars Haus, als kein anderer Mann dort anwesend war.

Natürlich erschien Potiphars Gattin, »erwischte ihn bei seinem Kleid und sprach: Lege dich zu mir!« Doch die talmudischen Weisen erzählen, dass Joseph in jenem Augenblick, als die Nähe zu Potiphars Weib sein besseres Selbst zu überwältigen drohte, das Gesicht seines Vaters Jakob am Fenster »sah«! (Sotah, 36b). Das genügte, um Josephs Schalter umzulegen. »Aber er ließ das Kleid in ihrer Hand und floh und lief zum Hause hinaus.« (Genesis 39,12).

Wir wissen von der tiefen Bindung zwischen Joseph und seinem Vater Jakob. In dem Augenblick seiner größten Versuchung, als das Verlangen sein besseres Selbst zu besiegen schien, machte Jakob, sein Herzland, sein höherer Traum, das Ziel, zu dem es ihn sein Leben lang hinzog, seine Ansprüche geltend. Die Energie von Josephs Verlangen »bewegte« sich weg von Potiphars Weib und hin zu jenem »besseren« Selbst, das die Vision des Gesichts seines Vaters in ihm wieder belebt hatte.

Doch das war *Joseph*! Was können *wir* tun, wenn wir nicht die Zugkraft eines Jakob in unserem Leben haben? *Wo können wir im Augenblick der Not die Kraft finden, den Schalter umzulegen?*

»Übernatur«

Es wäre verwegen, zu meinen, wir könnten uns jederzeit spontan ein neues Ziel setzen, auch wenn ich zugeben muss, dass es möglich ist. In Augenblicken höchster Widrigkeiten haben Menschen sich immer wieder »neu erfunden«. Diese plötzlichen, grundlegenden Veränderungen haben jedoch in unserer Psyche einen hohen Preis und wir können uns nicht auf sie verlassen. Daher ist es am besten, sich vorzubereiten. Darin liegt der Wert einer guten Erziehung und Bildung.

So wie unser Körper dem natürlichen Zug der Schwerkraft unterliegt, so zerren die natürlichen Triebe und Reaktionen an unserer Psyche. Doch auch wenn wir immer wieder unserem trägen, zusammengesackten Körper und unseren leicht stillbaren Wünschen und Bedürfnissen nachgeben, gibt es in jedem von uns eine Stimme, die uns drängt, einen anderen, besseren Weg zu wählen.

Schon Goliath wies auf dem Feld von Efes-Dammim darauf hin, dass es dabei keine neutrale Haltung gibt. Wir werden immer in entgegengesetzte Richtungen gezogen. Wir verfügen über einen freien Willen, über die Fähigkeit, zu wählen, ob wir dem Sog der Natur nachgeben oder uns über sie erheben und das anstreben wollen, was die Franzosen »Surnature« nennen, d.h. unsere »Übernatur«.

Angenommen, wir haben uns entschlossen, uns nicht mehr so hängen zu lassen, sondern unseren Rücken aufzurichten. Diese Entscheidung ist gut und schön, doch die Natur hat andere Pläne, und wir müssen uns nach Kräften bemühen, um unsere »Übernatur« tatsächlich zu verwirklichen. Tag für Tag müssen wir unseren Körper darin üben, der Schwerkraft zu widerstehen: Wir müssen unsere Füße und Schultern nach unten drücken, unsere Oberschenkelmuskeln anspannen und unsere Wirbelsäule aufrichten. Wenn wir das nächste Mal in einer Menschenmenge herumgeschoben werden, kann uns diese neue Gewohnheit der Aufrichtung jedoch sehr nützlich sein. Die »Übernatur« hat sich festgesetzt und wir finden immer wieder leicht unser Gleichgewicht.

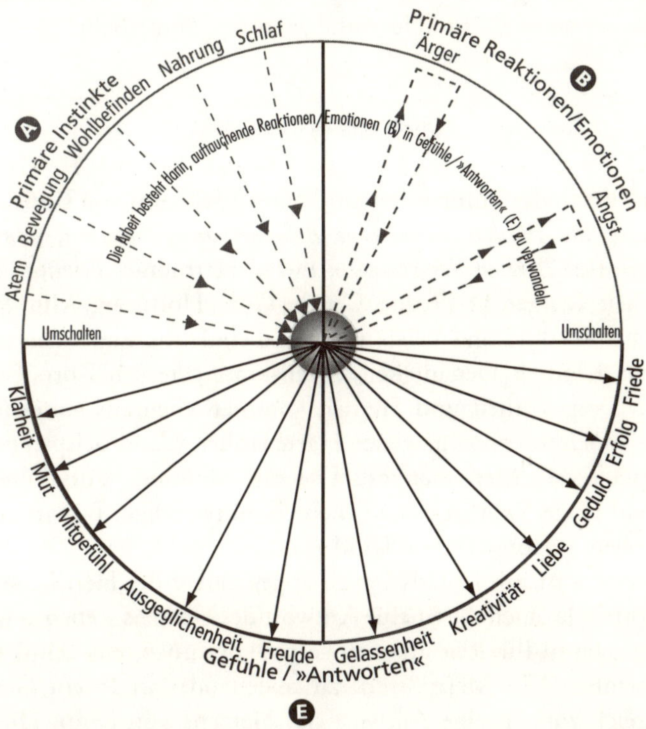

Abb. 6: Gefühle/»Antworten«. Um uns von dem gewohnten Hin und Her zwischen Instinkten und Reaktionen zu befreien, lernen wir zu Gefühlen/»Antworten« umzuschalten, indem wir in dem Augenblick, in dem wir die ersten Anzeichen einer Reaktion/Emotion wahrnehmen, unser »Fühlziel« visualisieren.

Doch kehren wir zu Joseph zurück. Nachdem er ins Exil gehen musste und in die Sklaverei verkauft wurde, meißelte der Verlust seiner Heimat Jakobs Gesicht noch tiefer in Josephs Herz und Sinn ein, als es seine Zuneigung, seine Sohnespflicht und seine Gewohnheit ohnehin schon getan hätten. Und als er dann auf so drängende Weise in Versuchung geführt wurde, seinem Verlangen nachzugeben, wirkte die Gewohnheit, immer wieder das »gute« Ziel zu wählen, zu seinem Wohle. Das war Josephs Glück. Doch wenn wir nicht eine solche Erziehung und Erfahrung durchlebt haben, wie können wir dann *unser* neues Ziel in Herz und Sinn tief einmeißeln?

Kavanah entwickeln

Das Reich des Fühlens hat ein breites Spektrum von Beziehungspunkten. *Da Fühlen durch eine Antwort ausgelöst wird, kommt es stets aus dem Bereich des Herzens.* Liebe, Harmonie, Frieden, Ruhe, Offenheit, Mitgefühl, Freude, Gnade, Güte, Hoffnung, Mut, Stärke, Ausdauer, Geduld und Verständnis sind eindeutig Eigenschaften des Herzens. Klarheit, Genauigkeit, Urteilskraft, gerechter Zorn, Gerechtigkeit, Losgelöstheit und Freiheit kommen ebenfalls vom Herzen, gehen jedoch mit einer gewissen Härte einher. (Zum Beispiel meinen heutzutage viele Menschen, es sei *herzlos*, ein Kind zu disziplinieren, doch auf lange Sicht ist es natürlich ein notwendiger Bestandteil der liebevollen Fürsorge für ein Kind.)

Und was ist mit Davids Loyalität gegenüber der Herrlichkeit seines Gottes? Ja, auch die ist eine Antwort des Herzens – ebenso wie Ihr Traum, sich in Ihren Studien zu vervollkommnen, ein Tennismatch zu gewinnen, ein Meisterwerk zu malen oder in Ihrem Geschäft erfolgreich zu sein eine Antwort des Herzens sein kann. Die Umorientierung hin zu einem kreativen Ziel kann Sie aus dem täglichen Einerlei des instinktiven Verhaltens und der Reaktivität befreien und in einen neuen Seinszustand versetzen.

In der kabbalistischen Lehre wird das Ziel einfach »der Ort« (HaMakom) genannt.

»Doch wenn dein Herz rennt, kehre zu dem Ort (Ha-Makom) zurück, denn darum heißt es, ›Und die Engel liefen vor und zurück‹, (Hesekiel 1,14) und aus diesem Grunde wurde ein Bund geschlossen.«

SEFER JEZIRA 1,8

Das Geheimnis hinter diesen Worten des Sefer Jezira – des Buches der Schöpfung, eines der ältesten und schwierigsten Texte der Kabbala – besteht darin, dass der Ort, an den wir zurückkehren, letztendlich Gott ist. Wir wissen das, weil Ha-Makom einer der Namen Gottes ist. Isaak der Blinde war der Urheber dieses höchsten Ziels, von den Kabbalisten *Devekut* genannt, was sich mit »Festhalten an Gott« oder »Kommunion mit Gott« übersetzen lässt.

Falls es Ihr Wunsch ist, an Gott festzuhalten, müssen Sie mit einfachen Dingen anfangen. Sie haben gelernt, Ihren Traumkörper zu fragen, welches »bessere« Ziel Sie wählen sollen. Doch Sie brauchen Ihren physischen Körper, um dem neuen Ziel Gestalt zu verleihen. Mit seinen Rhythmen und Gewohnheiten lässt sich der physische Körper leicht programmieren. Statt uns über unsere Instinkte und Gewohnheiten hinweg zu überlisten, wie wir es im 6. Kapitel gelernt haben, nutzen wir hier den Hang des Körpers zur Gewohnheit, um die »Übernatur« zu entwickeln.

Für Frauen ist das leicht. Der Menstruationszyklus ist ein natürliches und offensichtliches Zeitmaß. Wir nutzen die Zeit zwischen den Perioden (in der Regel einundzwanzig Tage) zum Programmieren und die Zeit der Periode (in der Regel sieben Tage) für die Pause.

Warum eine Pause? Stellen Sie sich Musik ohne Pausen vor. Das wäre eine lärmende Kakophonie. Genauso geht es dem Körper: Wenn wir ständig essen würden, wüssten wir nie, wann wir hungrig sind. Der Körper versteht Regelmäßigkeit nur, wenn sie durch Pausen definiert wird. Wenn wir dem Körper eine neue Gewohnheit beibringen möchten, ihm einen »höheren Instinkt« einprägen wollen, dann müssen wir uns an dieses einfache Gesetz halten. Sie können dem Körper alles beibringen, solange Sie es ihm in regelmäßigen Intervallen natürlicher Rhythmen vermitteln, die durch Pausen gegliedert werden. (Sieben und Vielfache von Sieben sind natürliche Rhythmen.)

Und was machen die Männer? Welche Uhr nutzen sie? Da sie

keinen so offensichtlichen inneren Rhythmus haben wie die Frauen, müssen sie sich mit einem äußeren Rhythmus begnügen. Die jüdischen Männer werden dazu angehalten, den Rhythmen des Mondes zu folgen. Jeden Monat zu *Rosch Chodesch* treten sie ins Freie und begrüßen den jungen Mond mit Liedern und Gebeten. Wenn Sie ein Mann sind, mag es leicht für Sie sein, sich mit dem Rhythmus des Mondes vertraut zu machen. Sie besorgen sich einfach einen Kalender, in dem die Mondphasen verzeichnet sind, oder beobachten den nächtlichen Sternenhimmel. Wenn Ihnen das zu kompliziert erscheint, können Sie auch einfach irgendwann anhand eines Kalenders für sich selbst einen Achtundzwanzig-Tage-Rhythmus bestimmen. So wird der Körper eines Mannes dem der Frauen ähnlich: von Rhythmen bestimmt und leicht zu prägen und zu trainieren.

Mit Hilfe von Klang neue Ziele entwickeln

Es gibt viele Möglichkeiten, wie Sie sich auf die neuen Ziele Ihrer Energie programmieren können. Mit der Stimme Klang zu erzeugen gehört zu den stärkeren Wegen, vor allem, weil um die Kehle herum mehr Muskeln angeordnet sind als anderswo im Körper. Wenn wir Klänge erzeugen, aktivieren wir all diese Muskeln. Die Klänge schwingen in uns und erzeugen je nach ihrer Art kinästhetische Auswirkungen.

Wenn der physische Körper auf diese Weise stark aktiviert wird, entsteht eine Synergie von Empfindungen, die sich dem imaginativen Feld in einem bestimmten Muster einprägt. Sie werden feststellen, dass die Art des Chantens (d.h. eines relativ monotonen Singens), die ich hier beschreibe, all Ihre Sinne anspricht – das Hören, das Spüren, das Sehen, das Riechen und das Schmecken – in dieser Reihenfolge mit abnehmender Intensität.

Wenn Sie den physischen Körper auf präzise Weise in regelmäßigen Intervallen aktivieren, werden Sie feststellen, dass der Körper nach kurzer Zeit bereits nach dieser Art der Stimulation verlangt, und zwar genau in den Zeitintervallen, an die Sie ihn gewöhnt haben. Wenn er sich einmal an ein bestimmtes Muster gewöhnt hat, verlangt der Körper immer wieder danach.

Die großen Religionen wussten um diese Zusammenhänge, als sie das regelmäßig drei Mal täglich durchzuführende, formelle Gebet einführten. Bei den Moslems, die ihrem Gebet noch die starke Wirkung der körperlichen Niederwerfungen hinzufügen, lautet die Verpflichtung zum Gebet sogar auf fünf Mal täglich. Religiöse Rituale erfüllen eine ähnliche Funktion wie das, was wir hier anstreben: die drei bis fünf Mal täglich wiederkehrende Rückkehr zu einem Ziel – in diesem Fall zu Gott.

Nahrung ist ein weiteres Beispiel. Sie essen drei oder fünf Mal täglich, und weil Sie so oft essen, kommt Ihnen das Essen im Laufe eines Tages auch häufig in den Sinn. Wenn Sie daran gewöhnt sind, drei oder fünf Mal am Tag zu Gott zu beten, wird Gott öfter in Ihren Gedanken auftauchen als bei jenen, die kein tägliches Gebet praktizieren. Die Kabbalisten nennen diesen Prozess *Devehkut* oder »Festhalten«, und durch diese tägliche Übung lernen sie, eine enge Verbindung zu Gott einzugehen, an Gott »festzuhalten«.

Unser Werk, das ich das »Meisterspiel« nenne, besteht darin, an dem imaginativen Feld namens »Fühlen« festzuhalten, dem Reich des antwortenden Herzens. Während wir die Antworten unseres Herzens entwickeln, sinnen wir automatisch über die höheren Bereiche des Seins, unsere »Übernatur« nach, beziehungsweise über Gott, wenn das unserer Neigung entspricht.

Chanten

Beim Chanten ist es am besten, eine heilige Sprache zu verwenden. Heilige Sprachen entsprechen mehr als die modernen Sprachen der Körpererfahrung, um die es uns geht. Probieren Sie zum Beispiel, den Klang »Aah« zu singen.

Chanten zum Verankern des »Fühl-Ziels«

Schließen Sie die Augen. Singen Sie den Klang »Aah«. Nehmen Sie sich Zeit. Spüren Sie, wie der Klang Ihren Körper aktiviert und beschreiben Sie all seine körperlichen Wirkungen. Dann hören Sie auf und beobachten Sie. Wie benennen Sie das, was Sie fühlen?

Haben Sie gespürt, wie der Klang »Aah« Ihre Brust erweitert und Ihr Herzzentrum öffnet? Die Hebräer wussten das, deshalb lautet das hebräische Wort für Liebe »Ahava« mit drei »A«-Klängen.

Jetzt schließen Sie die Augen und probieren Sie, das Wort »Liebe« zu singen. Was passiert dabei in Ihrem Brustbereich?

Sie haben wahrscheinlich bemerkt, dass sich der Brustbereich zusammenzieht, wenn Sie das Wort »Liebe« singen. Sie verstehen jetzt sicherlich, warum es weise ist, eine heilige Sprache wie Hebräisch oder Sanskrit zum Chanten zu verwenden. Im Anhang 2 habe ich eine Liste hebräischer Wörter beigefügt.

Wenn Sie sich dabei nicht wohlfühlen, verwenden Sie ruhig die deutschen Wörter, denn letztendlich ist es das Wichtigste, dass Ihnen der Prozess angenehm ist. Dann wirken zwar nicht so sehr die *Klänge*, aber die *Absicht* wird wirksam sein.

In unserer Tradition singen wir die Wörter auf die drei Töne »MiDoRe«. Der Dreiertakt ist wichtig, denn drei ist ein inneres Muster mit einem hohen Wiedererkennungswert. Wir erinnern uns zum Beispiel leicht an Tänze im Dreiertakt und neigen dazu, in den drei Bewegungen von These, Antithese und Synthese zu denken.

Falls Sie ein Klavier oder sonst ein Instrument besitzen, können Sie sich das MiDoRe vorspielen. Ansonsten können Sie sich die Tonleiter »Do Re Mi Fa So La Si Do« vorsingen und so die Töne für das MiDoRe finden. Das Besondere an dieser Sequenz ist, dass sie nicht nur einfach auf- oder absteigt, sondern sich von oben nach unten nach halb oben bewegt. Solch unregelmäßige Muster aktivieren den Körper besser. Wir haben es hier wieder mit den Parametern zu tun, die uns bereits bei unserer Suche nach der Verankerung unserer neuen Ziele begegnet sind: Rhythmus und Aktivierung.

Chanten mit den Tönen Mi, Do, Re

Atmen Sie einmal aus. Singen Sie das Wort »Ahava« mit den Tönen Mi (A), Do (Ha) und Re (Va). Lassen Sie sich bei jeder Silbe Zeit. Singen Sie das Wort drei Mal und beobachten Sie danach mit weiterhin geschlossenen Augen, was in Ihnen geschieht. Sie spüren vielleicht eine kinästhetische Bewegung, oder einen Duft, einen Geschmack oder Sie sehen ein Bild. Das ist die Manifestation Ihres »neuen Ziels«. Wenn Sie das Gefühl haben, dass die innere Bewegung vollständig ist, atmen Sie aus und öffnen die Augen.

Nehmen Sie sich für diese Übungen wieder ein Notizbuch und schreiben Sie als Titel »Wörter« hinein. Dann schreiben Sie Ihre Erfahrungen auf. Sie werden merken, dass das sehr hilfreich ist. Wenn Sie Ihre Erfahrungen auf diese Weise »äußern«, gewinnen sie in der physischen Welt an Substanz und an Realität. (Wenn Sie Bilder wahrgenommen haben, können Sie diese sowohl beschreiben als auch malen oder zeichnen.)

Alles, was Sie in dieser Erfahrung erleben, ist sehr wichtig, weil es die Manifestation Ihres neuen Ziels ist, genauso wie die Erscheinung von Jakobs Gesicht am Fenster die Manifestation von Josephs Ziel war.

Um Ihr neues Ziel tief in Ihrem Sein zu verankern, chanten Sie »Ahava« (oder das von Ihnen gewählte Wort) drei Mal morgens und drei Mal abends, möglichst jeden Tag zur gleichen Uhrzeit. Konzentrieren Sie sich während des Chantens auf Ihr neues Ziel. Praktizieren Sie diese Übung in einem Einundzwanzig-Tage-Zyklus, dem sieben Tage der Ruhe folgen. Als Frau können Sie es vom Ende einer Periode bis zum Anfang der nächsten üben und während der Periode eine Pause einlegen. Nach der Pause können Sie mit einer anderen Emotion (z.B. Angst, Neid, Gier etc.) anfangen, die Sie verwandeln wollen.

Es ist sinnvoll, diese Aufgabe mindestens ein Jahr lang zu verfolgen. In dieser Zeit werden Sie in der Lage sein, all die Emotionen durchzuarbeiten, die auf Ihrer im 2. Kapitel angelegten Liste stehen. Nehmen Sie diese regelmäßige Disziplin als Ihren ersten Schritt im Meisterspiel. Der zweite Schritt besteht darin, negative Emotionen in dem Augenblick zu verwandeln, in dem sie sich im Laufe des Alltags zeigen.

Das Meisterspiel

Angenommen, Sie haben sich entschieden, mit Ärger zu arbeiten. Wenn Sie abends Ihre Umkehrung machen, ist es wichtig, besonders darauf zu achten, wie Sie im Laufe dieses Tages Ärger erlebt haben.

Während des Tages achten Sie besonders darauf, die ersten Anzeichen von Ärger zu bemerken. Sobald Sie diese wahrnehmen, lenken Sie Ihren Fokus auf Ihr neues Ziel, indem Sie sich an das Wort erinnern, das Sie gewählt haben, oder das Bild, den Duft oder die Körperbewegung, die mit Ihrem Ziel verbunden ist. Halten Sie an Ihrem neuen Ziel fest und spüren Sie das Gefühl, das es in Ihnen hervorruft.

Verschieben Sie Ihre Aufmerksamkeit zum Beispiel von Ärger auf Liebe, so als würden Sie ein Bild des Ärgers umdrehen und auf seiner Rückseite das Bild der Liebe anschauen. Das dauert in der Regel einen Moment.

Sobald Sie das getan haben und sich an das »Gute« halten, werden Sie in Ihrem Körper eine ungewöhnliche Bewegung wahrnehmen. Sie ist subtil, weil es eher Ihr Traumkörper ist, der sich da bewegt, und nicht Ihr physischer Körper. Sie spüren vielleicht ein gewisses Kribbeln in den Händen, Ihre Zehen strecken sich ein wenig oder Ihr Nacken wird etwas länger. Jeder von uns hat seine eigenen »Zeichen«.

Sobald Sie Ihr eigenes Zeichen gefunden haben, werden Sie merken, dass es immer dasselbe bleibt. Es ist wichtig, sich dessen bewusst zu sein, weil Sie daran merken können, dass die Verwandlung stattgefunden hat. Sobald Sie das Zeichen bemerken, können Sie sich entspannen; es gibt nichts weiter zu tun. Der Ärger ist weg und wurde durch Liebe ersetzt.

Dieser Seinszustand ermöglicht es Ihnen, angemessen auf die Situationen zu »antworten«, die sonst Ärger bei Ihnen ausgelöst haben, so wie bei David, der sich von der Angst in die Liebe zu seinem Gott bewegt hatte, und dadurch anmutig, ja beinahe spielerisch auf die Drohungen Goliaths »antworten« konnte. Der »neue Traum« führt uns mühelos zu unserer Antwort.

Sie haben sich ins Herzland gesungen. Wenn Sie es wieder verlieren, wenn Sie reagieren oder den Impulsen nachgeben, machen Sie sich keine Sorgen. Verschwenden Sie keine Zeit damit, sich schuldig zu fühlen. Ergreifen Sie einfach die nächste Gelegenheit, von Ihrer gewöhnlichen Natur zu Ihrer »Übernatur« zu wechseln und fahren Sie damit fort, Ihren Lebensplan zu vervollkommnen.

Wenn Störungen Sie nicht mehr stören, sondern für Sie zu kostbaren Edelsteinen werden, die entdeckt und kunstvoll geschliffen werden wollen, um in ihrem vollen Glanz zu erstrahlen, wenn Sie meinen, die Schwierigkeiten des Spurwechsels gemeistert und Ihr »Zeichen« gefunden zu haben, können Sie weitergehen zur zwölften und letzten Aufgabe.

Dort wird Ihre Fähigkeit, sich zwischen den Welten des Träumens und des Bewusstseins hin- und herzubewegen, ihren letzten Schliff erhalten. Durch die Bewältigung der letzten Aufgabe verschmelzen beide Welten zu einer und das Werk kommt zur Vollendung.

Die Unterscheidung zwischen Emotionen und Gefühlen (S. 210)

Atmen Sie drei Mal aus. Erlauben Sie sich, eine Emotion wie zum Beispiel die Bewegung des Ärgers zu spüren. Beschreiben Sie diese für sich selbst. Dann wischen Sie sie mit Ihrer Hand nach links aus Ihrem Körper. Atmen Sie einmal aus. Lassen Sie dann ein Gefühl in sich entstehen, zum Beispiel die Bewegung der Liebe. Atmen Sie einmal aus. Spüren Sie den körperlichen Unterschied zwischen einer Emotion und einem Gefühl und fassen Sie ihn in Worte.

Identifizieren Sie Ihre häufigste Emotion: Mit welcher Emotion wollen Sie arbeiten? (S. 211)

Betrachten Sie die Liste der Emotionen, die Sie im 2. Kapitel aufgestellt haben. Welche Emotion trat am häufigsten auf? Mit dieser Emotion werden Sie im Laufe des nächsten Monats arbeiten (bzw. für Frauen: zwischen Ihren beiden nächsten Menstruationen).

Eine Emotion sofort erkennen: Woran erkennen Sie die Emotion, sobald sie auftaucht (S. 213)

Atmen Sie drei Mal aus. Stellen Sie sich vor, Sie sind äußerst ärgerlich (falls Sie mit der Emotion Ärger arbeiten). Beschreiben Sie alle körperlichen Anzeichen des Ärgers. Wo spüren Sie ihn im Körper? Welche Farbe hat er? Wie fühlt er sich an – z.B. als Druck, Verspannung, Schwächung oder Verknotung? Atmen Sie einmal aus. Wischen Sie die Empfindung nach links aus Ihrem Körper. Atmen Sie noch einmal aus und öffnen Sie die Augen.

Die Benennung des »Schalters«: Von der Emotion zum Gefühl (S. 214)

Atmen Sie drei Mal aus. Stellen Sie sich die völlig entgegengesetzte Empfindung zu der Empfindung des Ärgers vor, die Sie gerade durchlebt haben. Wo befindet sie sich in Ihrem Körper? Welche Farbe hat sie? Wie fühlt sie sich an (z.B. Weite, Leichtigkeit, Kribbeln etc.)? Benennen Sie das Gefühl so, wie es Ihnen richtig erscheint: Dies ist Ihr »Schalter« oder Ihr »Fühl-Ziel«. Ihr Träumen wird Ihnen sagen, wie Sie es benennen sollen, z.B. Liebe, Frieden, Harmonie, Gleichgewicht, Ruhe Atmen Sie einmal aus.

Chanten zum Verankern Ihres »Fühl-Ziels« (S. 221)

Sobald Ihnen Ihr »Fühl-Ziel« klar ist und Sie es benannt haben, können Sie anfangen, zu chanten, um es zu verankern. Um die Wirkung des Chantens zu spüren, singen Sie den Klang »Aah«.

Chanten von Mi, Do, Re (S. 222)

Atmen Sie einmal aus. Chanten Sie das Wort »Ahava« (bzw. das Wort, das Ihr Fühl-Ziel repräsentiert, siehe Anhang 2) auf die Töne »Mi« (A), »Do« (Ha) und »Re« (Va). Lassen Sie sich bei jeder Silbe Zeit. Chanten Sie das Wort drei Mal. Lassen Sie die Augen weiterhin geschlossen und beobachten Sie, was in Ihnen geschieht. Vielleicht spüren Sie eine körperliche Bewegung, riechen einen Duft, schmecken etwas oder sehen ein Bild. Bemerken Sie es einfach. Wenn Sie das Gefühl haben, dass Ihre innere Bewegung vollständig ist, atmen Sie aus und öffnen die Augen. Chanten Sie Ihr Wort einundzwanzig Tage lang morgens und abends je drei Mal. Machen Sie dann sieben Tage lang Pause. Danach können Sie eine neue Emotion wählen, die Sie verwandeln möchten, und dementsprechend ein neues Wort chanten.

ZWÖLF

Rückkehr zum Einssein

»Als Jakob in Joseph zur Ruhe kam und so die Sonne mit dem Mond vereint wurde, gingen daraus zahlreiche Nachkommen hervor, mit Joseph als ihrem Erzeuger. Denn es ist dieser beständig fließende Strom, der die Erde befruchtet und aus dem Generationen in die Welt hervorgehen. Denn die Sonne, selbst wenn sie sich dem Mond nähert, kann nichts wachsen lassen, ohne die Hilfe jener Stufe, bekannt unter dem Namen ›Der Gerechte‹.« (Ein Weiser)

SOHAR II 180A

Können wir im Herzland bleiben, wenn wir uns einmal dort verankert haben? Wie ein Schiff im Hafen mögen wir eine Weile dort ausruhen, doch letztendlich muss das Schiff den Anker lichten und weiter reisen. Das ist das Wesen eines Schiffes, dafür wurde es gebaut. Genauso inkarnieren wir, um durch dieses Leben zu reisen. Wir können nicht an einem Ort bleiben, das Leben lässt das nicht zu. Außerdem ist unser Weg mit den Hindernissen der physischen Realität gepflastert.

Von Anfang an müssen wir uns unseren eigenen Beschränkungen stellen, mit allen Ungewissheiten und Sehnsüchten, die sie mit sich bringen, und sie machen uns blind für die Fülle, in die wir hineingeboren wurden. Wenn wir auf Hindernisse treffen, können wir davor in die Knie gehen oder an der Aufgabe wachsen und nach dem klaren blauen Himmel im Auge des Sturms suchen.

Doch wenn wir ihn gefunden haben, können wir uns nicht auf unseren Lorbeeren ausruhen. Immer nur an einem Ort verankert zu bleiben führt zu Stagnation und schließlich zu Passivität und Niedergang, die selbst unser Herzland zu Staub verdorren lassen.

Das Schiff unseres Lebens ist für das offene Meer gebaut. Sein Liegeplatz ist ihm – wie eine Nabelschnur – nur vorübergehend vergönnt. Sicherlich ist die Gewissheit, dass wir unser Herzzentrum gefunden haben, eine stete Erinnerung an unsere Ziele und eine Hilfe, immer wieder in unsere Spur dorthin zurückzukehren. Diese Erinnerung schenkt uns Hoffnung und trägt uns schneller und müheloser zurück in den Hafen, wenn wir dorthin zurückkehren wollen.

Doch es gibt immer eine Gegenbewegung: *Während wir immer und immer wieder danach streben, durch unser Träumen ins Herzzentrum zurückzukehren, neigt die physische Welt dazu, uns zum Kentern zu bringen und uns immer wieder von unseren wahren Gefühlen abzuschneiden.* Das entspricht ihrem Wesen, genauso wie es dem Wesen des Skorpions entspricht, die Schildkröte zu stechen, die ihn auf ihrem Rücken auf die andere Seite des Flusses tragen will.

Sowohl die Schildkröte (das Träumen) als auch der Skorpion (das Bewusstsein) werden ertrinken, wenn wir nicht unseren Weg aus der »Prüfung«, welche uns die Natur auferlegt hat, träumen und entsprechend handeln. Wenn wir unsere Lebensspanne als ein Übungsfeld betrachten, auf dem unsere »höheren Instinkte« ausgebildet werden, unsere eigene Version unserer »Übernatur«, versuchen wir nicht, uns gegen das Schicksal aufzulehnen. Stattdessen nutzen wir jede Gelegenheit, um dazu beizutragen, uns ein besseres Leben zu kreieren, ein Leben, in dem das Träumen und das Bewusstsein vereint sind.

Ebenso wie uns die physische Welt etwas lehren will, hat auch die innere Welt uns etwas zu vermitteln. »Alles verändert sich ...«, sagt die physische Welt, »... außer der Veränderung«, sagt die innere Welt. Wenn wir uns an die Tatsache halten, dass das Muster der Veränderung – und nicht die Launen des Schicksals – unser Weg des Träumens ist, können wir lernen, mit der Bewegung eins zu werden und im Rhythmus des Flusses zu ruhen.

Das Träumen mit seinem Fließen hat uns gelehrt, uns mühelos und spielerisch durch alles hindurch zu bewegen. Diese Bewegung ist nichts, was von außen kommt, sondern ein lebendiger Teil unseres Seins. Doch wieder kommt die physische Welt dazwischen und legt uns neue Hindernisse und Einschränkungen in den Weg, um uns daran zu erinnern, dass Veränderung ernste Konsequenzen mit sich bringt, die es nüchtern zu betrachten gilt. *Wie können wir gleichzeitig spielerisch und besonnen sein?*

Wir stehen vor der Paradoxie, dass wir in beiden Welten gleichzeitig leben müssen, um das große Werk zu vollenden. Wie können zwei Welten, die einander in jeder Hinsicht so entgegengesetzt sind, sich unterstützen und erhalten? In den Worten einer alten Metapher: Wie kann eine Million Engel auf einer Stecknadelspitze stehen?

Ihre in diesem Buch beschriebene Aufgabe besteht darin, sich stufenweise auf das ultimative Ziel hinzubewegen: Sie besteht in der Aktivierung und dem Ausgleich zwischen den beiden Welten, auf dass keine von ihnen sich übermäßig aufbläht. Das Bewusstsein nähert sich einer Durchdringung des nächtlichen Träumens, es nähert sich unserem instinkthaften Wesen und durch die Umkehrung auch unserer Vergangenheit, während das Träumen – durch geführte Übungen und Wachträume gesteuert – im Licht des Tages erblühen darf. Können das männlich orientierte Bewusstsein und das weiblich-intuitive Träumen lernen, sich an den Verschiedenheiten des jeweils Anderen zu erfreuen und durch die Stärken des Anderen zu wachsen? Können sie sich vereinen, trennen und wieder vereinen, in vollkommener Verbindung und Kooperation? Was ist nötig, um das Werk zu vollenden?

Umkehrung als Geisteshaltung

An diesem Punkt der Geschichte geht es nicht mehr ums Üben, sondern um die Verwirklichung im wahren Leben. Sie sind vorbereitet und müssen sich jetzt in die Schlacht stürzen, um sich zu bewähren. Sie haben zwar auch in diesem Kapitel noch eine Aufgabe zu bewältigen, doch diese Aufgabe enthält genau diesen Übergang von der Lehrzeit zur Meisterschaft. Dies ist Ihre Einweihung.

Wie macht man das, spielerisch zu sein und gleichzeitig nüchtern, imaginativ und gleichzeitig verantwortungsbewusst (nachdem Sie gelernt haben, zu »antworten«, befinden Sie sich jetzt auf dem Weg zu echtem »Verantwortungsbewusstsein«)? Sie haben von diesem Paradox bereits einen Vorgeschmack erhalten, als jede der beiden Welten zwar ihre eigenen Qualitäten behalten hat, aber gleichzeitig in die Schuhe der anderen Welt getreten ist: als das Träumen in der bewussten Welt wirksam wurde und das Bewusstsein in der Traumwelt anwesend war.

Das *Chassé-croisé*[4] der Umkehrung ist jetzt nicht mehr Übung, sondern Tanz geworden, eine unmittelbare Art des Seins und der erste Schritt zur Verkörperung dieses Paradoxons. Eigentlich brauchen Sie jetzt keine Übungen mehr, ich werde Ihnen aber trotzdem noch ein paar geben.

Sie müssen sich beibringen, »instinktiv« und beständig Ihre zwei Denkmodalitäten umzukehren. Das hat revolutionäre Konsequenzen. Wenn der Bettler für einen Tag König wird und der König für einen Tag seinen Thron und seine Roben aufgibt und auf die Straße geht, um für sich selbst zu sorgen, lernen sie beide an diesem Tag mehr als in einem ganzen Leben ohne Veränderungen. Danach wird nichts mehr dasselbe sein. Der König geht aus der Erfahrung geläutert und weiser hervor, denn er hat sowohl die Härten und Widrigkeiten der Armut als auch hoffentlich die Freuden der Freiheit und der Güte kennen gelernt. Der Bettler erlebt das Gewicht der Verantwortung, die grimmigen Freuden der Macht und die Unsicherheit, je um seiner selbst willen geliebt zu werden.

So kehren sie beide in ihr gewohntes Umfeld zurück – der Bettler zu seiner Armut, der König zu seinem Königtum – doch etwas ist hinzugekommen, ein Hauch von der Qualität des Anderen hat sich im Netz der Erfahrungen verfangen. Sowohl der Bettler als auch der König gehen aus der Erfahrung gestärkt hervor. Ich stelle mir vor, wie sich ihre Blicke begegnen und ein kreativer Dialog entsteht. Sie werden immer das Gefühl behalten, von der Wirklichkeit des Anderen berührt worden zu sein.

Vom Konflikt zum Paradox

Das duale Wesen unserer physischen Wirklichkeit ist uns allen klar. Wir leben darin. Kein König ohne Untertanen. Kein Licht ohne Dunkelheit, von der wir es unterscheiden können. Keine Selbster-

4 Begriffe aus dem Ballett: Chassé = Anlauf im Wechselschritt, Croisé = überkreuzte Haltung (Anm. d. Übers.)

kenntnis, ohne die Trennung zwischen uns selbst und den anderen wahrzunehmen. Kein Vorwärtskommen ohne uns vom Boden abzustoßen. Ist es ein Wunder, dass unser Leben ein ständiges Hin und Her zwischen widersprüchlichen Neigungen ist, bei der die eine Tendenz immer danach strebt, die andere zu übertrumpfen? Das ist das Wesen der Welt, in der wir leben.

Doch in uns lebt auch eine Welt, deren Gesetze genau das Gegenteil dazu sind. In dieser Welt gibt es keine Gegensätze, weil Grenzen keinen Bestand haben. Die Formen gehen ineinander über, verschmelzen, borgen voneinander, verwandeln sich, lösen sich auf, und all das in spielerischer Fülle.

In den meisten Menschen leben diese beiden Welten gewöhnlich nicht so glücklich nebeneinander. Seit undenklichen Zeiten sind sie in einen Machtkampf verwickelt. Jede Welt kennt die andere *nur* durch die Opposition.

Doch wer die Umkehrung praktiziert (siehe 5. Kapitel) hat eine Annäherung erfahren, so wie sie zwischen dem König und dem Bettler stattgefunden haben muss. Vorausgesetzt, ihre Erfahrung hat nicht nur Abneigung und noch stärkere Opposition erzeugt, was auch möglich ist. Wir müssen uns auf dieses Risiko jedes Mal einlassen, wenn wir die Umkehrung praktizieren. Doch wenn wir dieses Risiko nicht eingehen, bleibt uns nur ein von Konflikten gebeuteltes Leben als schlichter Passant, in dem es nie dauerhaft Frieden und Harmonie geben kann!

Ist schließlich nicht offensichtlich geworden, dass es nur zu einer Verstärkung der Gegensätze führen wird, wenn wir das Träumen und das Wach-Bewusstsein weiter voneinander getrennt halten? Und ist es nicht offensichtlich, dass ein Krieg und die Unterdrückung einer der beiden Welten folgen wird, wenn wir das Andere nicht mehr aushalten können? Man stelle sich das Leiden vor, das entstünde, wenn der König die Not seiner Armen missachten würde.

Um Ihr Bewusstsein wirklich zu fordern, müssen Sie daher ungewöhnliche Schritte einschlagen. Sie müssen es dem aussetzen, was es eigentlich hasst: dem Akausalen, dem Irrationalen. Und um Ihr Träumen wirklich auszubilden und zu fordern, konfrontieren Sie es mit dem, wovor es sonst zurückschreckt: den harten Wirklichkeiten der physischen Welt.

Ein Bewusstsein, das Besonnenheit, Geduld und Achtsamkeit kultiviert, wird mit Erkenntnissen über die »Gesetze« des »Irrationalen« belohnt. Und in der Kultivierung seiner Verspieltheit – der konzentrierten Spielfreude und dem spielerischen Willen – wird das Träumen die Verwirklichung seiner Träume erleben. Die Kritiker werden sowohl den rational Denkenden, der die Grenzen überschreiten kann, als »Visionär« feiern, als auch den Träumer, der seine Träume verwirklicht hat, als »Realisten« loben.

Doch wie oft sind wir entweder Visionäre oder Realisten? Können wir uns vorstellen, beide Welten anzunehmen? Die Herausforderungen beider Welten einzubeziehen? *Können wir das Paradox aushalten?*

Paradox ist aus den griechischen Worten *Para* = Jenseits und *Doxa* = Meinung, Annahme (von griech. *Dokein* = Denken) entstanden. Wenn wir es schaffen, unsere Kinder mitsamt ihren guten und schlechten Seiten bedingungslos zu akzeptieren, können wir dann auch unvoreingenommen die beiden Welten annehmen, mitsamt ihren Unterschieden, Widersprüchen und Gegensätzen? Das erfordert mehr als eine Annäherung. Es ist nur möglich, wenn unsere beiden Bewusstseinsebenen gleichermaßen stark und lebendig sind.

Wir wissen, dass die Umkehrung der erste Schritt zur Vervollkommnung dieses Gleichgewichts ist: Das Bewusstsein ist bereit, zurückzutreten, und das Träumen tritt vor. Das Bewusstsein lernt vom Träumen Bescheidenheit und das Träumen lernt vom Bewusstsein das Fokussieren. Das Träumen lässt die chaotische Überschwänglichkeit hinter sich und widmet sich zielgerichteten Verwandlungen, während das Bewusstsein lernt, Unterschiede wahrzunehmen, ohne sie festzuhalten.

Ein Gleichgewicht zu halten ist immer heikel. Wir erreichen es und verlieren es wieder, nur um zu lernen, es wieder zu erreichen. Es geht nicht darum, dass wir es verlieren, sondern wie schnell wir es wieder gewinnen. Nehmen Sie daher die Aufgabe des Ausbalancierens (Ihre Aufgabe dieses Kapitels) als »work in progress«, als eine Aufgabe, deren Wesen es ist, nie zu enden. Vollkommenheit gibt es immer nur einen Augenblick lang.

Was gibt es dann außer der Umkehrung noch zu tun? Im Umgang mit unserem Körper entsteht Gleichgewicht durch ein Gleichmaß von Annäherung und Auseinanderstreben. Versuchen Sie einmal, auf Ihren Zehen zu stehen. Sie müssen die Zehen nach unten drücken und sich strecken (auseinander streben) und gleichzeitig die Oberschenkel zusammenpressen (Annäherung). Um ein Gleichgewicht zwischen den beiden Bewusstseinsebenen herzustellen, müssen wir das Auseinanderstreben (Himmel und Erde als Gegensätze) genauso stark erleben wie die Annäherung (Himmel und Erde können im Geiste als gleichbedeutend angesehen werden).

Lebendige Gegensätze

Atmen Sie drei Mal aus. Sehen, fühlen und erleben Sie sich gleichzeitig als König und Bettler – atmen Sie einmal aus – Himmel und Erde – atmen Sie einmal aus – Licht und Dunkelheit – atmen Sie einmal aus – lebendig und tot. Oder stellen Sie sich zwei mächtige Ozeane vor, einer rot, der andere blau, die ineinander stürzen. Malen Sie sich die Wucht ihrer Begegnung aus, die hoch aufspritzende, violette Gischt, die sich wie ein riesiger Fächer über die rollenden Wogen senkt. Hören Sie, wie zwei Zimbeln aneinander schlagen, ein Erwachen, eine brandneue Welt. Atmen Sie einmal aus. Öffnen Sie Ihre Augen.

Wenn wir uns dafür öffnen, dass alle Arten des Seins, alle Wege und alle Wahrheiten Seite an Seite existieren dürfen – das Lamm neben dem Löwen, der Bettler neben dem König – vermehren sich Verständnis, Weisheit und Mitgefühl um ein Vielfaches. Das Herzzentrum wird berührt. Es erweitert sich, es erstrahlt. Jedes Mal, wenn wir unsere beiden Bewusstseinsebenen ins Gleichgewicht bringen, erweitert sich unser Herzzentrum ein wenig mehr, wie das sich ständig erweiternde Universum, das sich gleichzeitig vorwärts, oder sollten wir sagen: sich von seinem Ursprung wegbewegt?

Wie entsteht aus einem paradoxen Doppel Schöpfung? Durch Zufall, durch eine größere Intensität, durch einen doppelten Fokus? Wenn ein Mann und eine Frau zusammenkommen und im sexuellen Akt verschmelzen, kann dabei ein Kind empfangen werden oder auch nicht. Doch Leidenschaft, Fokus und der richtige Zeitpunkt sind für den wundersamen Akt der Schöpfung wesentliche Anreize. Ohne Kavanah – die durch das Ferment der Emotion ausgelöste

Motivationskraft – kann Schöpfung nicht stattfinden. Und wenn wir alle Elemente zusammengebracht haben, können wir nur loslassen und es »in Gottes Hand legen«.

In der experimentellen Retorte der Gebärmutter oder des Geistes entsteht durch die Mischung zweier scheinbar unvereinbarer Teile etwas Neues. Das Kind sieht wie der Vater *und* wie die Mutter aus. Die Mischung verwirrt das Auge, erstaunt uns und bringt unsere voreingenommene Haltung durcheinander. Unser Herz hüpft erfreut angesichts der überraschenden Freiheit der schöpferischen Kraft, starre Grenzen zu durchbrechen und Unvereinbares zu vermischen. Diese Veränderung erschreckt, erregt und befreit unsere »wahre Imagination«

Reine Imagination, reine Liebe.

Die Liebe ergießt sich in einen Ozean, um sich mit jenem anderen Ozean der beunruhigenden Formen zu vermischen, aus denen das neue Kind hervorgeht. Das Kind wiederum, noch unbehindert durch Erwartungen und Wünsche an seine Zukunft, nimmt seine zahllosen Möglichkeiten und Paradoxa an. Aus dem vollkommenen Gleichgewicht der beiden in Kontemplation befindlichen Bewusstseinsebenen vor dem Wunder der Schöpfung strömt der Nektar der Liebe.

Dann wohnt der Wolf beim Lamm,
der Panther liegt beim Böcklein.
Kalb und Löwe weiden zusammen,
ein kleiner Knabe kann sie hüten.
Kuh und Bärin freunden sich an,
ihre Jungen liegen beieinander.
Der Löwe frisst Stroh wie das Rind.
Der Säugling spielt vor dem Schlupfloch der Natter,
das Kind streckt seine Hand in die Höhle der Schlange.
Man tut nichts Böses mehr
und begeht kein Verbrechen auf meinem ganzen heiligen Berg;
denn das Land ist erfüllt von der Erkenntnis des Herrn,
so wie das Meer mit Wasser gefüllt ist.

Jesaja 11,6–9

Wenn das Traum-Bewusstsein und das Wach-Bewusstsein sich vereinen, können aus dem Zusammenprall der bis dahin getrennten Elemente Kinder wie Lachen, Poesie, Musik oder Tragödie entstehen. Die alten Griechen nannten diese Kinder des Geistes »Musen«. Wo immer die Musen hingehen, werden sie von Mischwesen begleitet: von Meerjungfrauen, Zentauren, Pegasussen, Sphinxen, Phönixen. Aus dem Füllhorn ihres Seins entspringen Rätsel, Geheimnisse, Scherze, paradoxe Nebeneinanderstellungen und dergleichen mehr.

Durch die Transzendierung des Gewöhnlichen, den Kontakt mit der Quelle, die Geburt des Neuen, schleudern sie uns aus unseren gewohnten Mustern in das Unerwartete. In dem Destillationskolben des Geistes erzeugt die Gegenüberstellung dieser beiden Welten oft erschreckende, paradoxe, überraschende, amüsante, absurde und manchmal sogar wundersame Wirkungen.

Die direkte Begegnung mit einer Muse ist immer eine besondere Erfahrung: Die uns vertraute Welt kommt zum Stillstand. Unsere Aufmerksamkeit wird gefordert, wir werden mit dem Neuen konfrontiert und von ihm provoziert. Vielleicht möchten wir das Angebot der Muse ignorieren oder abwehren, doch wir müssen auf jeden Fall mit unseren Reaktionen darauf umgehen. Angesichts der Unmöglichkeit, der Unbegreiflichkeit, der zu großen Freude kann unser Körper oder Geist die Fassung verlieren, zusammenbrechen, schier ohnmächtig werden, aber wir sollten bewusst bleiben!

Seien Sie aufmerksam, wenn Sie sich in das Niemandsland der männlich-weiblichen, rechts-linken Einheit des Geistes begeben. Ihre Verwirrung wird nicht von gewöhnlicher Art sein, sondern ein Ergebnis der »Ko-Fusion«[5], der Verschmelzung der Gegensätze. Wenn Sie gleichzeitig träumen und bewusst sind, haben Sie möglicherweise das Gefühl, als stürzten Sie in ein watteweiches weißes Licht, in dem die Zeit stillsteht, alle Geräusche gedämpft sind und alles unglaublich nah erscheint. Oder es durchfährt Sie ein Schreck des Erstaunens, ein weiß glühender Blitz der Erkenntnis. Die Ko-Fusion rauscht nicht in die Horizontale, weg vom Räumlichen und Dinglichen, sondern hin zum Jetzt, zum Ewigen. Sie wird immer als vertikale Bewegung empfunden: nach unten zur Ruhe oder nach oben zur Ekstase.

5 Wortspiel mit engl. »confusion« = Verwirrung. Anm. d. Übers.

Bridge Over Troubled Waters[6]

Wie bereiten Sie sich auf die Ko-Fusion vor? Zwischen all den Widersprüchen und Möglichkeiten ist es wichtig, besonnen zu bleiben. Mit offenen Augen und klarer Stirn, wie die Götter, müssen Sie lernen, mit den widersprüchlichen Hinweisen, ärgerlichen Rückschlägen, irrationalen Vorsprüngen, den Hochs und Tiefs mitzugehen, ohne in Panik zu verfallen.

Das ist natürlich leichter gesagt als getan. Wenn Sie fünfundfünfzig Jahre alt, weiblich und ohne Partner sind, wenn der Arzt sagt, Sie haben 40 Prozent Überlebenschancen, oder wenn Sie Ihre Arbeit verloren haben und nicht wissen, wie Sie Ihre Schulden abbezahlen sollen, darf man da nicht mit gutem Recht in Panik verfallen? Doch genau hier kommt die Besonnenheit ins Spiel. Wenn Sie nicht besonnen sind, wie können Sie klar genug sein, die Hinweise des »Traums« zu »sehen«, um ihnen zu folgen? Wie Gott einst über den Wassern schwebte (Genesis 1,2) müssen auch Sie über Ihrem *Tohu wa Bohu*, über Ihrem Chaos schweben.

Ihr besonnenes Beobachten wirkt im Leben genauso wie im Wach-Träumen, wo es den überschäumenden Bildern hilft, sich zu stabilisieren und Gestalt anzunehmen. Statt sich von der Angst überwältigt oder von der Unentschiedenheit gelähmt zu fühlen, während Ihr Verstand versucht, die Hinweise aus einer Überfülle an Reizen auszusortieren, können Sie sich darin üben, einfach zu *beobachten*.

Das ist schwierig, denn in kritischen Augenblicken scheint die äußere Welt ihre gewohnte Stabilität zu verlieren und die überschwängliche Formbarkeit, Beweglichkeit und Absurdität der Traumwelt nachzuahmen. Doch Sie haben gelernt, auf das Fließen des Traums zu *antworten*. Wenn Ihr Leben wie ein Albtraum wirkt, oder alles von einem magischen Schleier überzogen zu sein scheint, sind Sie der Ko-Fusion sehr nahe. Werden Sie in Panik verfallen oder bewahren Sie einen kühlen Kopf? Und wenn Ihnen die Ko-Fusion gelingt, können Sie sie dann auch halten? Die wenigsten von uns sterben vor Freude, wenn sie ihr neues Werk oder ihr neu geborenes Kind

6 Titel eines Lieds von Simon & Garfunkel, übersetzt: Brücke über aufgewühltem Wasser. Anm. d. Übers.

sehen. Wir halten den freudigen Schrecken über die neue Mischung aus und bleiben stabil. Aber können wir das Staunen aufrechterhalten?

Wie schnell tauschen wir eine Modalität gegen eine andere aus? Wenn wir zum Beispiel den Anblick unseres Neugeborenen in unserem Bewusstsein verankert haben, staunen wir nach kurzer Zeit nicht mehr darüber, wie neu und veränderlich es ist. Oder wir sind emotional so beeindruckt, dass wir vor lauter Bewunderung vergessen, uns um die körperlichen Bedürfnisse des Säuglings zu kümmern.

Zum Glück versuchen beide Welten immer wieder hartnäckig, unsere Aufmerksamkeit zu erringen. Das Kind schreit (und weil es in einem schnelleren Rhythmus schreit als unser Atemrhythmus irritiert es uns so, dass wir es nicht ignorieren können). Und die Musen fordern unsere Aufmerksamkeit durch Wiederholungen, nachdrückliche Rufe und schockierendes Verhalten. Wenn wir für eine neue Konfiguration bereit sind, eine neue »Wirklichkeit«, dann beginnt der Geist – in Unkenntnis seiner eigenen Mechanismen – überall nach Mustern, Ähnlichkeiten, Symbolen und Parallelen zu suchen, um sich daran festzuhalten.

An dieser Stelle wollen wir uns eine Pause und einen Moment der Besinnung gönnen: Ist diese Synchronizität nur das Produkt unseres eigenen Bewusstseins? Oder gibt es sie tatsächlich da draußen? Ist die äußere Welt daran beteiligt, für uns diese Hinweise zu erschaffen? Spielt sie mit uns und neckt uns, indem sie uns plötzlich haufenweise Bedeutungsvolles vor die Nase hält? *Bewegt sich das Universum genauso unseren Geschichten entsprechend wie wir uns seinen Ereignissen entsprechend bewegen?* Könnte die äußere Welt einen Sinn haben, der mit unserem eigenen in Verbindung steht und uns bewegt, so wie die Luft sowohl durch Tiefdruckgebiete und Kaltfronten als auch durch unser Ein- und Ausatmen bewegt wird? Ist die Welt formbarer, als wir uns eingestehen wollen?

Wenn ein Traum eine potenzielle physische Wirklichkeit ist – und wir haben gesehen, dass dem so ist (siehe 8. Kapitel) – kann dann im Umkehrschluss die physische Wirklichkeit auch ein potenzieller Traum sein? Wenn das der Fall ist, so ist die physische Welt weit weniger festgelegt, als wir geglaubt haben. Offensichtlich hängt alles davon ab, worauf es sich bezieht: Die Neigungen unseres Bewusstseins bestimmen die Art der Hinweise, auf die wir in der äußeren Welt unseren Fokus richten.

Diese scheinen dann wie auf ein Stichwort hin in unser Gewahrsein zu springen, was sich wiederum auf unsere innere Befindlichkeit auswirkt. Je aktiver wir zwischen den beiden Welten hin und her wandern, desto mehr neigen wir dazu, in Ko-Fusion zu gehen und eine neue Ebene der Wirklichkeit zu entdecken. *Wagen wir, uns vorzustellen, dass sich der physische Determinismus durch Träumen verändern lässt?* Können wir uns auf die Hoffnung einlassen, dass der Glaube tatsächlich Berge versetzen kann?

Zu den Schwierigkeiten unserer physischen Inkarnation gehören die Gewohnheiten. So ermüdend sie auch sind, so schwer ist es, sich ihrem Griff zu entziehen! Doch wenn wir uns die Muster und neuen Konfigurationen, die Zeichen und Hinweise, mit denen uns das Bewusstsein und die Welt versorgen, mit nüchterner Aufmerksamkeit betrachten, können wir vielleicht unseren Konditionierungen entgehen und wie die Götter (allerdings nicht *ex nihilo*) Neues erschaffen.

Achten Sie auf die Hinweise. Folgen Sie ihnen und sie werden Sie durch den Riss zwischen den Welten führen. Drehen Sie den kleinen goldenen Schlüssel, der im Schloss steckt, öffnen Sie die geheime Tür, schlüpfen Sie durch den Lichtstrahl. Sie haben sich bereits in dieser Welt umgetan. Es ist natürlich das Herzland, in dem die wahre Imagination regiert – die Liebe.

Begeben Sie sich in diesen Seinszustand und Sie werden erleben, wie Ihr Träumen mühelos in die physische Wirklichkeit fließt und sie mit einer besonderen Note der spielerischen Leichtigkeit und Magie durchdringen wird, während Ihr Wach-Bewusstsein in diesem ganzen paradiesischen Zauber gelassen seinen Fokus behält und ihn mit Festigkeit und greifbaren Manifestationen versieht.

Doch bitte ruhen Sie sich nicht auf Ihren Lorbeeren aus. Denken Sie nicht, Sie leben von nun an glücklich bis an Ihr Ende! Das gibt es nur im Märchen. Die Eitelkeit solcher Gedanken vertreibt uns aus dem Herzland – und schenkt uns eine neue Gelegenheit, es wieder zu erobern und zu erweitern. Es gibt in dieser Welt keine vollkommene Erleuchtung: Es gibt immer etwas, was uns aus dem Gleichgewicht bringt, und neue Herzensräume, in die es hineinzuwachsen gilt.

Gönnen Sie sich einmal etwas Gutes: Fliegen Sie nach England, wie es mein Sohn und ich letztes Jahr taten. Wenn Sie in Heathrow landen, ist es vielleicht wie bei uns früh am Morgen, während wir noch das Gefühl hatten, es sei mitten in der Nacht.

Mieten Sie ein Auto – es gab dort nur welche ohne Automatik. Plötzlich fahren Sie auf der linken Seite der Straße, sitzen auf dem rechten Sitz, versuchen, mit der linken Hand zu schalten und Ihre Augen daran zu gewöhnen, links nach Verkehrszeichen und rechts nach anderen Fahrzeugen Ausschau zu halten. Und wenn Sie dann auch noch wie wir mitten im April in einen gewaltigen Schneesturm geraten, werden Sie sich hoffentlich genau wie wir vor lauter Umkehrungen und körperlichen und geistigen Verrenkungen kaputt lachen. Doch Sie müssen dabei natürlich besonnen bleiben. Bitte keine Unfälle!

Ich hoffe, dass Sie in England nie die Fahrweise verändern! Aus diesem ersten lachenden Schrecken entfaltete sich unsere Reise wie ein Traum: Wir trafen lustige, ungewöhnliche und engelsgleiche Menschen, landeten in den besten Restaurants und wunderlichsten Hotels, fanden zauberhafte verborgene Plätze und paradiesische Gärten. Gleichzeitig wichen wir nie sehr weit von unserem Reiseplan ab, was uns in der objektiven Wirklichkeit geerdet hielt.

Man kann sich unseren Reiseplan als eine gerade Linie vorstellen und unser Träumen als eine Schlangenlinie, die in ihrem Mäandrieren die gerade Linie immer wieder kreuzt. Wir erledigten auf unserer Reise alles, was wir uns vorgenommen hatten, doch unser spontanes Eingehen auf neue Hinweise und andere Möglichkeiten machten unsere Erfahrung reichhaltiger und bunter.

Physische Umkehrung

Für diese Übung ist jegliche Umkehrung des Gewöhnlichen geeignet: Reisen Sie in ein Land, dessen Sprache Sie nicht beherrschen; essen Sie etwas, was Sie noch nie probiert haben; versuchen Sie sich in einem Sport, den Sie bislang nicht mochten. Versuchen Sie es, weil es das Gegenteil von dem ist, was Sie normalerweise tun würden. Sie sollten die Umkehrung jedoch nicht nur um ihrer selbst willen tun, denn wenn Sie dem Prozess Ihren Willen aufzwingen, entsteht daraus nur ein Durcheinander.

Bleiben Sie immer im Fluss des Träumens und folgen Sie den inneren Hinweisen, und die Synchronizitäten, Gleichzeitigkeiten und Chancen werden Sie immer wieder in Erstaunen versetzen. So kann es sein, dass an einem Tag drei Leute mit Ihnen über eine Segelreise sprechen. Dieser Zufall beeindruckt Sie. Am nächsten Tag treffen Sie zufällig einen alten Freund auf der Straße, den Sie schon lange nicht mehr gesehen haben. Er erzählt Ihnen von einer Segelreise! Tatsächlich wollte er gerade an Bord eines Segelschiffes gehen, um in die Karibik zu segeln, doch eines seiner Crew-Mitglieder hat kurzfristig abgesagt und die Abfahrt musste verschoben werden.

Da ist Ihr Traum-Hinweis, Ihre Gelegenheit! Sie haben zufällig die nächsten paar Wochen nicht viel zu tun und wollten schon immer einmal einen großen Törn mitsegeln! Suchen Sie nicht danach, aber ergreifen Sie die Gelegenheiten, die sich Ihnen bieten! Schalten Sie, sobald sich der Hinweis zeigt, von müßiger Unentschiedenheit und Ziellosigkeit um in aktive Teilnahme am Fluss.

Gehen Sie das Risiko ein! Wenn Sie das nicht tun, werden Sie sich immer fragen, ob Sie etwas verpasst haben. Hier geht es nicht darum, das Gegenteil von dem zu tun, was Ihnen angenehm ist, sondern das Träumen beim Schwanz zu packen.

Bis dahin können Sie als Übung mit dem manuellen Umkehren beginnen. Ich habe ein Haus tief im Wald, das nur über eine schmale, einspurige Schotterpiste zu erreichen ist. Wenn ein anderes Auto entgegenkommt, muss einer von beiden zurücksetzen. Meine Erfahrung ist, dass das den meisten Menschen schwer fällt. Lernen Sie, schnell und sicher zurückzusetzen! Es sollte für Sie keinen Unterschied machen, ob Sie vorwärts oder rückwärts fahren. Üben Sie das.

Oder lernen Sie, beim Tennis, beim Golfen oder beim Zeichnen Ihre linke Hand zu benutzen (oder die rechte, falls Sie Linkshänder sind). Eine Freundin von mir ist Dichterin. Sie erzählt, dass Sie die Schreibhand wechselt, wenn ihre Worte schal werden. So schreibt sie Teile ihrer Gedichte und manchmal sogar das ganze Gedicht mit ihrem linkshändigen Selbst. Ihre Schreibblockade wird aus dem Gleichgewicht gebracht und durch den neuen Wind der Inspiration ihrer rechten Gehirnhälfte weggeblasen. (Die linke Hand ist mit der rechten Gehirnhälfte verbunden.)

Es ist eine großartige Sache, zu merken, dass Sie sich immer noch selbst überraschen oder von der äußeren Welt überraschen lassen können.

Wachen im Schlafen

Sie erinnern sich an Nut, die ägyptische Göttin der Nacht? Bei jeder Abenddämmerung verschluckt sie die Sonne. Während der Nacht reist die Sonne durch den großen Himmelsbogen ihres Körpers, um zwischen ihren Beinen in der Morgendämmerung neu geboren zu werden. Auf alten Darstellungen der Göttin sehen wir die Sonne in ihrer dunklen Umarmung so hell strahlen wie am Himmel. Doch dieses Strahlen vernichtet die Dunkelheit nicht. Das ist Nuts Geheimnis und ihre große Kraft: Sie kann das Licht in der Dunkelheit aufrechterhalten und dabei ihrer eigenen göttlichen Kraft treu bleiben.

Denn ist sie nicht auch die Hüterin der fruchtbaren Dunkelheit? Was ist das für ein Paradox, was sie uns da zeigt? Können wir von ihr etwas darüber lernen, wie wir Bewusstheit in unser Träumen bringen können? Kann sich das Wach-Bewusstsein durch die Nacht der Traumzeit bewegen und »sehen«, ohne zu zerstören? Kann das Wach-Bewusstsein aktiv sein, ohne uns zu wecken?

Bislang haben Sie durch die Umkehrung gelernt, Ihr Wach-Bewusstsein nahe an den Augenblick des Einschlafens zu bringen, aber Sie sind damit noch nicht in Ihren Schlaf eingedrungen. Unser junger Held, das mutige Wach-Bewusstsein, muss sich jetzt dem gähnenden schwarzen Loch des Vergessens noch mehr nähern.

Beim Einschlafen wach bleiben

Ihre Kavanah soll sein, aufmerksam zu bleiben, während Sie einschlafen. Achten Sie auf den genauen Augenblick, zu dem Sie in Schlaf sinken. Zunächst wird Sie der Schlaf übermannen, ohne dass Sie es merken. Aber wenn Sie durchhalten, wird der Tag kommen, an dem Sie, man höre und staune, selbst zuschauen, wie Sie einschlafen. Sie können die körperlichen Veränderungen beobachten, die in diesem Augenblick stattfinden. Bei mir klacken die Kiefer ein wenig gegeneinander, das ist mein Zeichen. Bei Ihnen mag es etwas anderes sein. Beobachten Sie einfach, bis Sie den Augenblick des Übergangs bewusst wahrnehmen können. Versuchen Sie es auch am Morgen beim Aufwachen. Sagen Sie sich selbst am Abend, dass Sie morgens den Übergang vom Schlafen zum Wachen bewusst wahrnehmen möchten. Beobachten Sie wieder die körperlichen Merkmale, aber auch, wie Ihr Denken anfängt, die letzten Traumbilder zu durchdringen. Versuchen Sie, beides aufrechtzuerhalten: Lassen Sie Ihr Wachsein nicht wieder verschwinden und Ihre Träume nicht entgleiten.

Diese bewusste Wahrnehmung der Übergänge bereitet Sie auch mit Ernsthaftigkeit auf den letzten Übergang vor. Möchten Sie nicht auch gerne während des Sterbens bewusst bleiben? In das große Geheimnis eintauchen? Aber warten Sie noch ein wenig damit, wir haben in diesem Leben noch viele spannende Dinge vor, zum Beispiel zu lernen, in unseren Träumen bewusst zu sein. Können wir wie die Sonne durch Nuts Körper reisen und in unserem Schlaf wach bleiben?

Wach durch die Traumzeit

Bevor Sie abends im Bett Ihre Umkehrungs-Übung machen, geben Sie sich selbst die Anweisung, sich im Traum Ihres Träumens bewusst zu sein, indem Sie sich im Traum sagen: »Ich träume das jetzt gerade.«

Sagen Sie sich das jede Nacht und überprüfen Sie jeden Morgen, ob Sie in Ihrem Traum gemerkt haben: »Ja, ich träume das jetzt gerade.« Das ist nicht so schwer. Wenn Sie ein bisschen in Übung gekommen sind, können Sie es jede Nacht geschehen lassen. Sie werden feststellen, dass Sie sich dann auch während des Tages sehr viel wacher fühlen.

Wenn Sie so weit sind, können Sie leicht zur nächsten Übung übergehen: zu lernen, *während* des Träumens auf die Notwendigkeiten des Traums einzugehen und sich seinen Herausforderungen zu stellen, statt bis zum Morgen zu warten, wie Sie es bisher praktiziert haben.

Die Herausforderungen des Traums während des Träumens annehmen

Sie haben es schon oft geübt, während des Tages auf die Notwendigkeiten eines Traums einzugehen. Versuchen Sie jetzt, es während des Träumens zu tun. Sagen Sie im Traum: »Dies ist mein Traum.« Es sind Ihre Bilder und Sie sind dafür verantwortlich, wie Sie mit ihnen umgehen wollen. Erweitern Sie die vorige Übung, indem Sie die Herausforderungen des Traums aktiv und angemessen »beantworten«, sobald sie sich im Traum zeigen.

Als ich Colette kennen lernte, war ich sehr krank. Ich war so weit im Nebel des Träumens verschwunden, dass ich die Welt um mich herum nicht mehr wahrnahm. Ich war nicht im Geringsten besonnen! Und weil ich meine Erdung in der äußeren Wirklichkeit verloren hatte, entzog sich mir auch die Verspieltheit des Träumens. Jede Nacht plagten mich schrecklichste Albträume. Ich dachte, ich sterbe.

Colettes Heilmittel war: Saubermachen! Wenn es innen verdreckt ist, dann fange im Außen an, sauberzumachen. Schrubbe die Böden, kehre die Terrasse, poliere die Kupferkessel und Messingtabletts (von denen es in Colettes Sammlung nordafrikanischer Antiquitäten aus dem 16. Jahrhundert ziemlich viele gab) und reinige das Silber. Jäte Unkraut, schneide die Hecke, leere den Müll aus. Ich war schlau genug, zu wissen, dass sie mich nicht ausnutzte, sondern mir etwas beibringen wollte. Und ich kapierte auch schnell, was.

Eines Nachts hatte ich einen meiner üblichen Albträume. Doch statt schweißgebadet und in Panik aufzuwachen, hörte ich mich sagen: »Dies ist mein Traum!« Ich nahm meinen imaginativen Eimer und meinen Schrubber (wie ich es in letzter Zeit so oft in der alltäglichen Wirklichkeit getan hatte) und schrubbte die Dunkelheit aus meinem Traum!

Wenn Sie gut darin bewandert sind, direkt auf die Bedürfnisse des Traums einzugehen, können Sie mit ihm in einen Dialog treten. Die Technik ist ähnlich.

Kommunikation mit dem Traum

Machen Sie diese Übung vor der Umkehrung, wenn Sie mit geschlossenen Augen abends im Bett liegen. Atmen Sie drei Mal aus und zählen Sie dabei von drei bis eins. Stellen Sie sich vor, Sie zeichnen mit einem goldenen Stift einen Kreis aus goldenem Licht in die Dunkelheit. In diesen Kreis schreiben Sie in goldenen Buchstaben die Frage, die Sie an Ihren Traum haben, zum Beispiel: »Bin ich schwanger?« Falls das zurzeit Ihre dringendste Frage ist, wird Ihnen Ihr Traum eine Antwort geben. Wenn das eigentlich nicht die dringendste Frage ist, werden Sie eine Antwort auf die Frage erhalten, die es gerade ist. Sie können der Traumwelt nichts weismachen. Notieren Sie am nächsten Morgen sorgsam und genau jedes Detail Ihres Traums. Wir neigen dazu, unsere Bilder unseren Wünschen entsprechend zu manipulieren, vor allem, wenn wir sie nicht gleich aufschreiben.

Im Schlaf wach zu sein ist ein einzigartiges Gefühl. Am Anfang meinen Sie vielleicht, nicht ausgeschlafen zu sein. Doch schon bald wird sich das gegenteilige Gefühl einstellen: Sie werden sich sehr ausgeruht und klar fühlen. Ihr Zyklus von Wachen und Schlafen wird sich angemessen und sanft anfühlen. Schließlich wird das Wach-Bewusstsein sogar die bildlosen Augenblicke des Schlafs durchdringen.

Träumen im Wachen

Zunächst scheint es leicht zu sein, während des Wachseins zu träumen. Sie können sich aus Erinnerungen, Tagträumen und Fantasien eigene Welten zusammenbasteln und Sie haben gelernt, zu visualisieren. All diese Dinge haben etwas mit dem Träumen zu tun, denn sie sind mit der Aktivierung der Imagination verbunden. Aber Tagträume und Fantasien werden durch den *Willen* gesteuert. Spontanes Träumen ist etwas anderes. Die Visualisierungen, die Sie geübt haben, sollten nur der Aktivierung Ihrer wahren Imagination dienen. Jetzt ist es Zeit, Ihre Imagination in spontaner Aktivität zu beobachten.

Wir haben ja die Hypothese aufgestellt, dass wir auch während des

Tages träumen, und wir haben gezeigt, dass wir das Träumen durch Übungen und Wachträume hervorrufen können. Sollte es dann nicht auch möglich sein, bei vollem Bewusstsein Teile des spontanen Träumens zu erhaschen, das im Hintergrund abläuft?

Wenn wir sehr unter Stress stehen, bricht die imaginative Welt manchmal wie eine Blase durch die Oberfläche unseres alltäglichen Bewusstseins. Doch in der Regel ist das Träumen während des Tages bei einem psychisch gesunden Menschen so wenig sichtbar wie der blasse Mond an einem strahlenden Sommertag. Manchmal erwischen wir ein ganzes Bild oder eine hörbare Botschaft, und manchmal nehmen wir etwas durch unsere Intuition wahr. Doch die meiste Zeit achten wir nicht auf diese flüchtigen Gaben der Traumwelt. Wie können wir während des Tages, während das Wach-Bewusstsein seinen Triumphzug hält und alles in sein helles Licht taucht, unser Träumen besser wahrnehmen?

Im Sohar, (einem der wichtigsten kabbalistischen Texte, 13. Jh.), steht, als Gott die Sonne und den Mond erschuf, verglich der Mond das herrliche, helle Feuer der Sonne mit seinem sanften Glanz und wurde neidisch. Er beschwerte sich bei Gott, der seine Unzufriedenheit damit bestrafte, dass er sein Licht und seine Größe noch weiter reduzierte und ihn zum Spiegel des Sonnenlichts machte. Doch uns wird gesagt: An dem Tag, an dem der Mond so groß und strahlend wird wie die Sonne, ist die Welt vollkommen.

Der Mond steht hier natürlich für unser Träumen. Es nimmt in unserer Aufmerksamkeit zu und ab und verschwindet manchmal ganz, genau wie der Mond. Die Sonne repräsentiert das Wach-Bewusstsein, das seine Vorrechte grimmig verteidigt und nicht vorhat, das Träumen in sein angestammtes Territorium schleichen zu lassen.

Es ist sinnlos, zu versuchen, gegen das Wach-Bewusstsein anzugehen. Warum es nicht lieber zur Kooperation verleiten? Es könnte nicht nur die äußere Welt beobachten, wie es seine Vorliebe ist, sondern auch die innere Welt. Das eine Auge schaut nach außen und das andere nach innen, oder stellen Sie sich Ihre Augen als kugelförmige Spiegel vor, die gleichzeitig das Innen und das Außen wahrnehmen können, wenn Ihnen das lieber ist.

Wie Sie wissen, sind Traumbilder flüchtig. Unter Druck lösen sie sich ganz schnell auf. Wie Rauchwölkchen nehmen sie kurz Form an und treiben dann auseinander. Wenn Ihre Aufmerksamkeit nicht sehr sensibel ist, ist schon nach kurzer Zeit nichts mehr zu sehen. Sie müssen sanft auftreten, wie ein Jäger auf der Pirsch, und Ihre Beute ohne ein (Gedanken-)Geräusch zu machen, mit stiller Intensität verfolgen. Der Wald ist voller Wild, und wenn Sie Eins werden mit den Bäumen und der Landschaft, können Sie die scheue Tierwelt beim Spielen beobachten.

Innere Sicht – äußere Sicht

Stellen Sie sich vor, eines Ihrer Augen schaut nach innen und das andere nach außen. Oder, wenn Ihnen das lieber ist, Ihre Augen sind kugelförmige Spiegel, die gleichzeitig nach innen und nach außen sehen können. Werden Sie sich auf die eine oder andere Weise dieses doppelten Sehens bewusst. Verlieren Sie nie aus den Augen, was in der äußeren Welt stattfindet (das ist sehr wichtig, weil man sich beim Träumen leicht darin verliert) und beobachten Sie gleichzeitig, was in Ihrer inneren Welt los ist. Sehen Sie die Bilder, achten Sie auf Aussagen, die innerlich spontan auftreten. Versuchen Sie nicht, sie zu interpretieren, sondern lassen Sie einfach zu, dass Ihr Bewusstsein sie aufnimmt. Wenn Sie sie in Ihrer Wahrnehmung halten, ohne sie zu stören, wird sich ihre Bedeutung bald offenbaren.

Menschen, die diese doppelte Bewegung gemeistert haben, sind an einem besonderen Blick zu erkennen. Wenn Sie ihn einmal erkannt haben, werden Sie ihn nie wieder vergessen: Der Blick ist gleichzeitig durchdringend und tief, im Kern trocken und doch fließend. Man findet diesen Blick in den Augen von Weisen, aber auch bei Hellsichtigen. Warum? Weil Hellsichtigkeit die erste Konsequenz dieses doppelten Sehens ist. Ja, auch Sie werden das erleben! Aber beachten Sie es nicht zu sehr, es ist nicht mehr als ein Zeichen dafür, dass Sie auf dem richtigen Weg sind, ein echter Träumer zu werden.

Wenn Ihr Spiegel klar ist, und sei es nur für einen Augenblick (ohne Ansprüche, Erwartungen, Wünsche oder Begierden), antwortet Ihre Imagination getreulich auf das, was Sie in der äußeren Welt sehen. So einfach ist das. Denken Sie daran, dass wahre Imagination etwas von einem umgekehrten Spiegelbild hat. Sie neigt dazu, die sonderbaren, merkwürdigen Aspekte der Dinge hervorzuheben, die Sie sonst nicht so beachten.

Weil Ihre Imagination interaktiv ist, kann sie die Dinge auf unendlich komplexere Weise manifestieren als eine flache Spiegeloberfläche. Wie die Gemälde bei Harry Potter winken Ihnen die Bilder zu! Sie funktioniert ähnlich wie Ihre nächtlichen Träume, die oft Situationen Ihres Alltags aufgreifen, auf die Sie in Ihrem Wach-Bewusstsein nicht sehr geachtet haben.

Stellen Sie sich vor, Sie stehen mitten in einem runden Raum, der ganz mit Spiegeln bedeckt ist: Keine der Seiten zeigt Ihnen *alles* von Ihnen. Um ein vollständiges Bild zu erhalten, sind alle Seiten voneinander abhängig. So ist es auch beim Träumen: Als Pendant Ihres Wach-Bewusstseins zeigt es, was jenem entgangen ist.

Aus der Traumwelt heraus sprechen

Wie bei allen Dingen, die zur inneren Welt gehören, müssen wir auch das, was wir während des Wachens träumen, in die physische Welt bringen, damit es wirksam werden kann. Um dem Eckstein dieser Arbeit, der Umkehrung von Träumen in Wach-Bewusstsein und von Wach-Bewusstsein in Träumen treu zu bleiben, müssen Sie Ihre Erkenntnisse auch aussprechen und entsprechend handeln.

Sie können sich natürlich auch entscheiden, erst einmal nichts zu unternehmen, aber das muss dann eine bewusste Entscheidung sein, die die Botschaft nicht leugnet, sondern für spätere Verwendungen speichert. Wenn Sie sich dem aristotelischen Hohn und Spott nicht zu stellen wagen, werden Sie Ihr Träumen schon bald ins Reich der Fantasie abschieben, genauso wie Ihr bewusstes Denken zu kalter Logik erstarren würde, wenn es sich weigerte, die Akausalität und das Mysterium der Traumwelt zu akzeptieren. Wie schon einer unserer anerkanntesten Wissenschaftler, Albert Einstein, zu sagen pflegte: »Imagination ist wichtiger als Wissen.«

Um das Träumen, das während des Tages geschieht, in die Welt zu bringen, müssen Sie lernen, Ihre Einsichten aus der Traumwelt laut auszusprechen. Versuchen Sie nicht, Ihre Bilder in logische Sequenzen zu übersetzen. Scheuen Sie sich nicht vor Gedankensprüngen.

Halten Sie sich an das, was Sie »sehen«. Bleiben Sie in der Sprache des »Sehens« und beschreiben Sie die Bilder der Traumwelt, wie Sie eine Landschaft beschreiben würden. Halten Sie sich an das Ausgangsmaterial.

Angenommen, Sie begegnen einer wunderschönen Frau, und während Sie sich mit Ihrer kritischen linken Hirnhälfte einen Eindruck von ihr zu verschaffen suchen, »träumen« Sie auch von ihr. Vielleicht »sehen« Sie eine Wiese voller Mohnblumen. Was bedeutet das? Warum Mohnblumen? Lassen Sie sich von solchen logischen Fragen nicht ablenken, sondern halten Sie sich an das Bild; lassen Sie sich davon beeindrucken, umgarnen, informieren. Und dann sagen Sie zu der schönen Frau: »Wenn ich Sie sehe, muss ich an eine Wiese voller Mohnblumen denken.« Vielleicht wird sie erröten, auf jeden Fall wird es sie berühren, denn, wie Sie wissen, ist die Sprache der Bilder – die Sprache ohne Worte – auch die Sprache der Emotionen und Gefühle.

Wenn es unangemessen ist, so mit ihr zu sprechen (vielleicht weil ihr eifersüchtiger Mann sonst auf falsche Gedanken kommen könnte), behalten Sie das Bild im Sinn, um es vielleicht später einzusetzen. Lassen Sie es nicht in Vergessenheit geraten. Das Wissen, das in dem Bild der Mohnwiese enthalten ist (kopflastige Schönheit, Berauschung, Leidenschaft, Anmut etc.) könnte später noch nützlich sein.

Und wenn Sie ein negatives Bild sehen? An diesem Punkt Ihrer Entwicklung wissen Sie, dass Sie keine sekundären Emotionen mehr projizieren, Sie können sich also auf Ihr inneres Sehen verlassen. Angenommen, Sie »sehen« um einen Freund herum lauter dunkelrote Flecken, dann können Sie sagen: »Ich sehe lauter Dunkelrot um dich herum. Bist du über irgendetwas wütend oder verärgert?«

Sprechen Sie also direkt *aus* dem Bild heraus. Denken Sie sich keine Abkürzungen durch die Informationen aus. Wenn Sie lernen, beide Seiten Ihres Gehirns zu nutzen und in Ihre Gespräche einzubringen, wird es Ihren kommunikativen Austausch deutlich beleben.

Aus der Traumwelt heraus sprechen

Nutzen Sie die Bewegung des doppelten Blicks (gleichzeitig nach innen und außen sehen), während Sie mit jemandem sprechen.

Üben Sie dann, aus beiden Quellen heraus zu kommunizieren, aus der kritischen linken Gehirnhälfte und aus der träumerischen rechten Gehirnhälfte. Nutzen Sie alle Informationen. Da der Input des Träumens in der Regel zu kurz kommt, konzentrieren Sie sich in Ihren Gesprächen stärker darauf, diese Seite zum Ausdruck zu bringen.

Es mag Ihnen am Anfang manchmal peinlich oder schwierig erscheinen, aber halten Sie durch. Sie werden es erleben, wie Menschen aufleben, sich ihre Mienen erhellen und sie freundlicher werden. Die innere, intuitive Sprache öffnet den Menschen das Herz und den Geist, so wie sie auch in Ihnen Türen geöffnet hat. Ihr Wagemut wird belohnt werden.

Üben Sie, Ihre Einsichten zum Ausdruck zu bringen, und nach einer Weile werden sich Ihre beiden Sprachen vermischen. Dann haben Sie sich eine neue, sehr lebendige Art der Kommunikation erschlossen, frei von Berechnung und Manipulation. Die Anmut, die Leichtigkeit und der Zauber des Träumens werden alle Ihre Begegnungen beleben.

Das Geheimnis des Lebens

Es war einmal ein Mann, der die ganze Welt durchreiste, um die Antwort auf eine Frage zu finden: »Was ist das Geheimnis des Lebens?« Er ging mit dieser Frage zu Philosophen, Mathematikern, Astronomen, Astrologen, Sehern, Weisen, Heiligen, Gurus – doch ohne Erfolg. Keine Antwort stellte ihn zufrieden. Schließlich wurde er müde, desillusioniert und bitter. So kam er eines Tages in ein kleines Dorf am Fuße eines hohen Berges. Auf seine Frage hin deuteten die Dorfbewohner zum Gipfel.

Also beschloss der Reisende, sich noch ein letztes Mal in Bewegung zu setzen und den Berg zu erklimmen. Auf dem Gipfel saß ein kleiner, verschrumpelter, lächelnder alter Mann. »Das Geheimnis des Lebens ist eine Fontäne!«, sagte er.

Der Reisende ärgerte sich. »Musste ich jetzt so weit reisen, um mir anzuhören, das Geheimnis des Lebens sei eine Fontäne?«

»Nun«, erwiderte der Alte, »stimmt das denn nicht?«

Wenn Sie, wie dieser Reisende, inzwischen so weit gelesen haben, aber die Übungen nicht gemacht haben, so haben Sie vielleicht auch das Gefühl, immer noch zu suchen, keine befriedigenden Antworten erhalten zu haben, desillusioniert zu sein und bitter. Ich könnte alles versuchen, um Sie davon zu überzeugen, dass, wenn Sie das Wach-Bewusstsein und das Träumen ins Gleichgewicht bringen, wenn diese beiden Sprachen zu einer werden, die Lebenskraft in Ihnen zu sprudeln beginnen und Ihr Leben voller Freude, Spaß und Heiterkeit sein wird. Die Fontäne wird in Ihnen aufsteigen! Doch warum sollte ich versuchen, Sie zu überzeugen? Sie müssen es selbst herausfinden.

Wenn Sie noch nicht erlebt haben, wie die Lebensfreude wie eine große, helle Fontäne in Ihnen aufsteigt, sollten Sie vielleicht ein paar der Übungen wiederholen, die ich in diesem Buch beschrieben habe. Denken Sie daran, dass die Welt der Imagination zeitlos und immer da ist. Um die Aufgabe zu vereinfachen, habe ich der Arbeit eine Reihenfolge gegeben und sie in zwölf Schritte unterteilt, doch letztendlich müssen Sie alle Aufgaben gleichzeitig erfüllen. Das ist nicht so schwer, wie es zunächst erscheinen mag, denn wenn Sie sich mit allen Aufgaben vertraut gemacht haben, werden Sie natürlicherweise danach streben, sie zu einer einzigen, fließenden Praxis zu verbinden.

Welche Zeichen gibt es entlang des Weges, aus denen Sie schließen können, dass Sie die richtige Richtung eingeschlagen haben? Ich wollte Ihnen zunächst nichts darüber erzählen, um Ihr »Sehen« nicht zu beeinflussen. Doch wenn Sie es bis hierher geschafft und treu alle Übungen durchgeführt haben, werden Sie die Zeichen wieder erkennen, die ich gleich beschreiben werde.

Erinnern Sie sich an die Geschichte von der Sonne und dem Mond? Wenn Sie mit diesen Übungen beginnen, spiegeln Ihre Träume zunächst Ihr tägliches Leben wider, so wie der Mond das Licht der Sonne spiegelt. Ihre Träume sind geschäftige Träume, Albträume oder sich wiederholende Träume. Ihr Licht schwillt an und nimmt ab, leuchtet auf und verdunkelt sich, weil Sie noch nicht gelernt haben, Ihre Emotionen zu stabilisieren und in Gefühle zu verwandeln.

Wenn Sie dann damit fortfahren, die Vergangenheit und die täglichen Ereignisse zu klären und gleichzeitig Ihre Imagination durch Übungen zu aktivieren, geschieht etwas Magisches: Der Mond in Ihnen beginnt, selbst Licht auszustrahlen. Ihre Imaginationen, die einst dunkel, dicht, schwer, verschlossen, chaotisch, apathisch oder zu ätherisch, verschwindend klein, flüchtig oder instabil waren, werden dann klar, deutlich und sauber. Verschwommene Farben werden reiner. Bewegungen werden flüssiger und quecksilbriger. Neue Konfigurationen zeigen sich. Transformationen überraschen, erstaunen und entzücken Sie.

Wenn Sie weiter üben, werden die reinen Farben aus den dunkleren Bereichen in lichtere, klare, helle Pastelltöne übergehen. Sie werden zunehmend durchsichtiger und dann leuchtend. Selbst wenn Sie die Dunkelheit visualisieren, hat sie etwas Durchscheinendes und Leuchtendes. Alles hat ein Strahlen in sich, glitzert und leuchtet vor Licht.

Schließlich lösen sich die Formen im Licht auf, verlieren ihre Grenzen und alles wird ein einziges, leuchtendes Weiß. Herz, Geist und Körper dehnen sich in dieses grenzenlose Strahlen hinein aus und werden transparent. Der Übende ist erleuchtet und wird eins mit dem Universum.

Ist das das Ende der Arbeit? Die Vereinigung von Sonne und Mond, Wach-Bewusstsein und Träumen? Nein. Um die Arbeit zu Ende zu bringen, muss der Träumer vom Berg herunterkommen. Das Licht muss in die physische Wirklichkeit gebracht werden, zu angemessenem Verhalten und zu Demut geerdet werden. Der Tanz des Ineinanderwebens hört nie auf. Ruhen Sie sich nicht aus, sondern fahren Sie damit fort, sich bis zu Ihrem letzten Atemzug ständig neu zu erfinden, und das Leben wird nicht aufhören, Sie mit seinem Fließen, seiner Leichtigkeit und seiner Fülle zu überraschen.

Wenn Sie im Laufe der Zeit irgendwann meinen, Sie hätten das paradiesische Licht verloren, erinnern Sie sich daran, dass Sie es einst gefunden haben, indem Sie Ihre beiden Welten aktiv in ein Gleichgewicht brachten, und dass Sie es wieder finden können. Es bleibt immer ein Ideal, das es wert ist, danach zu streben. Geben Sie niemals Ihr Recht auf Rückkehr auf!

Wenn die Sonne und der Mond fusionieren und eins werden, ist das Werk vollendet. Das Licht lebt in Ihnen, Tag und Nacht. Selbst in Ihrem tiefsten, traumlosen Schlaf sind Sie sich des Lichts gewiss. Wach-Bewusstsein und Träumen sind immer in Ihnen lebendig.

Einst haben innere und äußere Kräfte Sie hin- und hergeworfen, doch jetzt sind Sie zum Meister Ihrer Bewegungen geworden. Wenn Sie den Ruhepunkt der Bewegung zu fassen bekommen – und sei es nur für einen Augenblick – sind Sie vollkommen. Setzen Sie sich still in die Mitte, während Sie gleichzeitig immer weiter mit der Bewegung fließen: Das Paradies ist auf Erden erschienen! Der Garten Ihres Herzens steht offen und leuchtet!

Ein kurzer Überblick über die Übungen des 12. Kapitels

Lebendige Gegensätze: Gewöhnen Sie sich an die Paradoxien (S. 234)

Atmen Sie drei Mal aus. Sehen, fühlen und erleben Sie, wie es ist, gleichzeitig König und Bettler zu sein. Atmen Sie einmal aus. Sehen, fühlen und erleben Sie, wie es ist, gleichzeitig Himmel und Erde zu sein. Atmen Sie einmal aus. Sehen, fühlen und erleben Sie, wie es ist, gleichzeitig Licht und Dunkelheit zu sein. Atmen Sie einmal aus. Sehen, fühlen und erleben Sie, wie es ist, gleichzeitig lebendig und tot zu sein. Atmen Sie einmal aus. Öffnen Sie Ihre Augen.

Physische Umkehrung: Lernen Sie, auf der physischen Ebene alles umzukehren, was Sie sich ausdenken können (S. 240)

Üben Sie das praktische Umkehren, indem Sie beim Tennisspielen, Golfen, Fechten, Malen, Zeichnen, Schreiben oder dergleichen die Hände wechseln – oder lernen Sie, perfekt rückwärts zu fahren, etc. Folgen Sie den Hinweisen aus der Traumwelt sowohl in sich selbst als auch in der äußeren Welt. Achten Sie auf Synchronizitäten, Gleichzeitigkeiten und andere erstaunliche Gelegenheiten, die Ihnen die Traumwelt präsentiert, und zögern Sie nicht, sie zu ergreifen.

Beim Einschlafen wach bleiben (S. 242)

Seien Sie beim Einschlafen aufmerksam. Achten Sie genau auf den Moment, in dem Sie in den Schlaf sinken. Atmen Sie einmal aus. Versuchen Sie das auch beim Aufwachen. Sagen Sie sich am Abend zuvor, Sie wollen in dem Augenblick des Übergangs zwischen Schlafen und Wachsein bewusst sein. Lassen Sie das Wach-Bewusstsein nicht wieder entschwinden und den Traum nicht in Vergessenheit sinken.

Wach durch die Traumzeit (S. 243)

Machen Sie diese Übung abends im Bett mit geschlossenen Augen, vor der Umkehrung. Sagen Sie sich, dass Sie sich im Traum bewusst sein wollen, dass Sie träumen, indem Sie im Traum sagen: »Ich träume dies.«

Die Herausforderungen des Traums während des Träumens annehmen (S. 244)

Sie haben bereits oft geübt, während des Tages Antworten auf die Herausforderungen eines Traums zu finden. Jetzt machen Sie das Gleiche im Traum selbst. Sagen Sie im Traum »Das ist mein Traum«, wissend, dass dies Ihre Bilder sind und Sie die Verantwortung dafür tragen, wie Sie mit diesen Bildern umgehen. Und dann »antworten« Sie angemessen auf das, was Ihr Traum Ihnen zeigt.

Kommunikation mit dem Traum: Wie Sie Ihrem Traum wichtige Fragen stellen können (S.245)

Machen Sie diese Übung vor der Umkehrung abends im Bett mit geschlossenen Augen. Atmen Sie drei Mal aus. Stellen Sie sich vor, Sie zeichnen mit einem goldenen Stift einen goldenen Lichtkreis in die Dunkelheit. In diesen Kreis schreiben Sie in goldenen Buchstaben Ihre Frage, z.B. »Bin ich schwanger?« Wenn das tatsächlich Ihre dringendste Frage ist, wird Ihnen Ihr Traum eine Antwort geben. Wenn Ihre dringendste Frage eigentlich eine andere ist, werden Sie darauf eine Antwort erhalten. Sie können der Traumwelt nichts weismachen. Schreiben Sie am nächsten Morgen sofort alles detailliert auf.

Innere Sicht – äußere Sicht: Gleichzeitig die Traumbilder und die äußere Welt wahrnehmen (S. 247)

Ohne das Geschehen in der äußeren Welt aus dem Blick zu verlieren, beobachten Sie gleichzeitig, was in Ihrer inneren Welt geschieht. Betrachten Sie die Bilder oder Worte, die in Ihnen auftauchen. Versuchen Sie nicht, sie zu interpretieren, sondern lassen Sie zu, dass Ihr Wach-Bewusstsein sie einfach aufnimmt.

Aus der Traumwelt heraus sprechen: Üben Sie, Ihre Traumbilder zur Sprache zu bringen (S. 249)

Sehen Sie während eines Gesprächs mit Hilfe des doppelten Blicks sowohl nach innen als auch nach außen. Üben Sie dann, aus beiden Quellen heraus zu kommunizieren, aus der kritischen linken Gehirnhälfte und aus der träumerischen rechten Gehirnhälfte. Da der Input der träumenden Seite in der Regel zu kurz kommt, konzentrieren

Sie sich stärker darauf, in Gesprächen diesen Aspekt zum Ausdruck kommen zu lassen.

ANHANG 1

Beispiel für eine Übungsreihe

Dies ist ein Beispiel für einen Kurs in geführten Übungen. Praktizieren Sie diese Übungen alle in einem einzigen Durchgang. Schreiben Sie dann erst auf, was Sie gesehen haben.

Die Regenbogenbrücke

1. Sehen, fühlen und erleben Sie, wie nach einem Gewitterguss ein Regenbogen entsteht.
2. Sehen Sie, wie ein Regentropfen an einer Wolke hängt. Begeben Sie sich in den Tropfen, in seine Mitte. Was stellen Sie dort fest?
3. Sehen, fühlen und erleben Sie, wie der Regenbogen die Brücke zwischen Gott und Ihnen ist.
4. Sehen und erkennen Sie, warum der Regenbogen Gottes manifestes Zeichen dafür ist, dass der Menschheit eine weitere Sintflut erspart bleiben wird.
5. Stellen Sie sich vor, Sie erklimmen eine riesige Treppe. Jede Stufe entspricht einer Farbe des Regenbogens. Sie betreten die rote Stufe, hören Rot, fühlen Rot in Ihrem ganzen Körper, sehen die Bilder, die Rot bei Ihnen erzeugt – atmen einmal aus – betreten Orange – atmen einmal aus – betreten Gelb – atmen einmal aus – betreten Grün – atmen einmal aus – betreten Blau – atmen einmal aus – betreten Indigoblau – atmen einmal aus – betreten Violett.
6. Jetzt steigen Sie die Treppe wieder hinab. Spüren, sehen und fühlen Sie, wie Sie in alle Farben des Regenbogens gehüllt sind. Hören Sie die Symphonie der Farben.

7. Spüren, sehen und fühlen Sie, dass dieses vielfarbige Gewand die Umarmung der Großen Mutter ist, der Schechina. Atmen Sie einmal aus. Sehen und erkennen Sie, warum unser Körper ohne dieses Gewand dahinsiecht wie eine Pflanze ohne Wasser.
8. Spüren Sie, wo im Körper Sie Schmerzen haben. Betrachten Sie die Farbe des Schmerzes. Atmen Sie zwei Mal aus. Legen Sie Ihre Hände auf diesen Bereich. Beobachten Sie, was mit der Farbe geschieht.
9. Stellen Sie sich Menschen vor, die Ihnen nahe stehen. Erkennen Sie, welche negativen Gefühle Sie manchen dieser Menschen gegenüber hegen und lassen Sie sie zu. Erkennen Sie Ihre Gereiztheit, Verärgerung, Ihren Neid, Ihre Eifersucht oder Angst. Sehen Sie die Emotion und benennen Sie sie genau. Versuchen Sie nicht, sich etwas vorzumachen. Atmen Sie einmal aus. Sehen Sie die Farbe Ihrer Emotion, wie sie nach außen strahlt und wie sie zwischen Ihnen und jener Person einen Schutzschild errichtet. Atmen Sie zwei Mal aus. Treten Sie drei Schritte zurück und beobachten Sie, wie sich Ihre Emotionen verändern. Was sehen Sie, was geschieht?
10. Sehen und erkennen Sie, dass die Verdunkelung von Farben durch Getrenntheit entsteht. Atmen Sie zwei Mal aus. Sehen und erleben Sie, was hinter Ihrem Neid steckt.
11. Sehen, fühlen und erkennen Sie, um was Sie eigentlich konkurrieren. Atmen Sie zwei Mal aus. Haben Sie je Hass empfunden? Erkennen Sie ihn und seine Farbe.
12. Sehen, fühlen und erkennen Sie, warum die Mutter (die Schechina) oft in schwarze Gewänder gehüllt ist. Atmen Sie einmal aus. Sehen, erleben und erkennen Sie, warum gesagt wird, dass sich das Rote Meer um Josephs willen für die Hebräer geöffnet hat. Was sagt Ihnen das über die Verwandlung von Emotionen?
13. Spüren, sehen und fühlen Sie, wie Emotionen Ihr Atmen verändern. Erfahren Sie, wie Sie atmen, wenn Sie Angst haben, ärgerlich sind, voller Neid oder voller Hass. Atmen Sie zweimal aus. Und wie atmen Sie, wenn Sie voller Ehrfurcht sind, voller Liebe, Dankbarkeit, Triumph? Atmen Sie einmal aus.

Erleben und erkennen Sie, wie die Rückkehr zu einem natürlichen Atemrhythmus den Bund zwischen Ihnen und Gott wiederherstellt.

14. Visualisieren Sie, dass Sie Ihre Hände vor Ihrem Körper von den Füßen nach oben entlang wandern lassen. Stellen Sie sich vor, Sie liebkosen die Farben Ihrer Aura. Beobachten Sie, wie Sie atmen und fühlen und wie sich die Farben verändern. Was geschieht dabei in Ihrem Körper? Atmen Sie einmal aus. Sehen Sie sich selbst, wie Sie in ein buntes Schillern gehüllt sind.

ANHANG 2

Worte zum Chanten (Shemot)

Dies ist eine Liste von Begriffen, die Sie zum Chanten auswählen können. Singen Sie das hebräische Wort auf Mi-Do-Re. Wenn Sie hier kein Wort finden, das Ihrer Zielsetzung entspricht, chanten Sie das entsprechende deutsche Wort. Falls Sie Hebräisch können, ist es immer am besten, den hebräischen Begriff zu wählen. Wenn ein Wort nur zwei Silben hat, singen Sie Mi und Do auf die erste Silbe und Re auf die letzte. Das hebräische CH wird hart gesprochen wie in »Lachen« oder »Sprache«.

Anfang	BERESCHIT	בְּרֵאשִׁית
Erfolg	HATZLACHAH	הַצְלָחָה
Erinnern	Z'CHOR	זְכוֹר
Erwachen	H'ARAH	הֶאָרָה
Formgebung	JEZIRA	יְצִירָה
Freude	SASSON	שָׂשׂוֹן
Frieden	SCHALOM	שָׁלוֹם
Fröhlichkeit	SIMACH	שִׂמְחָה
Fülle	SCHEFA	שֶׁפַע
Ganzheit	SCHALEM	שָׁלֵם
Geduld	SAVLANUT	סַבְלָנוּת
Gelassenheit	SCHALVAH	שַׁלְוָה

Genauigkeit	DE'YUK	דִּיּוּק
Gerade	YASCHAR	יָשָׁר
Glauben	EMUNAH	אֱמוּנָה
Glückseligkeit	ONEG	עֹנֶג
Gnade	RACHAMIM	רַחֲמִים
Güte	CHESED	חֶסֶד
Klarheit	BEHIRUT	בְּהִירוּת
Leben	CHAYIM	חַיִּים
Liebe	AHAVAH	אַהֲבָה
Mitgefühl	CHEMLAH	חֶמְלָה
Mut	OMETZ	אֹמֶץ
Ordnung	SEDER	סֵדֶר
Ruhe	MENUCHAH	מְנוּחָה
Selbstvertrauen	BITACHON	בִּטָּחוֹן
Stille	SCHEKET	שֶׁקֶט
Umkehr, Reue	TESCHUVAH	תְּשׁוּבָה
Unschuld, Arglosigkeit	TEMIMUT	תְּמִימוּת
Unterscheidung	HAVDALAH	הַבְדָּלָה
Verwirklichung	ASI'YAH	עֲשִׂיָּה
Vorwärts	KADIMAH	קָדִימָה
Schöpfung	B'RI'YAH	בְּרִיאָה
Wohltätigkeit, Gerechtigkeit	TZEDAKAH	צְדָקָה
Zeichen	SIMAN	סִימָן

Bücher zum Thema

Und der Traum wird Welt
Schamanische Impulse zur Aussöhnung mit der Natur
Von John Perkins

The Dreamer's Book of the Dead
A Soul Traveler's Guide to Death, Dying, and the Other Side
Von Robert Moss

Dreamways of the Iroquois
Honoring the Secret Wishes of the Soul
Von Robert Moss

The World Dream Book
Use the Wisdom of World Cultures
to Uncover Your Dream Power
Von Sarvananda Bluestone, Ph.D.

Toltec Dreaming
Don Juan's Teachings on the Energy Body
Von Ken Eagle Feather

Kabbalistic Healing
A Path to an Awakened Soul
Von Jason Shulman

The Secret Doctrine of the Kabbalah
Recovering the Key to Hebraic Sacred Science
Von Leonora Leet, Ph.D.

The Kabbalah of the Soul
The Transformative Psychology and Practices
of Jewish Mysticism
Von Leonora Leet, Ph.D.

Acknowledgments

Drunvalo Melchizedek
Aus dem Herzen leben
160 Seiten, gebunden mit Meditations CD
€ 24,95
ISBN 978-3-936862-16-4

In der Tiefe unseres Herzens befindet sich jener heilige Ort, an dem wir mit Gott vereint sind, von dem aus wir uns erinnern können, wer wir wirklich sind. Wir sind mehr als nur menschliche Wesen, viel mehr. Dieses Buch ist »aus der Tiefe des Herzens« geschrieben, um uns den Weg zu zeigen, auf dem wir selbst zu diesem vergessenen Ort in unserem Herzen zurückkehren können.